整本书阅读

法·教法·读法

李煜晖 / 著

国家语委“十四五”科研规划项目
“中小学语文学科文学作品教学的语言分析与学习设计”
（项目编号：WT145-33）研究成果

長江出版傳媒 | 长江文艺出版社

图书在版编目（CIP）数据

整本书阅读 ： 想法·教法·读法 / 李煜晖著.
武汉 ： 长江文艺出版社，2025. 4. -- (大教育书系).
ISBN 978-7-5702-3896-5

Ⅰ. G633.332

中国国家版本馆 CIP 数据核字第 20253ZZ521 号

整本书阅读 ： 想法·教法·读法
ZHENGBENSHU YUEDU ： XIANGFA·JIAOFA·DUFA

责任编辑：施柳柳　李婉莹　　　　责任校对：程华清
封面设计：扁　舟　　　　　　　　责任印制：邱　莉　韩　燕

出版：长江出版传媒 | 长江文艺出版社
地址：武汉市雄楚大街 268 号　　　邮编：430070
发行：长江文艺出版社
http://www.cjlap.com
印刷：武汉新鸿业印务有限公司

开本：710 毫米×970 毫米　1/16　　印张：21.75　　插页：5 页
版次：2025 年 4 月第 1 版　　　　2025 年 4 月第 1 次印刷
字数：301 千字

定价：52.00 元

目录

自序　我的教书生涯 / 001

上篇　整本书阅读·想法

深觉解，立四端

——学校读书教育纵横谈 / 003

治学求是：开启青少年阅读之门的钥匙 / 010

多元与秩序：试论文学类文本解读规范 / 017

整本书阅读要坚持素养导向 / 030

整本书阅读课程方案的设计 / 035

把握整本书阅读教学的尺度 / 041

高中语文整本书阅读教学质量的过程保障 / 050

基于课程标准的高考整本书阅读命题探析 / 060

中篇　整本书阅读·教法

阅读发现教学：架设读写结合的桥梁 / 071

整本书阅读专题教学：培养专业的阅读者 / 084

直面整本书阅读专题教学的三个问题 / 089

《朝花夕拾》整本书阅读的育人立意 / 096

怎样看待《呐喊》的批判性？

——基于整本书阅读教学的视角 / 111

同题共研:《彷徨》整本书阅读专题教学 / 123
略谈《红楼梦》的两种教法 / 134
整本书阅读教学视角下的《红楼梦》人物赏析：观念与方法 / 144

下篇　整本书阅读·读法

《绿野仙踪》：令人愉悦的神奇故事 / 159
《汤姆·索亚历险记》:“坏孩子们”的冒险之旅 / 170
《福尔摩斯探案全集》：从卷宗故事到文学故事 / 183
《小王子》：非典型童话的主题意蕴 / 197
《水浒传》：英雄传奇的当代价值 / 215
《骆驼祥子》：城市贫民的悲剧图式 / 227
《平凡的世界》：用生命铸就的大部头 / 239
《巴黎圣母院》：浪漫主义的人性诗篇 / 254
《聊斋志异》：集腋成裘录幽冥 / 268
《威尼斯商人》：寄寓人文理想的伟大戏剧 / 278
《老人与海》：对“硬汉精神”的整体性理解 / 291
《茶馆》:“新中国成立以来最好的话剧” / 303
《变形记》：在荒诞中窥见真实 / 316

后记　我的选书经验 / 330

自 序

我的教书生涯

一

我小时候最羡慕文学编辑。他们读书便利，还能指手画脚，让作者改来改去；他们生活悠闲，平时搞点创作，不用担心没地方发表。抱着这种幼稚的想法，大四下学期我便去国内最有名的一家文学出版社实习了。因为干活不惜力，文章写得快，不到三个月，部门主任就说："你的工作稳了。"我更加努力了，终于要办入职手续时，却被辞掉了——理由据说是有项体检指标不合格。

我很痛苦，想换家出版社试试，但彼时"非典"已经传到北京，街上空荡荡的，很多单位无暇招人。我也害怕在求职的路上感染，便打电话给离我宿舍最近的北师大二附中。我问："你们招人吗？"对方不答，反问："男的女的？"我说："是我，我是男的。"又问："多高？"我说："一米七五。"对方便说："明天上午过来面试。"后来我知道，语文组女多男少，搬桶装水、运考试卷之类的活都要力气，一米七五的小伙子是有用的。就这样，我稀里糊涂丢了一份工作，又阴差阳错得到一份工作，从此出版界少了一个虔诚的编辑，教育界多了一个语文男老师。

我这人有个毛病，不管什么事情，心里存了念想，就不会轻易放弃。所以当老师的头三年，我总想回出版社去，但感念学校收留之恩，也觉得学生离不开我，就想教满当届再走。然而第一届学生毕业前夕，学校找我谈话了，说要提拔我当德育副主任兼团委书记。我那时很是年轻，思想里还有崇拜权力、爱慕虚荣的成分，便想这样也好，将来做个名校长或教育家什么的也行。于是我不走了，边做中层边教课，一晃就是十几年。然而，我虽然日复一日地认真工作，却终究没有什么作为。虽然我管的文科实验班取得过辉煌成绩，但那是因为领导有方、生源优秀，有我没我区别不大。教学上略好些，学生喜欢上我的课，成绩也很不错，中学男老师能拿的奖项和荣誉我也都拿了。更重要的是，我从单纯热爱文学的青年变成了既爱文学又爱语文教学的中青年，还形成了笃定的语文教育观。

在这段平凡的日子里，有件小事潜移默化地影响了我的生活。2010 年秋，我和北师大的老师们去张掖支教，其中有位来自文学院的男老师，谈吐不俗，一表人才，大家都说我俩很像。某日，学校组织参观丹霞地貌，他站在五颜六色的土坡上张望，突然转头问我："你是什么学历？"我说本科。他说："你课上得很好，将来会有更大发展，不如回来读个硕士。"我本以为他只是说说而已，谁知他回京后便为我介绍起导师来。我那时已从德育处调到教学处，行政工作干得起劲，本不想多此一举，但一来觉得他说得在理，二来盛情难却，便抽空做了几套英语卷，又看了几本专业书，考了个不脱产的教育硕士。毕业之后等了一年，评上副高职称，具备了报名条件，又考了个不脱产的教育博士。那七八年，我一边搞行政，一边教语文，一边修学分，一边写论文，还要常常出去讲座或赚钱，头发掉了许多。

2019 年初，我博士毕业，6 月带完高三，7 月就以人才引进的方式调回北师大文学院了。人才引进要面试，一位来自北大的评委问："你在中学工作 16 年，现在要到大学来，你说说：中学和大学有什么区别？"我脑海里闪过五六种答案，但每种都不是我想要的，便说："我虽然在中学多年，但还没当过大学老师，不如你们先把我招进来，等过几年我有了体会再汇报吧。"说来惭愧，现在到大学已满五年，中学和大学的区别，我随口就能说出十几二十条来，可依然没有一条令我满意。或许对我来说，中学和大学本就没有区别。我在哪儿都热爱文学，在哪儿都认真做研究，在哪儿都好好上课，在哪儿都实话实说，在哪儿都努力按照自己的意志工作和生活。

如果把教书理解为教师职业的代称，那么以上就是我的教书生涯。

二

教书还有另一层意思——或许这才是本义，即教学生读书。

我小时候住平房，房屋东南角有存放粮食和杂物的仓库，每到暑假，天气炎热，我就整天躲在那里看书，一本接一本，有时竟至于忘记吃饭。中学住校了，我手里有点零花钱，就跑到书店租书，一天一本要五毛钱。到了大学，课排得松，我也能赚钱了，就把念念不忘的书买回来，躺在宿舍床上慢慢读。虽然床小且硬，但我已颇有一点咸亨酒店长衫主顾的神气了。图书馆我是不去的，又要刷卡，又要占座，又要办借阅手续，花那么多精力摆出一副看书模样，不多久就要下去吃饭，想想都觉得麻烦。估算一下，从七八岁到大学毕业，我自发读了五六百本书，读过三遍以上的也有五六十本，它们给了我走上讲台的底气。

但是，刚当老师的时候，我还不敢把教科书放在一边，教学生读整本书，甚至想都没有想过。那时的理想是教好课文，讲准、讲深、讲透，让学生知道语言文字的用法、懂些文学创作的规律也就罢了。不过有时技痒，特别是讲节选文时，我会不厌其烦地介绍前后语境，使学生不独在这有限的文字里，也能在整本书里考察作家的用心。每到这时，学生听得格外起劲儿，仿佛他们的好奇心和求知欲，再不是这小小一篇课文所能满足的了。有些学生还主动去读原著，课间休息或周末补课时，便拿来和我讨论。我好像看到了年少的自己，不忍扫他们的雅兴；又羡慕他们有钱有闲，还碰上我这么好的老师——净讲些高考不考的东西。

当了中层干部以后，我的胆子慢慢大起来。那时学校鼓励开选修课，说要提高学生的人文底蕴和科学素养。科学素养我是没有的。说到人文底蕴，肚里那些书就派上用场了。于是也没有十分认真备课，我便在两三年里开了六门选修课，讲的是古诗词、《史记》、四大名著、鲁迅小说之类。因为选课的人多，且每周只有一个小时，我索性不与学生互动，就以专题讲座的形式，自顾自地讲起来。回听当年的录音，我颇有感慨：一是年轻真好，什么都敢说；二是还是太年轻了，很多内容没仔细推敲，若流到外面，我可怎么见人。不过即便如此，我还是可以问心无愧地说，听课的学生都很快乐，他们中的大多数，也都借着上选修课的机会看了不少课外书。

我在语文课上教整本书，使书与课文双轨并行，是在 2012 年秋。当时我参加一个研讨会，结识了深圳宝安区一位特级教师，此公十多年前就以教整本书为业了。这令我感到惭愧，我想到《为学》：蜀之鄙有二僧，其一贫，其一富 ...... 我不就是身在“高地”，却不肯作为的富和尚吗？我于是翻检教科书，把里面很有价值却与整本书无关的课文列出来——这些，无论如何总是要教的；而后拟定书单，从鲁迅小说入手，在“正课”上教起书来。每学期除课文和试卷外，余下时间够教三四本，何况还有寒暑假呢！

那是我带得最辛苦、最投入也最有成就感的一届。十年过去，我早记不清当时的细节和心情了，幸好翻到一篇序，是 2014 年我为他们出版的成果所作，现抄写在这里：

> 这个世界上，人的爱好千差万别。有人喜欢音乐，有人喜欢美食，我们喜欢文学。
>
> 我们，指的是我和我教的文科实验班这 29 个学生。两年前与他们初见的时候，我就能强烈地感觉到他们对文学的热爱。作为一个语文老师，

我能做的就是成全他们，至少不败坏他们对文学的热情。无论课时多么紧张，无论高考压力有多大，我都必须这样做。这种成全，不是给他们时间漫无目的地读书，不是给他们空间放任自流地闲谈，不是给他们机会寻章摘句地卖弄，那只是无用文人的附庸风雅。我所希望的，是带领他们在文学作品的阅读和创作中学会思想、学会表达。

于是，在高一、高二两年的时间里，除了应对考试，我们主要在和孔孟、老庄、韩非子、屈原、司马迁、陶渊明、李杜、韩愈、苏轼、施耐庵、曹雪芹、鲁迅、余华，以及外国的莫泊桑、欧·亨利、卡夫卡、圣-埃克苏佩里、乔治·奥威尔这些人打交道。

首先他们有思想，文章写得好，这是公认的。其次，也是最重要的，我读过他们的作品，我喜欢。比如余华，无论从哪个角度，他好像都还不能和前面的那些伟人并列，也没得过诺贝尔文学奖，但我读过他的全集，而且从中获得很多快乐和悲伤。客观地说，他比现代文学史上大多数名家更会写小说，只是生得晚了些。

我一直固执地认为，老师不能按照文学史的“座次”选文和讲课，语文课不是“忠义堂”，老师没义务“替天行道”。你讲的东西对自己都没有触动，凭什么打动学生？搞不清楚这个问题，说明老师没思想。老师没思想，凭什么指望学生有思想？

所以，当我把曾经令我痴迷并有所收获的作家和作品引荐到课堂上来的时候，学生的热情被点燃了。我们曾经用三个多月读《鲁迅小说全编》，花两个月学习《史记》，学生曾用一个寒假读余华作品集，我自己曾经兴高采烈地讲了半个月《红楼梦》......那些日子真累，大家提问题、查文献、讨论、写研究报告、写评论文章、创作文言文、创作小说、宣讲成果，忙得昏天黑地。经常有同学熬到深夜才完成任务，他们说，那一刻有“仰天长啸”的冲动。

累，但是有壮怀。

我们就这样度过了两年时光，不但收获了与文学的情谊和师生间的情谊，而且留下了40万字小说、12万字《史记》研究论文、30多万字鲁迅研究论文、10多万字散文随笔。

……

这届学生毕业以后，学校让我接高三文科班。我处在离别的伤感中，又见新班级的学生没看过几本像样的书，便想：不如我给他们补课吧。我把卷子穿插在名著中，名著是主，卷子是辅——在很多焦虑者眼里，遂不至于太过夸张。同学们照旧欢乐，他们把语文课当成享受。有学生说："你就教我们读书吧，反正语文课不管教什么，对成绩都没影响。"一年过去，高考平均分居然很高，不独在年级里，在我教过的所有班里也是最高的。

我在中学的最后三年带了两个实验班，不过因为要做博士论文，又是行动研究，教学生读书的动机便不那么纯粹了：我一边把他们当学生，一边把他们当研究对象；看学生须投入感情，看研究对象则要客观中立。我每天在两种视角间来回切换，险些精神分裂。

到高校后，我很怀念过去的时光。大学的师生间缺少牢固的情感纽带，尽管我也有些粉丝，但终究不过是粉丝，认真听课、踏实学习的学生以及无时不在的情感与生命的联系，我看到和感到的并不多。我想，我再没机会用名著教语文了。恰在此时，网络平台找上门来，希望通过横向课题或直接合作的方式请我讲名著，这样既能让我们赚钱，也能让青少年听到好课。这些邀请，只要劳务合理，我都同意。我喜欢钱，这是毋庸讳言的；而且这钱赚得有意义，既能提高自己，也满足了学生的需要，还可以与中学生保持一点精神上的联系，使我对往昔的怀念有所寄托。

以上就是我另一段教书经历，它是我教师生涯的组成部分。

现在人们提到整本书阅读，动辄把新课标推到前面，说是落实课标精神，这当然是很好的。但实事求是地说，我做整本书阅读与新课标没有关系，在课标颁布之前，我就按自己的理解做起来了。后来我进了课标研制组，讨论整本书阅读任务群时分享过经验；在新课标颁布后也借势写了一些文章，希望大家用心教学生读书。如此而已。教育界还有一种论调，认为专家学者只要不遗余力地推动某种改革或倡导某种教法，背后定有利益驱动——要么用它拿奖，要么想在推广过程中发财。我不知道是否真的存在这种情况，但扪心自问，我目前还没有如此谋算。我的确因为整本书阅读拿过国家级基础教育教学成果一等奖，也的确因为讲名著赚了点零花钱，但用同等精力，我无论做什么都能拿奖，也都能赚钱。之所以热衷于此，只有两个原因：它正确，我喜欢。一生之中能做几件既正确又喜欢的事，我觉得很是幸运。

当然，我的实践和研究还存在很多不足，也有很多局限。一些专家、教师和研究生对我说："你的整本书阅读没有普适性，你的学生素质高，学校管得松，一般学校学不来。"他们还说："你增加了学生负担，看书是轻松愉快的事，让学生写论文、搞创作，太卷了。"对这些批评或质疑，我心悦诚服，但坚决不改。现在很多学者想搞出放诸四海而皆准的理论，让语文老师可学可用，我没这样的宏才远志。我只想找到适合自己的路，坚定不移地向着心中最理想的语文教育走下去，我只关心自己能不能做到，别人跟不跟得上、学不学得来，不是我关心的。我想，学术世界浩瀚无涯，既然容得下那么多为人而做的学问，那也能容得下少数为己而做的学问吧。况且，把为己的学问做好了，也未必不能给别人以启发。因此，我宁愿人家把我看成并不完美的例子，也不想以专家自居，让别人照猫画虎，亦步亦趋。至于学生，按我的要求读书，是不可能轻松愉快的，但他们"艰苦愉快"。我不想争辩哪种愉快对青少年更有益处，我只知道一分耕耘，一分收获，很多轻松愉快地学了十二年语文的学生，到大学后不是连一篇像样的论文都写不出来吗？

三

我有过一个出版计划，就是把在中学和大学讲过的名著阅读课写成书给小朋友看，但一看到那么庞杂的资料，就打退堂鼓了。我又想把一些论文和讲义编成书给同行看，但总有课题、项目、会议以及一些杂七杂八的差事，把生活填得满满当当，于是也搁置了。去年夏天，长江文艺出版社的编辑联系我，说我们单位有位老师在她那儿出新书了，还推荐我写整本书阅读。我当时恰好不算太忙，头脑一热，就答应了。然而随后一年，教学、科研任务特别繁重，人到中年，不可避免的变故也纷至沓来，我疲于奔命，快要忘记这个约定了。

有一天我乘机回京，遇到强烈气流，忽而上下颠簸，忽而左右摇摆，七八分钟都没安稳。我扶着前排座椅的靠背，听着舱里大惊小怪的声音，心想："万一掉下去，我还有什么未了的心愿吗？"想来想去，觉得也没什么。该奋斗的时候奋斗了，该享受的时候享受了，该回报的人也尽力回报了。只是有些想法还没写成文章，有些写成了文章但还没发表——虽然写出来、发出来也没多大价值，但对我自己来说，毕竟觉得遗憾。于是我带着劫后余生的心情，当天下午就回到办公室，把计划写的几本书纳入日程，此后每天做点功课，慢慢地都有些眉目了。

这本书是比较好写的，所以率先完成。我从原先的论文和讲义中选了若干文章——其中 20 多篇曾发在各类期刊上，修改润色之后，将其分为"想法""教法"和"读法"三个部分。

"想法"，是指我对整本书阅读的基本观点。新课标颁布前，很多学校已在开展读书教育，主要材料也是整本书。从学校层面来说，如何认识读书教育的价值功能？可采取哪些具体办法？作为在校学习的整本书阅读，与学生作为自然人的休闲阅读之间，是否应该存在某种区别？教师作为专业读者，对整本书或课文——特别是其中的文学作品的解读，是否应遵守特定的规范？理清这些问题，是开展读书教育的前提。新课标颁布后，整本书阅读正式进入语文课程。整本书阅读教学如何与课程标准保持内在一致性？具体来说，在目标定位、课程方案、教学实施和考试评价等方面，有哪些应为与可为？理清这些问题，是整本书阅读教学的关键。本书的“想法”部分，就是围绕上述前提性和关键性问题展开的。

“教法”，指组织和指导学生从事阅读活动的形式与技巧，如问题探究、情境设计、任务驱动、合作学习等，属于实践策略的范畴。我从自己的“想法”出发，认为阅读发现教学和专题教学是整本书阅读的优选形式，虽然实施起来会遇到很多困难，效果却是最好的。因此，这部分首先对两种教学形式略加说明，再结合《朝花夕拾》《红楼梦》等必读书籍的具体内容谈些方法和技巧。当然，整本书阅读并非只有这两种教法，大家尽可以根据实际情况去选择、去创造。例如 2020 年初，我曾写过一篇关于《鼠疫》的文章——《鼠疫》是法国作家阿尔贝·加缪的代表作。我主张用思辨阅读的方式读这本书，目的在于引导学生在生活中学语文，在语文学习中理解社会，从而实现经典与生活的同构。尽管因为某些原因，本书未能收录这篇文章，但强化经典阅读与现实生活的联系，仍不失为探讨或选择整本书阅读“教法”时需要认真对待的问题。

“读法”，不是指精读、泛读、批读、跳读、朗读、默读等一般方法，而是深入理解整本书内核的解读方法，即如金圣叹等评点家对待明清小说那样，一边深挖作品的思想内涵和艺术特点，一边把掘藏的门路概括出来。这对教师要求很高。首先要有文学批评的眼光。称得上经典的作品，在思想性和艺术性上都有独一无二的原创价值，文学批评就是要通过具体问题具体分析，把这些特异性精准地概括出来。其次要有文艺理论的高度，能看到一部作品的不同内容之间，同一题材或体裁下的不同作品之间，同一作家不同时期的作品之间，不同时代、不同民族作家的同题材、同体裁作品之间的共性，从共性中提炼出阅读与写作的规律来。有文学批评的眼光，才能读懂“这本书”；有文艺理论的高度，才能读懂“这类书”。相比之下，“读法”重视对书的研究，以语言学、文学和文艺学等为支撑；“教法”源于对学习规律的认识，既要懂教育理论，也离不开教学经验。对教师来说，理想状态当然是二者兼顾，但在理想状态尚未达成以前，窃以为还是重视“读法”为好。理由很简单，整本书阅读和篇章教学、单元教学相比，主要变革发生在学习材料上，而不是发生在学生身上。换言之，传统教学中成熟的教学原理和有效的教学方法，既适用于课文，也适用于整本书，原不必在讨论后者时专门强调。而教师平素惯于解读单篇，面对整本书时，因为难度更高，“读法”遂成最大挑战。为此，我从认真讲过的 50 多本书里，选了前两部分没有涉及而又是师生常读常教的 13 部作品，按照小学、初中、高中的推荐顺序，以导读的方式详叙我的理解。

当然，“想法”“教法”和“读法”是难以截然分开的，这样分类仅仅是基于每篇文章的侧重点。同时，为保持单篇文章的独立性和完整性，我没有刻意删去一些意思相近而表述不同的语句，诸位权当我是在从不同角度强调某些基本观点好了。说到基本观点，我研究整本书阅读十二年，所得无非九个字：想清楚，教扎实，读透彻。一切甘苦皆从这九字来，一切努力皆向这九字去。

最后，感谢读者厚爱，感谢我教过的高中生和在网络平台听课的朋友们，感谢为编校本书付出努力的我的研究生们，感谢从不催稿的编辑，感谢操控那架航班平稳降落的飞行员。当然，还要感谢二十年前拒签我的出版社。人生有时就像名著一样跌宕起伏，但是没什么大不了的，随遇而安就好。

2024 年 10 月

上编

整本书阅读·想法

深觉解，立四端

——学校读书教育纵横谈

深化“双向觉解”是读书教育的旨归

在学校教育中，读书教育是相当重要的一部分：对实现教育的终极目的——促进人的发展、提升人的境界有至关重要的影响。这里的读书，显然不是专指教科书或课外辅导书的阅读，而是引领学生在浩如烟海的人类文明成果中畅游。而畅游的前提，是对人生的意义、读书的意义、人生与读书两者的关系有充分的、高层次的了解和自觉。了解与自觉，即冯友兰先生在《新原人》一书中提到的“觉解”。同是读书，在人的“觉解”状态下与“无明”状态下，对他具有的意义和使他能达到的人生境界完全不同；在人不同层次的“觉解”状态下，对他具有的意义和使他能达到的人生境界也不同。

视读书为消遣，出于本能的喜好、感官的愉悦，随手翻翻流行小说、时尚杂志、心灵鸡汤、励志成功学，固然开卷有益，但也只是读书的“自然境界”：并没有把读书与生命追求建立联系，只是将读书与世俗生活建立联系，其中的觉解微乎其微。视读书为升学高考、谋生致富的“敲门砖”，头悬梁、锥刺股以取功名富贵，是读书的“功利境界”。此境界客观上可能有利于他人，而主观动机无非利己；但能将读书与人生一部分追求建立联系，故觉解较多，动力亦足。达成目的之前手不释卷，是其利也；得偿所愿之后弃如敝屣，是其弊也。视读书为济世救人之道，如周总理“为中华之崛起而读书”者，是读书的“道德境界”。道德境界同样追求“有用”，也就是有功利之色彩。但此功利乃是为利人，而非利己，有“以天下为己任”“兼相爱交相利”的意思。读书至“道德境界”已经很高明。但人类社会之上还有更大的整体，那就是广阔无垠的天地、浩渺幽深的宇宙。人生天地间，渺小而卑微，仰望星空，不能不油然而生“寄蜉蝣于天地，渺沧海之一粟”的慨叹，勃然而兴“参天地之造化”、与宇宙永恒同一的愿景。何以解忧？唯有读书。何由可达？唯有读书。难怪张岱说：“世间极闲适事，如临泛、游览、饮酒、弈棋，皆须觅伴寻对。唯读书一事，止须一人。可以尽日，可以穷年，环堵之中而观览四海，千载之下而觌面古人。天下之乐无过于此，而世人不知，殊可惜也！”读书至此，是为“天地境界”。其中蕴含着人类超功利乃至超道德的觉解，因而也就有了超功利与超道德的哲学价值和美学价值，使人极闲适、极孤独、极自由、极快乐，手之舞之，足之蹈之，乐此不疲，终生不倦。

教育要使人从“现在就是的人”向“人应该成为的人”迈进，因而教育者自身的“觉解”不可不深刻、自身的“境界”不可不超拔。当下读书教育，泛泛倡导“自然境界”的阅读，巧立名目，大搞运动，不加拣择，以量取胜，此一大弊也；过度强调“功利境界”的阅读，以“有用之用”诱人读书，置“无用之用”于不顾，拔苗助长，目光如豆，此一大弊也；空谈“道德境界”的阅读，不重宏才远志的培育与道德实践的真实体验，令人望而生畏，闻而生厌，此一大弊也。有此三弊，则读书为“装饰物”、为“敲门砖”、为“鬼画符”矣，更遑论达成终生不倦的“天地境界”。长此以往，何谈培育有“独立之精神，自由之思想”的“大写的人”？因此，致力于人终身发展的读书教育，当以深化教育者与被教育者双方的觉解为旨归。这种“觉解”本身也是双向的：既是对阅读境界的觉解，也是对人生境界的觉解。

读书教育当立“材”“质”“法”“验”四端

孟子认为：仁、义、礼、智是“人之四端”，“人之有四端也，犹有四体也”。同样，“以深化双向觉解为旨归”的读书教育，也有“四端”，“材”“质”“法”“验”是也。“四端”既立，则纲举目张。

材：书籍选择的原则与策略

世上之书汗牛充栋，并非所有的书都可以作为读书教育的“书材”。教育者向学生开列书单的基本原则是：在人一生阅读的黄金时代，也就是心底最纯净、情感最丰富、求知欲最旺盛、精力最充沛、记忆力最强大的青少年时期，我们应该推荐那些经得起时间考验、营养价值最丰富、可供人终生咀嚼回味的书籍，让这些书为青少年打好阅读的底子、审美的底子和人格的底子。我们向学生提倡，读书要“读经典、读原著、读源头”，就是出自这样的动机。

经典并非专指中国古代的“经书典籍”，乃是经历史长河淘洗，至今仍生机勃勃的书籍，这才真正算经得起时间的考验。青少年现在不爱读经典，反而爱读畅销书、流行书、浅显易懂的书、马上有用的书，实在是受了网络文化和商业文化的蛊惑。如果说书籍是精神的食粮，那么在时间面前，大多数书都会化为粪土，极少数才变作佳酿。村上春树说自己通常不看还在人世的作家的书，话虽偏激，道理却深刻——我想他是担心误食“粪土”。

经典既然是“佳酿”，“铺其糟而啜其醴”者必多：考据探源者有之，阐释解读者有之，借题发挥者有之，众说纷纭，令读者莫衷一是。远者如《周易》《论语》《道德经》《庄子》，近者如《红楼梦》、鲁迅作品，青少年如果从为它们做“注疏”的“外围书”读起，皓首穷经也难见真佛。不如索性拿出勇气，直面原著，除了文字上用必要的工具书做辅助，考证的、解读的、发挥的书先一概不看，强迫自己无所依傍、独立思考，宁可囫囵吞枣，也不食人余唾。待有所疑、有所思、有所备，而后以平等之心就正于方家，才能渐至“奇文共欣赏，疑义相与析”的佳境。

然而，即使只是经典原著，可读的书还是太多。因此，选书要进一步聚焦，那就是“读源头”。事物有本、末之分，干、枝之异，源、流之别。儒家师法三代，是溯源；道家道法自然，是溯源；文学家“文必秦汉，诗必盛唐”还是溯源。故读诗不可不先“风骚”而后唐宋，读史不可不先《春秋》而后《史记》；读古文不可不先“诸子”而后汉唐，读白话不可不先胡适、鲁迅而后他人。这里的先、后，并不是指绝对时间上的先后，而是在有限的时间内，读书人心理上相对的优先顺序。敢于从源头读起，先啃“硬骨头”，就能够确立整体认识的高度，“一览众山小”。

质：阅读品质的要素与关系

读书首先要记忆，这种记忆是有意记忆，而不是只鳞片爪的无意记忆。中国传统文化教育重视“背书”“默书”，把熟读、熟记、复述、背诵书籍的内容视为读书的基本功，这是很有见地的。读一百本书、一千本书，记不住观点内容，说不清脉络细节，还不如把一本书熟读一百遍、一千遍为好。陶渊明说“好读书，不求甚解，每有会意，便欣然忘食”，但这种境界是以扎实的童子功为基础的。记忆是阅读品质的基础，但只是记住内容又落入死记硬背的窠臼，仿佛《伊索寓言》里“驮书的驴子”，不过是书呆子而已。

呆从何来？首先是没能唤醒自身的情感认同。调动自己的情感与书中之情若合一契，书中之情又反作用于自身之情，使之丰盈充沛，交互之间胸怀为之阔大，境界为之提升，这就是文学上讲的“共鸣”与“移情”。苏舜钦用《汉书》下酒，每读至快意处击节拍案，痛饮一斗。古人说：“读《出师表》不下泪者，其人必不忠；读《陈情表》不下泪者，其人必不孝；读《祭十二郎文》不下泪者，其人必不友。”这些都是强调读书应激发情感共鸣的好例。其次是缺少理性的思索。读书为文，多情少思则滥，有思寡情则枯，寡情少思则呆。“情”

要酝酿调动，“思”靠质疑提问。“尽信书不如无书”“学者需先会疑”，说的就是质疑提问的重要性。教师教学生读书，往往以自己的“疑”替代学生的“疑”，以自己的“问题”替代学生的“问题”，很少鼓励学生大胆质疑，提出属于学生自己的真实问题。久而久之，学生的质疑精神和提问能力就会受到压抑，思考的主动性就会降低。

读书要有记忆、有情思，还要有“见识”。见识不是知识：有见识必须有知识，有知识却未必有见识。见识是从纷繁复杂的现象中概括、提炼出的深刻透辟的观点、主张，是“记忆”与“情思”的成果，是读书品质的核心。见识之于读书，是画龙点睛的“睛”，是一针见血的“血”，是文以载道的“道”。一般来说，见识与人心智成熟的程度有关，经历过磨难的知识分子，往往有真知灼见。像司马迁、苏轼、曹雪芹、鲁迅，经历过人生起落，感受过世态炎凉，见识自然深刻。而当今的青少年少历练，少挫折，所以要多读从苦难中得来的文学、史学经典，少读得意时的卖弄之作；教师要立足课堂教学，培养有研究色彩的探究式阅读，鼓励学生进行分类、比较、概括等高级思维活动以形成自己的观点。

法：阅读习惯的重点与养成

重点之一是养成“学习型阅读”的习惯，不能读什么书都处在休闲、懒散、随意的状态。其要点在于鼓励学生调动多种感官的综合作用，使阅读形成言语和认知交互作用的“场”。韩愈认为，读书要“手披目视，口咏其言，心惟其义”，就是提倡调动手、眼、口、耳、心（思维）来读书。“手披”本是“翻阅”之意，但不妨更进一步，强调动笔读书，化“披”为“批”。一是提要钩玄，勾画出核心观点和结构脉络；二是借用工具书，对文本做批注，疏通意思；三是记录阅读时的感受、疑问和由此激发的灵感。“目视”强调集中注意力，把目光和心思贯注到字句上，不受外界环境的干扰。“口咏”就是朗读或诵读，这对于阅读文言经典尤其重要。文言在生活中已经失去了语境，读书者要自建话语系统：眼睛看着，口中吟哦，耳中听闻，循环往复，形成令言语复苏的“阅读场”。“心惟”就是要思考揣摩，既入乎其内探源寻妙，又出乎其外与其他文章、书籍或现实生活做比较。“手披”“目视”“口咏”“心惟”，习惯既成，文字、笔录、言语、沉思交互作用，则身心合一，物我两忘，渐入佳境。

重点之二是养成利用散碎时间读书的习惯。家长、老师、学生有一个共同的困惑：如何平衡课内、课外的关系？如何处理时间紧张与阅读需求量大的关系？有人认为，读书必须有整块时间。一些学校专门开设读书课、搞读书活动，腾挪出整块时间给学生，其实，这是一种认识误区。阅读本是从容、持久的事情，不能以做大事、搞运动的态度对待它。尤其是当今，普通人的时间都是碎片化的，怎么“挤”时间才是关键。这需要自制力，需要好习惯。古人读书讲究“枕上、厕上、马上”，这对我们仍然有借鉴意义：睡前读一会儿，醒来读一会儿，等公交时读一会儿，上学路上读一会儿，课间休息时读一会儿，积少自然成多。只要肯挤，一天最少能挤出一个小时。按每分钟阅读 200 字计算，一天就是 1.2 万字。一本书平均有十几万字，一年就能读 30 本，高中三年就能读 90 本，总字数保守算来有 900 多万，远远超过课标的要求。这样宽厚的积累，对学业成绩和人文素养的提升都将产生巨大作用。

验：读书教育的组织与评价

我任教的北师大二附中文科实验班，探索出了一套系统的读书教育组织与评价办法。将一学年分为上学期、寒假、下学期、暑假四个读书时段。每一时段初始，任课教师从学科视角和个人阅读经验出发向全体学生提供“教师推荐书目”，学生互相推介“学生推荐书目”，然后汇总形成一个供“海选”的书单，总数量有 60—80 种。学生拿到书单后，根据自身兴趣、学习需求、研究方向，选择书籍并形成本时段“个人阅读书单”（草稿）。给每 5—8 位学生分配一位任课教师担任导师，导师与学生小组讨论，交流分享阅读经验，根据每个学生的情况逐个指导、修改、审定个人的阅读书单。按照“必读”“选读”“精读”“泛读”的标准进行分类，精读书的总数一般不超过 4 本，其中 2 本是必读，2 本是选读，以文学、史学、哲学、美学类为主；泛读书的总数一般不超过 6 本，其中 3 本是必读，3 本是选读，以社会科学、自然科学、人物传记类为主。把所列书目的阅读任务根据学校的课程安排、学生个人的生活安排，分解细化到每一周甚至每一天。由学生自己选择考评阅读效果的办法，例如读书笔记、朗读背诵、鉴赏文章、研究论文、模仿创作、读书宣讲等；自己确定考评日期，届时主动向导师呈现，并进行自评、同学互评和导师评价。

除了通过常态的读书会、文学沙龙、阅读方法讲座给学生以必要的舞台和支撑外，学校很少大张旗鼓地搞读书活动，而是把读书视为像阳光、空气、水一样的必需品融入学生的日常学习生活中，以达成润物无声的效果。尤其在教书育人的主渠道——课堂教学中，不论是必修课还是选修课，教师由课内生发而至课外、以指导大量课外阅读为育人途径已成共识。

治学求是：开启青少年阅读之门的钥匙

阅读是读者与作家、作品进行多重对话的活动，也是不同读者借助共同的阅读材料相互切磋探讨的活动。阅读自身的这种特点，要求读者具备健康的旨趣、科学的方法和良好的习惯：不但要博览群书，还要从文山书海中辨识精华与糟粕，广泛涉猎文质兼美的经典；不仅能从经典中获取知识，还能调动自身的情感和经验，与作家、作品形成共鸣；不是全盘接受作家、作品的思想观点，而是独立思考，形成自己的理解和见识；不能自以为是，而要在辩论，探讨中不断修正自己的思想。读者尔后将其内化于心，外显于行，得到真正的成长和提高。青少年求知欲旺盛，记忆力发达，思想纯净，精力充沛，正处在阅读的关键期，如何切实提高他们的阅读质量，要从教育自身来寻找答案。

长期以来，教育界有一种普遍的看法：让学生学会阅读，教师应首先做到。教师要有浓厚的兴趣和科学的方法，博观约取，熟读精思，循循善诱，讲出兴味，使学生陶然忘我、沉浸其中。在这种观念的影响下，人们重视两种基本的研究：文本解读和教学设计。前者强调教师对文本内容理解的深刻和专业；后者强调教师将这种理解及其思维过程设计成相应的问题或任务，用以开展课堂教学。孙绍振先生说："在语文课堂上重复学生一望而知的东西，我从中学生时代对之就十分厌恶。从那时我就立志，有朝一日，我当语文老师，一定要讲出学生感觉到却又说不出来，或者认为是一望而知，其实是一无所知的东西来。"[①] 这种观点饱含对单调重复、浅薄空虚的语文课堂的强烈否定。所谓"学生感觉到却说不出来"，意思近于"不愤不启，不悱不发"的"悱"，朱熹注为"口欲言而未能之貌也"。"一望而知"的意思近于"对字面意思的理解"。"其实是一无所知"指的是未能透过陈述性、结论性的事实发现蕴含在文字背后的思想情感或章法结构等。学生感觉到却说不出来的东西，教师能够晓畅明达地讲出来，学生自然心有戚戚；学生读起来感觉平凡无奇的文字，教师却能于平中见奇，揭示文字背后的深意，学生自然感到醍醐灌顶。

然而，从另一个视角审视这种在教师群体中极具代表性的观点，我们不难发现，其中蕴含着教师强烈的自我期许，而在一定程度上忽视了学生的主体性。如果教师的学养能够达到"传道授业解惑"的水平，那么用之于自身"讲出来"的意义更大，还是用之于使学生如教师一样"讲出来"的意义更大呢？吕叔湘先生曾提出："教师培养学生，主要是教会他动脑筋，这是根本，这是教师给学生的最宝贵的礼物。给他一把钥匙，他拿了这个钥匙能够自己开箱子、开门，到处去找东西。你不给他这个钥匙，有多少宝贝他也没有法子拿到手。"[②] 在《叶圣陶语文教育论集》序言中，他进一步强调："教学，教学，就是'教'学生'学'，主要不是把现成的知识教给学生，而是把学习的方法教给学生，学生就可以受用一辈子。"[③] 这种"教是为了不需要教"的思想，已为现代教学论广泛接受。据以反思阅读教学，则我们关注的重点似乎不是如何把"学生感受到却又说不出来，或者认为是一望而知其实是一无所知的东西"讲出来，而是"为什么教师能够把这些东西讲出来，学生却不能？"这把"宝贵的钥匙"究竟是什么？

从阅读能力的影响因素看，和学生相比，教师知识结构更完善，经验阅历

---

① 孙绍振．名作细读：微观分析个案研究[M].上海：上海教育出版社，2009：封面语．

② 吕叔湘．关于中学语文教学的种种问题[M]// 吕叔湘论语文教学．济南：山东教育出版社，1987:87.

③ 吕叔湘．叶圣陶语文教育论集序[M]// 叶圣陶．语文教育论集．北京：教育科学出版社，1980:1.

更丰富，且长期接受中文专业的训练。我们也有理由相信，优秀的语文教师热爱他所从事的工作，对阅读有着浓厚的兴趣。但这些因素显然不是教会学生阅读的“钥匙”，我们也不应过分强调这些客观因素，而对不能有效提升学生阅读质量的现实感到心安理得。在教学实践中，有一个事实常常被人们忽略，即师生在阅读目的和方式上存在重要差别：教师总是以研究为目的在“备课”，而学生总是以“接受”的心态在阅读。研究的核心是发现和探究。优秀的语文教师，在备课过程中往往对自己的阅读发现非常珍视。他们及时记录这些发现，用简明的语言表述出来，通过查阅文献解决阅读中发现的问题、反省阅读中发现的联想、验证阅读中发现的假设，从而对阅读内容获得深入而独特的理解，最终依靠基于阅读发现的研究成果来设计和组织教学。故对教师来讲，“阅读—发现—探究—表达”构成了完整的“阅读活动链”，并在大量阅读不同文本的过程（即持续的备课过程）中被不断强化，最终内化为自身的阅读习惯和思维习惯。

教师的这种研究性阅读与普通读者的休闲性阅读的区别在于，后者并非没有阅读发现，但往往以发现始，以发现终。“好读书，不求甚解，每有会意，便欣然忘食”，这种阅读方式作为隐士的“陶然自乐”固然令人神往，用于学校教育则缺乏效验。教师之间阅读质量的差别又在哪里？我们不排除现实中有些语文教师存在这样的情况：只有阅读，没有发现，更谈不上研究，只会照本宣科地重复事实、灌输知识。但就大多数教师而言，备课时所经历的“阅读活动链”基本一致，差别在于各环节支撑要素的质量不同。从阅读中获得的发现需要经过专业的评估，但不是每个发现都有价值，无价值的发现不值得深入研究，否则有“求深反惑”之虞。从发现到探究，这种转化过程需要科学的方法。从探究到表达，无论是口语还是书面语，都要遵守一定的语言规范。阅读发现的评估是否准确、研究方法的使用是否得当、研究结论的表述是否规范，决定了教师的阅读质量高低。回到前面的问题，教师何以能把学生“感受到却又说不出来，或者认为是一望而知其实是一无所知的东西”讲出来，这把宝贵的“钥匙”，或许就是教师研究性阅读的活动链及其支撑条件。

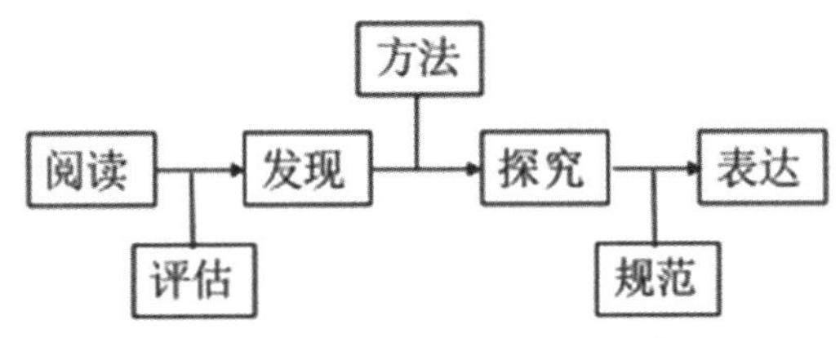

教师研究性阅读的活动链及其支撑条件

在基础教育阶段，教师是否应该以培养学生的研究性阅读为目标，使其体验类似教师自身的阅读方式？这就触及语文教学尤其是阅读教学的定标问题。语文教育史上，实用主义目的取向是主流。1904 年清政府颁行《奏定学堂章程》，在“中国文字”科目下规定：“其要义在使识日用常见之字，解日用浅近之文理……供谋生应世之要需。”[①] 其后经历代语文教育人的反复申说，以“致用”为目的似乎成为语文教育工作者的集体认识。恢复高考后，由应付生活之所需转向应付考试之所需，也就顺理成章了。冯直康、潘新和等认为，基于“生活本位”的“谋生应世”“应付生活”的语文教育本体论，是 20 世纪前半叶实用主义思潮、平民教育背景下的产物，由于缺乏精神引领与境界升华，使语文教育长期陷于困顿境地。使学生掌握知识，学会熟练运用祖国的语言文字，满足生活需要，是语文教育的目标之一，但这样的目标充其量只是“低标”，因其“着眼点是改善受教育者的物质生活、社会生活，而不是文化生活、精神生活”。[②] 这样的观点鞭辟入里，有引领语文教育方向的重要价值。语文教育的“高标”究竟是什么？潘新和等认为是“立言”。历代文化精英为学、治学，读书、写作，就是奔“立言”去的。因此，在培育“立言者”的教育理想中，注

① 璩鑫圭，唐良炎．中国近代教育史资料汇编·学制演变 [M]. 上海：上海教育出版社，1991.

② 冯直康，潘新和．“吕叔湘之问”与语文教学范式重构 [J]. 全球教育展望，2017(5):30—41.

入鲜活、强健的时代精神，仍可作为今天的语文课程本体论定位。[①] 这样的定位高则高矣，但理想主义成分显而易见。在人类历史长河中“立言”者凤毛麟角，能否“立言”固然受教育的影响，更多则由个人天分、境遇以及时代风貌所决定。用古典精英教育观念下绝大多数读书人尚且无法达成的目标引领全民教育时代的语文学习，即使仅仅将它作为一种“给所有学生挑战不可能，追求梦想的权利与愿景”悬置起来，也很容易带来矫枉过正的影响：将语文教育从标准过低的误区引向标准过高的误区，赋予语文学科以非学科教育所能承载的功能。叶圣陶、朱自清早就提出：道德必须求其能够践履，意识必须求其能够操持。要达到这样的地步，仅仅读一些书籍与文章是不够的，必须有关各科目都注重这方面，科目以外的一切训练也注重这方面，然后有实效可言。国文诚然是这方面的有关科目，却不是独当其任的唯一科目。所以，国文教育，在选材的时候，能够不忽略教育意义，也就足够了，把精神训练的一切责任都担在它的肩膀上，实在是不必的。[②]

今时阅读教育的目标定位应如何做？要综合考虑时代和国情两方面。面对信息时代知识总量的激增和传播方式的丰富，该如何确定课程目标和编制原则，是一个世界性的课题。20 世纪 60 年代，美国教育界就在讨论“如何应对科学研究所带来的无限增多的知识量”的问题。哈佛大学心理学家布鲁纳等提出，唯一的办法是教授“科学的结构”——它的“基本观念”“关键概念”和学问的研究方法，是通过提高“质”来解决“量”的问题。于是出现了“学问中心课程”：编制经过精选的、具有高质量知识内容的课程；通过学问研究的方法提供给学生学习，使之掌握科学知识和科学认知的方法。[③]“学问中心课程”的目标就是把学生从小就当作小学者、小科学家来培养。尽管其因过于强调智

① 冯直康，潘新和．“吕叔湘之问”与语文教学范式重构[J].全球教育展望，2017(5):30—41.

② 李杏保，顾黄初．中国现代语文教育史[M].成都：四川教育出版社，1997:253.

③ 钟启泉．现代课程论[M].上海：上海教育出版社，2015:109.

育等因素而遭到批判，但迄今为止，这种课程观对我国教育改革仍有重要的借鉴价值。近年来我国不断开展学生发展核心素养的研究，就是在回应“当今时代的教育要培养什么样的人”这一根本性问题。各国核心素养的界定各有差异，但“专家思维”与“复杂交往”被视为核心中的核心，八大“世界共同核心素养”和享誉世界的“21 世纪 4Cs”，无不与这两点相呼应。① 有学者提出，素养教学的要义是“教学即研究”，要改变过去那种粗加工、大规模、追求高效、缺乏创造的班级授课制教学，代之以师生合作研究学科和生活。教师要研究学生的思想，把教学转变为学生研究，并且要帮助学生做研究；最终将专业人员的研究方式转化为教学与学习方式。

让学生像教师一样开展研究性阅读，正是推动这种转化的一种尝试。这种尝试对“定标”问题的回应，可以用“治学求是，走向研究”来概括。毛泽东说：“‘事实’就是客观存在着的一切事物，‘是’就是客观事物的内部联系，即规律性，‘求’就是我们去研究。”② 对于语文学习来讲，阅读有阅读的“是”，写作有写作的“是”，“求是”的过程就是研究语文学科内在规律的过程，也是增长学问的过程。对于语文学科的规律，教师要研究，学生更要研究，而且要学会像教师一样去研究。戴汝潜指出，语文作为课程是用来学习语言规律的。缺乏“规律”意识正是我国语文教育长期效率低下的根本原因。③ 在“治学求是”中，学生的知识得到积累和丰富、认知水平得到提升、言语思维得到发展，外显为听说读写能力的不断提高，内化为求真务实的独立思考。“治学求是”人人可以尝试，也应该尝试，它不指向功利主义的技能训练，仅以满足现世谋生之所用和生活之所需，故高于“低标”。“治学求是”所培育的求真务实之精神、探索规律之韧劲，又足以鼓舞学生于未来生活境遇、时代形势之中，能立言者

---

① 张华．论核心素养的内涵[J]. 全球教育展望，2016(4):10—24.

② 毛泽东．改造我们的学习[M]// 毛泽东选集：第三卷．北京：人民出版社，1991:801.

③ 戴汝潜．从丁有宽语文教育思想谈语文教育的三个基本问题[J]. 小学语文教学，2002(2):6—7.

得以立言，不能立言者得以力行，故其虽低于所谓“高标”，却又不失达成这一愿景的可能。

当然，我们也要清醒认识到，当前教育环境尚不足以支持师生开展这样的阅读。教学所需时间如何保证？学校、家长是否支持学生脱离“人人如此，从来如此”的学习轨道，用大量精力和时间从事表面上与高考并无直接关联的学习？直面和正视现实的课程文化，并与其进行积极的互动，以争取课程空间，还需要教师做出很多的努力。更为重要的是，学生有兴趣像教师一样进行研究性阅读吗？学生的认知水平足以支持他们进行这样的阅读吗？这也是需要审慎思考的问题。通过课堂观察可以发现，即使在当前程式化、套路化严重的教学模式下，仍有很多学生表现出了阅读的兴味和发现问题的潜质。他们总是能够提出各种各样的问题和千奇百怪的想法，其中固然有“胡思乱想”，却也不乏“奇思妙想”。无论是何存想，要么可以作为观察学生内部认知结构的窗口，帮助教师了解学生的真实水平；要么可以作为解读文本的思路，帮助学生从中找到理解文本的新视点、新方法。过去我们对这些宝贵的教学资源，要么压抑漠视、置之不理，要么将其引到教师预定的轨道上来。即使那些非常尊重学生想法的教师，为提高教学效率起见，也很难耐心评估学生阅读发现的价值，并拿出较长的教学周期和学生一起深入开展研究。试想，如果教师肯改变对学生阅读能力的消极假定，鼓励并珍视学生的阅读发现，把它们视为兴趣的开端、灵感的来源和直觉思维的结晶，学生内在的动力必将被激发。如果能进一步引导学生对感兴趣、有价值的阅读发现加以研究，在学生酝酿情感、积累素材、形成观点之后，支持他们用口头或书面语言规范、清晰、准确地表达出来，学生必将产生强烈的成就感和满足感。最终的阅读成果能否达到专家水平并不重要，只要阅读的兴趣和语感、研究的思路和方法、表达的意愿和规范得到充分尊重、培养和训练，促使学生不断向“专家思维”靠拢，阅读质量的提升也就可以期待了。

多元与秩序：试论文学类文本解读规范

一、文本解读规范及其现实意义

语文课程是一门学习祖国语言文字运用的综合性、实践性课程。[①]学生学习语言文字运用的主要载体是中外优秀作品，亦即典范文本。文本解读，是教师建构教学内容的基础，也是师生高质量对话的前提。诚如王富仁先生所说，在某种程度上，中学语文教学就是通过文本分析具体予以实施的。[②]

当前，课程标准将教学文本分为实用类、论述类和文学类，三者存在一定交叉：实用类和论述类文本在语言形式上多数具有文学性，文学类文本也不排除实用功能或论述特征。但总的来说，三类文本的育人价值和解读路向有明显区别：实用类文本旨在教学生经世致用，其解读侧重交际情境与文章作法；论述类文本旨在教学生说理与思辨，其解读侧重立场、观点和表述逻辑；文学类文本重在培养审美情趣，提高审美品位，其解读侧重鉴赏评价。然而，文学审美不同于自然风光、歌舞艺术等感官直觉型审美，它是以语言文字的认读、理解为基础，以作品拟构的文学世界为对象，以读者的知识基础和经验基础为依托的抽象间接型审美。其审美过程需要感性、知性与理性的结合，其认知结果

---

① 中华人民共和国教育部．普通高中语文课程标准（2017 年版 2020 年修订）[M]. 北京：人民教育出版社，2020:1.

② 王富仁．文本分析略谈 [J]. 语文建设，2014(7):4—10.

具有确定性与开放性相统一的特点。如此说来，教学中最难解读的便是文学类文本，或者说文学类文本的解读内容和过程在一定程度上涵盖和超越了其他文本。

对于文学类文本，21 世纪以来的历次课程改革均强调“多元理解”或“个性解读”，但对“多元”与“个性”背后的共同标准付之阙如。课程文件没有界定文本解读的概念，也没有对解读理念、路径与方法提出系统性和规定性要求。学术期刊顺应教育学主导学科教学研究之势，大量刊发教学法方面的文章[①]，少数文本解读研究也往往指向具体课文或仅就某个理论话题展开，处于各抒己见、罕有共识的状态。由于政策话语含糊其词，专业研究莫衷一是，很多教师转而求诸当代西方文论，不加筛选地把阐释学、接受美学、存在主义、女性主义、后殖民主义等学说的理论碎片引入教学，进一步加剧了实践场域的失序。

为此，有必要立足教学实际，明确学科专属的文本解读规范，特别是文学类文本解读规范，以求在纷乱的多元理解中建构秩序。“规范”，指约定俗成或明文规定的标准[②]；“专属”，指区别于普通读者的随意解读，也区别于文学批评或文艺理论的研究旨趣，体现语文教学的专业性。明确规范，有利于教师辨识阅读理解的正误与高下，把握寻求正解或优解的方法。如此，语文教学才能实现内涵发展，而不是只在方式方法上翻花样。明确规范，有利于专家同仁就具体作品或理论问题展开对话，有的放矢地把语言学、文学或文艺理论的新成果融入教学研究框架，而不是仅以局外人的身份和非系统性的观照评头论足。一言以蔽之，明确规范是语文学科建设自主知识体系的内在要求，也是学科内部和跨学科交流的客观需要。

---

① 孙绍振．多元解读和一元层层深入——文本分析的基本理论问题 [J]. 中学语文教学，2009(8):4—8.

② 中国社会科学院语言研究所词典编辑室．现代汉语词典 [Z]. 第 6 版．北京：商务印书馆，2012:489.

二、文本特征与多元理解的形成

文本解读是读者对文本的解读，读者是实践主体，文本是操作对象。在语文教学领域探寻什么是“对的”或“好的”文本解读，首先需要实践主体对操作对象的本质特征有一定的认识。什么是“文本”？学界有太多观点和看法，我综合一些简明表述，定义为“作用于意义传播的稳定的书面语言系统”，意在突显其三个主要特征。

第一，文本本质上是一套书面语言系统。系统强调内部秩序，即文本是一个有机整体。任何文本都由最小语言单位“字 / 词”结撰而成的，从字 / 词到句子，从句子到句群，从句群到章节，从章节到一篇 / 部作品，作者总要逐字 / 词、逐句、逐层地表达意思。这就使字 / 词、句、层之间以及它们与整个作品之间存在多向度关联。基于这些关联，上级单位相对于下级单位而言即为整体，作品本身相对于内属可拆分的单位而言亦为整体。同时，作品又存在于作家的创作谱系之中，存在于文学史特定的研究序列之中，存在于人类历史文化发展的进程之中；站在更高维度审视，它又是外部更为庞大的语言系统的局部。承认语言系统本身的整体性和“整体”在意涵上的多维性与延展性，人们才能最大限度地避免断章取义，并从更上位和更宏阔的语境中开掘文本意义。

第二，作为书面语言系统，文本被生产、创造出来以后就有了稳固、定型的特征。当然，总有作者喜欢反复修改并再版其某部作品，很多作品在作者创作结束后仍被不同时期的人们出于各种目的进行加工改造，同一作品在跨语言转换时也会出现不同译本，但一经改易或转换，作品（变本）就有了新的面貌和意义。因此，上述情况属于创作的延续或文本再生产，而最终摆在读者面前的特定文本仍是稳固、定型的。只是，我们必须明确指认其版本或译本，才能据此展开对话与交流。

第三，作为稳定的书面语言系统，文本的功能在于意义的传播。从意义的所指上看，作者用语言文字表达思想感情，同时又赋予思想感情以特定的具有审美价值的语言形式。作为文本构成要素的思想感情与语言形式紧密交融在一起，共同构成文本意义。认识到这一点，才能避免脱离语言形式泛言思想感情——这种做法将导致文学欣赏的庸俗化；才能避免脱离思想感情抽绎语言形式——这种做法将导致文学鉴赏的空洞与虚无。承认文本意义存在于思想感情和语言形式的共生关系之中，还有助于对文本做价值判断，即我们常说的“文质兼美”，实指思想感情和语言形式的统一度和适配性，而非“文美”与“质美”的简单加和。从意义的来源上看，文本意义首先和从根本上讲，是作者用创造性劳动赋予的。他们苦心焦思，惨淡经营，希望自己的情思得到跨越时空的理解，希望自己的才华得到恒久和普遍的认同。从历史唯物主义出发，必须承认作者才是文本意义的主要建构者和意义传播的最初发起人，而文本意义不必等待读者展卷，就已经历史性地被作者凝结于文本之中了。

既然文本是一套稳定的书面语言系统，其意义又已客观存在于该系统之中，多元理解又是如何形成的呢？这是因为一旦进入传播渠道，对文本意义的理解和解释便不再受控于作者，而在很大程度上取决于读者。读者在接收文本信息时，会按照自己的立场、经验和审美旨趣重构文本意义。这些重构意义在性质上可分为三类。一是作者本意，即符合历史上的真实作者在特定创作状态下原本想要传达给人们的意义。这种意义理论上客观存在，但在实践中极难被验证，所谓“起作者于九泉，恐亦不能遽对”①。二是文本本意，即从这套语言系统中推敲出来的意义。如果推敲方法得当，文本本意应包含作者本意，同时也包含作者在当时的创作状态下未必意识到，但已客观渗入文本间隙里的潜

① 俞平伯．索隐与自传说闲评[M]// 俞平伯全集：第六卷．石家庄：花山文艺出版社，1997:435.

在意义。三是读者衍意，即读者不是从解读文本出发，而是从“利用”文本出发，满足自身在经验世界中的联想、想象和其他目的性需求而衍生出来的主观意义。

在人们的阅读实践中，各种重构意义总是错综复杂地交织在一起。普通读者既没有理性和自觉，也没有精力和能力区分其成分与性质，只好以杂糅的方式，用笼统、模糊甚至紊乱的语言表述出来。在文本传播过程中，各种杂糅起来的笼统、模糊、紊乱的阐释被进一步混合和发酵，不断酝生各种各样的新理解和新阐释，它们像迷雾一样笼罩在后续读者与文本之间，有些甚至已经成为某种定见，无形中左右或支配着后人的理解。以此类推，自文本进入传播渠道之日起，与作品相识越晚的读者，其阅读理解的内容就越丰富，重构意义的性质就越混沌和越难区分，人们无以明辨，遂统称“多元理解”。

三、阅读伦理：文本解读规范的理论支点

从文化学或传播学的视角看，多元理解是值得称许的，至少是可被接纳的现象。因为经典是说不尽的，笼罩在它们周身的迷雾越浓，越能展现其经久不衰的魅力。但在理论界，学者们总要从学术的角度辨明是非或区分高下，其核心议题便是：作者本意、文本本意和读者衍意之间，究竟哪个才是文本解读的正当追求？或者说，哪种解读取向更具合理性与合法性？

对此，“作者中心论”把作者摆在至高无上的地位，认为文本解读就是要考索作者本意，甚至将其看作唯一的和确定性的知识。因此，其学术取径主要是“文本外证”，即千方百计求诸文本周边的史料文献，为己见张本。“文本中心论”认为，读者与作者是平等对话关系，而文本是维系这层关系的根本纽带。因此，其学术取径主要是“文本内证”，即聚焦文本内部的语符系统，通过“文本细读（close reading）”等方式，贴近文本分析字词、句式、修辞等文

本内部构成要素，以解读作品的思想、情感内涵。[①] 这样一来，虽因读者知识或经验有别，也会生成多元理解，但这些理解正确与否，并不取决于悬置在历史语境中的作者本意，而是取决于文本内容和读者分析论证的质量。“读者中心论”则把读者的感受和观念看得异常重要，认为读者有权根据自己的立场、经验、喜好、知识结构和特定阅读目的“赋予”文本意义。因此，其学术取径主要是“读者自证”，有些学者甚至认为无须论证——读者有权自说自话，“言说”本身就是意义所在。[②] 由此看来，主张“读者中心论”者似乎并不想拨开迷雾，反而要理直气壮地制造迷雾；而“作者中心论”和“文本中心论”虽然立场不同，但都有祛蔽或祛魅的动机。

不同解读取向和学术取径各有其理，但从建构解读规范的角度，我们还是应该择善而从。因此，评判时就不能单靠对操作对象的认识，还要考虑实践主体的角色。人是社会关系的总和。人置身于特定角色和社会关系中时，因享有某些权利，就要承担对等责任并遵守相应规则，此即广义伦理。具体到阅读，与人无涉的个体在其私人时空阅读时，可以不考虑文本内部秩序，也不必关注版本情况，更无须分辨哪些是作者本意、文本本意，哪些是读者衍意，这是他的权利和自由。但是，当以专业人士的角色阅读时，因享有特殊待遇和高于普通读者的信誉，他必须明确主客体关系中存在哪些内在的规定性的要求，搞清楚自己究竟有多大权限、需要遵循哪些规则来重构文本意义，否则他就是不称职的，此即阅读伦理。

近年来，理论界对接受美学等读者中心的西方文论有很多反思，典型代表是张江教授提出的“强制阐释”。强制阐释是背离文本话语，消解文学指征，以前在立场和模式，对文本和文学做符合论者主观意图和结论的阐释，具有

---

① 魏艳辉．字词联结：一种文本细读的新方法［N］．中国社会科学报，2021-07-19(004).

② H.R. 姚斯，R.C. 霍拉勃．接受美学与接受理论［M］．周宁，金元浦，译．沈阳：辽宁人民出版社，1987：438.

“场外征用”“主观预设”“非逻辑论证”“反序路径”等基本特征。① 这一批评的出发点便是阅读伦理。用他的话说，所谓“一千个读者有一千个哈姆雷特”，这是对普通读者的阅读感受而言，绝非专业批评家的职业准则；职业批评或者说专业批评，是应该有边界限度的。② 在后续讨论中，有学者提出“限制阐释”，认为好的阐释需要主体克服自身存在的“前见”“偏见”“动机”等主观限制，而遵从来自作者的、文本的、语境的、方法的、学术的客观限制。由此提出基本规则，如以文献定文本，从文本出发，经历文本内、文本边和文本外的多圈层阐释循环以及回归“语文学”等。③ 从具体论述中不难发现，他们不反对有限度的多元理解，只是希望专业读者承认文本的客观规定性、尊重阐释的内在规律性，以此对治甚嚣尘上的主观阐释和过度阐释。

理论界这些反思对语文教学颇具启示。很长时期内，我们的文本解读受困于标准答案，其理论来源便是作者中心的一元解读论，其操作形式便是把理解性知识当作陈述性知识传授，其弊端在于束缚师生的合理发挥和个性化理解。21 世纪以来，这种现象在课程政策的引导下和专家同仁的批判中，已逐渐从主流变成了非主流。但随之而来的是走向了另一种极端，即从作者中心滑向读者中心，从标准答案变成没有答案。毫不夸张地说，强制阐释的基本表征在语文界普遍存在，甚至比西方文论更不讲逻辑和规则。这一现实提醒我们：当前语文界需要解决的主要矛盾，已经不是作者中心的一元解读论对师生主观感受的抑制，而是读者中心的多元解读论对师生主观感受的放任；而纠治这一症候的理论支点，就是阅读伦理。

首先，要增进语文教师对自身是专业读者的身份认同。这本是理所应当的

① 张江．强制阐释论[J]．文学评论，2014(6):5—18.

② 张江．阐释的边界[J]．学术界，2015(9):70—75.

③ 金宏宇．限制阐释论——关于中国现代文学文本研究[J]．武汉大学学报（哲学社会科学版），2023，76(6):133—140.

事情，如果教师不是专业读者，他还有什么资格站上讲台呢？但是，在一轮轮高举“学生主体”“经验至上”的改革中，教师的专业性逐渐被淡化了。人们不断鼓吹：阅读是轻松愉快的，答案是丰富多彩的，阅读素养要靠学生自己感悟和积累。有人甚至直言：语文教师不必做深细的文本分析，也不必做深入的阅读指导，而要把精力放在激发兴趣和组织活动上。从阅读规律和教育规律看，这些观点不无道理；我也很清楚，人们之所以这样倡导，多半是为了针对那些平庸乏味的解读和琐碎絮叨的讲解。但从学科建设上看，教师的文本解读不好，就应该直面问题，想办法使其变好，而不是转移矛盾，去削弱文本解读的地位。片面强调兴趣和经验，必将混淆语文学习与自由阅读的界限。否则，不仅对学业质量不负责任，也等于变相鼓励语文教师一边享有专业读者的待遇和信誉，一边追求自由读者的惬意与随性。长此以往，将置语文教学于何地？

其次，要明确语文教师作为专业读者的两重角色。一是准文学研究者，这里的“文学”是广义的，包括纯文学，也包括文章学、文体学、语言学等。也就是说，教师虽然不是一般意义上的学者，但仍须具备学科本体研究的专业素养。二是教育工作者，即能够按照课程性质、课程目标和教育规律审视和改造前面那种研究，并将研究成果合理运用到教学实践中去。

四、文本解读规范的建构维度与基本观点

概念的功能是规范人对经验世界的理解，规范人们之间的相互理解，规范每个人的自我理解。[①] 建构文本解读规范，其一是界定核心概念，并从内涵中提取基本原则。如前所述，文本解读是读者对文本的解读。结合文本特征和教师角色，可以进一步界定：文本解读是教师基于专业读者的阅读伦理重构并阐

① 孙正聿．原创性概念和标识性概念——建构中国自主知识体系的概念基础 [J]. 中国社会科学，2024(7)：38—51，204—205.

述具有语文价值的文本意义的阅读活动。其中，阅读伦理、重构、文本、意义等关键词已有明确解释，这里补充两点。第一，判断文本是否具有语文价值，应主要依据课程目标，即语文核心素养的四个方面及其结构关系。[①]第二，采用“解读”而非“分析”“细读”“阐释”等近义表述，是因为文本分析作为常见方法，适用于很多领域；文本细读和文本阐释都是文学界的惯用表述，前者源自英美新批评派的一种阅读理念与方法，后者多用于文学阐释学；而文本解读原是语文界的习惯用语，更易为教师接受。

这一界定还隐含着文本解读的基本原则。第一，教师作为准文学研究者，文本解读的“边界”是坚持文本中心论，以理解和解释文本本意为目标，以文本内证为基本方法，不必在文献不足的情况下强求作者本意，更要警惕读者中心论造成的强制阐释。第二，教师作为教育工作者，有权“利用”文本达成特定教育目的。例如，在经典与生活的同构中引导学生深刻理解现实问题，提高道德实践的勇气[②]；抽取体现作家语用观念和语用方法的典型范例，提高学生书面表达质量[③]；等等。这些重构的意义不可避免地存在读者衍意的成分，但由于有道德教育、语用教育等学科属性，也应被视为合理解读——这也是语文界与学术界的区别。第三，教师作为教育工作者的应为与可为，要以准文学批评者的角色功能的充分实现为前提，即必须从文本本意中逻辑自洽地提炼或引申教育意义，避免郢书燕说式的附会。

其二，依据上述原则，明确文本解读的内容层级，回应“解读什么”这一核心问题。对此，我在另一篇文章里结合具体文本专门谈过，基本观点是：语文文本解读不是为了印证或丰富语言学知识体系，不是为了考证版本源流、作

---

① 李煜晖．语文核心素养对建构教学内容的启示[J]．中学语文教学，2023(9)：4—12.

② 李煜晖．指向文本事实、艺术真实与社会现实——学习任务群视阈下小说教学的内容选择和任务设计[J]．语文建设，2023(3)：4—10.

③ 李煜晖，苏荣格．语文教学视角下的文学语言分析策略[J]．语言战略研究，2024(1)：16—25.

家生平或阐述作品在文学史上的思想与艺术价值，不是为了诠释或建构某种文艺理论或比较古今中外文体、文化的异同，而是为了促进学生阅读理解和语言能力的发展。从学生的认知过程和需要来看，语义、语意（即“文本本意”或“文意”）和语用是主要解读内容。三者的层级关系表现在先后次序和难易程度上，教师要先在符号层厘定语言文字的客观义项，再在意义层理解作家的主观意味，最后将二者结合起来，提炼作家的语用观念与语用方法。语义训释是基础，语意理解是核心，语用阐释则是语文教学视角下的主动汲取。只顾语义而不顾语意的教学是照本宣科，罔顾语义便泛言语意的教学是空中楼阁，兼顾语义和语意却忽视语用的教学是知用脱节。①

其三，从上述原则和内容出发，明确文本解读的过程与方法，规范教师的操作范式。客观上讲，无论是解读语义、语意还是语用，都要经过反复阅读，每次阅读也都可以根据自身经验、习惯和特定研究问题选取适当方法。也就是说，文本解读的过程与方法具有个性化和选择性的特点，原是难以规范也无须规范的。但就单次阅读的认知过程而言，坚持文本中心论的解读，基本上都可按照“感知—论证—阐述”的程序进行。

“感知”是接收文本信息并形成阅读发现的过程。这时，读者通过语义理解已初步把握文本表层信息，并对其思想性或艺术性产生了一些朦胧的认识或疑问，把这些认识或疑问记录下来，即为阅读发现。由此可见，感知需要直觉、需要感性，但绝不应该单纯依靠直觉、依靠感性。一方面，接收文本信息不等于随便读读，而要通过查阅工具书理解语义，认真梳理并熟记文本内容。另一方面，阅读发现也不是凭空产生的，要有问题意识，还要及时把问题或认识记录下来。可以说，专业阅读中的“感知”，是从感性和直觉切入，为深入解读做准备的脑体结合的劳动。

---

① 李煜晖，苏荣格．语义、语意与语用：略谈语文文本解读的内容与方法[J].中学语文教学，2024(4):19—23.

“论证”是对感知结果的证实或证伪。换言之，感知阶段的阅读发现未必准确和深入，我们需要运用科学方法验证其可靠性，并在验证过程中拓展和深化自己的认识。语文课程标准多次强调“整体感知”或“整体把握”，这就是最基本的一种论证方法。它要求教师初读文本时有意识地从局部迈向整体，把揣摩整篇意义作为接受局部信息的目的；同时，在获得整篇意义之后，重新审视和定位局部信息的功能与效果。人们常说的“知人论世”，本质上也是一种论证方法，即利用与作者相关的社会历史知识检验阅读发现的合理性。学界反复强调的“辨体依体”，同样是基于体裁知识的论证方法。“夫文章之有体裁，犹宫室之有制度，器皿之有法式也。”[①] 活学活用体裁知识，有利于验证阅读发现在多大程度上符合体裁特定的交际功能、阐释术语和分析逻辑。“文献法”在某种程度上也应被视为论证方法。文献指与文本直接或间接相关的史料、注疏、评论文章和研究专著等。参阅文献，有利于提高语义训释的准确性、丰富文外语境、创新分析视角、增强论证的理论性与科学性。还有一种对当前而言极重要的论证方法，即思辨性阅读特别强调的对“前经验”的反省。“前经验”是阅读前已形成的观念或看法，包含生活经验和阅读经验，它们构成一些思维定式，暗中影响着文本解读的方向和思路。丰富的生活经验和专业的阅读经验有利于科学论证文本意义；狭隘的生活经验以及非理性的阅读经验会干扰文意理解，使读者停留在想当然而不自知的状态。因此文本解读要重视对“前经验”的反省，使论证内容不仅指向阅读中生成的意义，同时也指向读者自身的意义生成模式。

“阐述”是把经过论证的、具有更高确定性的认知结果，用准确清晰的语言表达出来。文本解读不仅要在头脑中重构意义，还要用语言阐述这些被重构的意义。对教师来讲，阐述是把阅读理解用于教学的前提条件；同时阐述作为言语活动，也可以加深教师对文本意义的理解。从这层意义上说，文本解读的

① 徐师曾，罗根泽．文体明辨序说[M].北京：人民文学出版社，1962:77.

质量最终取决于阐述的质量。向前推演，阐述的质量又取决于论证的质量。因为论证是想的过程，阐述是说的过程，想清楚未必能说明白，但想不清楚就一定说不明白。以此言之，文本解读的正解就是那些经过严密论证的理解和解释，而优解则是对正解的高质量阐述。

反思当前文本解读的过程与方法，有两个突出问题。第一，环节缺失或主次不分。“感知—论证—阐述”是完整连贯的过程。其中，论证起到承前启后的关键作用，是文本解读的核心环节。有人将解读过程简化为“感知—阐述”模式，忽视了最重要的论证环节，导致认知结果始终是些模糊混乱的个人感受。有些解读虽然过程完整，但把重点放在感知上，既不重视论证方法，也不打磨阐述语言，将使认知结果的可信度和品质都受影响。第二，具体方法运用失当。例如，在感知环节只靠感觉，既不熟记和梳理，也不发问和记录，结果是有“感”而无“知”。再如论证方法的使用，有人把知人论世理解为先从社会历史情境中预设结论，再拿文本去证明，这就犯了教条主义的错误；正确用法是先基于文本感知形成阅读发现，再把文本诞生的社会历史情境作为检验其正误的依据之一。文献法的使用也是如此，文本中心论者理应直面文本、独立解读，有主见以后再拿别人的观点做参考。很多教师先读“教参”或评论文章，直接把别人的解读思路、内容和表述用于自己的教学，这就背离了文献法的初衷。为此，虽然过程与方法因人而异，但仍需将其作为解读规范的建构维度。

五、转化应用：文本解读规范的边缘议题

教师经由文本解读形成认知结果后，怎样将其转化应用到教学中去呢？严格来说，这一议题已超出文本解读的本体论范畴，因为这里讨论的不再是何为文本解读、怎样解读文本，而是解读之后该怎样做。但是，语文文本解读有其特殊性，它是教育目的之下的多重对话：第一重是教师与文本、与作者的对话，

即前文主要说的教师的文本解读；第二重是学生与文本、与作者的对话，发生在课前预习阶段，即学生的自主解读；第三重是师生在课堂上与文本、与作者的对话，包括围绕文本、作者展开的教师与学生、学生与学生、学生与自我等多种类型。在第一重与第二重对话中，师生之间是背靠背的；在第三重对话中，师生则是面对面的，解读结果的转化应用就发生在此时。教师要用自己的文本解读影响学生，以达到教育目的；也不可避免地被学生影响，改变自己之前对文本意义的理解。既然教师文本解读的终极目的是影响学生，那么解读规范不包括转化应用，就是不完整的；既然教师的文本解读会受到学生的影响，即课前解读尚处于某种“未完成”状态，那么解读规范不包括转化应用，就是不应该的。综上，我们可以把转化应用看作文本解读规范的边缘议题略加探讨。

对此，语文教学有两种常见方式。一是“灌输”，教师视自己的文本解读为客观知识或最优结论，通过讲授法将其传递给学生。二是“操控”，教师先把自己的文本解读转化为学生可参与的问题、任务或学习活动，请学生发表见解，而后用自己的文本解读把这些发散性见解收拢起来，使之臣服于己见。我认为，这两种转化应用都不是很理想——前者把学生当成容器，后者把学生当成提线木偶。理想的转化应用是“引领”，即把学生当成潜在的专业读者，将自己的阅读经验引领学生的解读过程，纠正学生感知、论证和阐述中存在的问题；将自己的认知结果与学生的认知结果进行碰撞和交流，在提高学生理解水平的同时，也接受学生的反驳或建议，从而真正实现教学相长。我倡导的专题教学，正是把“教师是专业读者”作为理论前提，把引领学生成为像教师一样的专业读者作为根本目标。

被广泛认可且具有实践效力的规范，需要众多专业人士持之以恒地探索，需要经过时间积淀和实践检验，甚至需要教育政策扶持。我无意闭门造车或强加于人，只是念及文本解读多元无序的状况，为避免师生陷入教无所得、学无所获的空转，才以问题突出的文学类文本为中心谈些粗浅看法，权作抛砖引玉。

整本书阅读要坚持素养导向

语文课程本是青少年读书教育的主阵地，然而在很长时间里，语文教师只教“文”而不教“书”。所谓“文”，一是教材选文，基本上是短文或节选；二是作为命题材料的文章，如信息类、文学类文本，其体量、性质亦与教材选文相仿。至于“书”，即古今中外被誉为经典的“大部头”，虽未被束之高阁，但也仅仅作为倡议，交由学生自主阅读、课外阅读了。

以“文”为教学材料自有其合理性，如夯实语言基础、适应学生水平、满足考试需要等，但与名著相比，“文”的局限性也很明显，那就是“短”“散”“浅”。譬如《孔乙己》，它本身是自足、自洽的美学整体，篇幅短是由短篇小说的性质决定的，至于结构和思想，更谈不到“散”和“浅”的问题。但是，只读一篇《孔乙己》与通读《呐喊》之后回看《孔乙己》相比——如果读法得当的话——读者的阅读体验、知识结构和理解深度就大不相同了。这还只是就“文集型”著作而言，像《红楼梦》《巴黎圣母院》这样的长篇，只读一章一节的收获又怎能和通读全书相比？语言文字作品不是单摆浮搁的“孤岛”，它们还存在于作家的生命历程和创作谱系之中，存在于文学史特定的研究主题或序列之中，存在于人类历史文化发展的进程之中，只有把它们放在更宏阔和更高维度的语境中审视，才能获得更丰富、更深邃也更具整体性的理解。从这层意义上讲，读“文”与读“书”，实有“见树木”与“见森林”之别、“观溪流”与“观沧海”之异。

新版义务教育课程标准和高中课程标准把“整本书阅读”列为课程内容，统编教材也设置相应的阅读单元，就是要解决语文教学重“文”轻“书”的老问题，开辟“文”“书”并轨的新局面。这种做法并不像有些人理解的那样，是盲目趋新或层层加码，也不单是为实现“多读书、好读书、读好书、读整本的书”这一语文教育界的百年夙愿，而是因为时代发展到今天，对人的文化底蕴和思维品质的要求提高了，特别是对思维的整体性、系统性、思辨性和深刻性的要求越来越高。反映在教育领域，育人目标的升级要求对教学材料和学习方式做出相应调整。“整本书”从课外走进课内，读法从自读变成教读，正是顺应这一要求的必然结果。或者说，推动整本书阅读的课程化实施，让青少年在阅读的黄金时代沉下心来，整本读完一定数量的经典名著，在与伟大作家的对话中受到精神滋养和思维训练，不仅能够提升其学业水平、增强其文化底蕴，也能让学生变得更爱思考、更会思考，从而将来能以更从容、稳健的姿态应对时代变革中纷繁复杂、没有标准答案的新问题和新挑战。

作为课程内容的整本书阅读，是在核心素养取向的基础教育课程改革大背景下提出的，它的实施要符合核心素养培育的一般要求。核心素养的形成与发展来自学生积极主动的语文学习实践，不像知识教学那样依靠教师的系统讲授，也不像技能培训那样依靠分解式的反复操练。因此，整本书阅读首先要引导学生自己读书，使其面对“大部头”时仍能保持浓厚的阅读兴趣、养成良好的阅读习惯且具备持续阅读的意志品质；不能用教师建构的阅读结论替代学生的阅读经验，也不宜用过频过密的监管手段干扰学生的阅读过程。

优秀作家建构的文学世界具有现实世界无法比拟的新异性和复杂性，其与生俱来的思想内蕴和情感张力牢牢抓住过一代又一代读者。尽管当代青少年课业压力很大，爱好上网冲浪或玩电子游戏的也不在少数，可一旦让学生接触到真正优秀的作品，并使其在阅读之初就获得更深和更新的体验，大多数青少年就会在文本召唤下专注地读下去。当前，很多教师在教学活动的初始阶段常用名著导读课、自读学案等形式激发学生的兴趣，这种做法是可行的，而且还要不断提高导读课和学案的质量。但是，有时明明已经做好引导工作，教师却还不放心，非要继之以大量琐碎的检查、汇报、表演或评比，这样一来，学生“辍飧饔以劳吏者，且不得暇”，哪还有时间和精力静下心来细读文本呢？况且，想方设法向别人证明自己读过某本书或读得很好，这种外在的阅读目的会消解阅读本身的意义，甚至加重学生的虚荣心和表现欲，与整本书阅读的育人初衷背道而驰。

相信经典名著本身的魅力和学生主动求知的天性，敢于给学生提供自主阅读的时间和空间，只是从核心素养对教学活动的一般要求来说的，并不是说教师可以撒手不管。事实上，确实有不少教师打着“整本书阅读就是让学生自己读”的旗号，连课堂时间都一股脑儿地留给学生看书了。这种做法又走向了另一个极端，那就是忽视了“教”对“学”的主导作用，放弃了学科育人的立场和责任。整本书阅读在语文课程中进行，必须体现语文课程对培养学生核心素养的独特贡献，即通过教师的“教”，切实提高由语言、思维、审美和文化等四个方面构成的语文学科核心素养水平。这种“教”不是替代性的讲解，不是程序上的监管，更不是无休止的干扰，而是在恰当的教学契机，用典型问题的深度探究引导学生读懂某本书，并经由这本书建构相关门类书籍的阅读策略。

什么是恰当的教学契机呢？就是学生有了阅读经验，对书的内容较为熟悉并且产生了“愤悱”心向，需要教师启发他们以建构更高层次和更具确定性的认知的时候。通俗地说，就是学生从书中读出了问题、读出了思考，但又不知道如何解决问题，也不知道如何深入思考的时候。这种契机并不固定出现在某个时间节点，需要教师有意识地去营造并且通过观察和调研及时抓取。什么是典型问题呢？从来源上说，它不是教师预设的问题，而是教师基于专业视角，从学生的疑难困惑中遴选出来的有代表性的、能够反映同学们对这本书的普遍关切的问题。从性质上说，它是能够体现该书原创性价值和整体性价值的问题，而不是泛泛的知识问题或文意理解的枝节问题。从内容指向上说，它是以语言文字分析为起点，具备审美、文化等多层面的可阐释性的问题；其解决过程需要较长周期，其中有较为复杂的思维活动。如何组织学生深度探究呢？一般来说，要引导学生界定问题涉及的核心概念，帮助学生找到解决问题的步骤和方法，指导学生广泛搜集有助于问题解决的材料，教会学生在自下而上、由表及里的归纳概括中提炼观点，最终把这些观点和材料组织起来，建构一套逻辑自洽的“解释性理解”，并用口头或书面形式表现出来。

以典型问题的深度探究为中心的学习活动，人们一般称之为“专题学习”。专题学习与古人的治学或今人所谓的“文本研究”颇为相似，只是在问题难度和问题解决的预期质量上，要适应不同学段、不同学生的能力水平，不可求之过高或操之过急。《普通高中语文课程标准（2017年版2020年修订）》在“实施建议”中强调，教师要“积极倡导基于学习任务群的专题学习”，这对于整本书阅读而言有着特殊意义。首先，读书原是私人的事情，大家的兴趣爱好不同、成长经历各异，谁都可以有自己的读法和想法。教学生读书，需要尊重这些个性化的阅读经验。可是，在班级授课制之下我们又必须有共同的教学内容。专题学习中的典型问题是通过“异中求同”的方式挑选出来的，在一定程度上化解了个性与共性的矛盾。其次，经典名著是说不尽也教不完的，在有限时间里，只能期望学生在某些“点”上达成深度理解。专题学习讲究“以专驭博”“立点深挖”。由于所挖的“点”聚焦作品的原创价值、源于对作品的整体感知，所以学生能够找到研读该书的突破口，也有可能把这种攻坚克难的研读经验迁移到其他书籍的阅读中。最后，由于典型问题涉及语言、审美、文化等多个阐释维度，问题探究过程又对学生的思维能力提出较高挑战，因此专题学习有利于语文学科核心素养的全面发展。

整本书阅读教学要注重实效。什么是“实效”？不是让学生背下来多少文史知识或文化常识，更不是立竿见影地提高考试成绩，而是准确落实素养培育的课标精神，使学生真正读完一本好书，也在某些方面真正读懂它。学生在青少年时期有过几次这样整而全的阅读经验，经过几次这种探索和发现的历练，可以为他的精神成长埋下种子，为他的素养发展奠定基石。

目前，还有很多省份没有把整本书阅读纳入中高考命题，为数不多的考查整本书阅读的省份，在命题逻辑和学业水平要求上与课程标准、统编教材也存在一定距离。对此，教师的眼光要长远一些，格局要阔大一些。一方面，用不同形式逐渐加大对整本书阅读的考查，已成为重要考试的命题趋势。这一点很多研究者已经撰文分析过了。另一方面，读书对学业成绩的影响不是“点对点”的，而是全面和渗透性地发挥作用，书读得多、读得深入的学生，鉴赏能力和写作能力都会得到显著提高。所以无论是否直接考查整本书阅读，都不会改变名著阅读与考试成绩密切相关这一基本事实。

坚持素养导向，保障整本书阅读的实效，还要求语文教师成为专业读者。敢于给学生时间和空间自主读书，说到底是观念问题，要做到并不太难；在学生产生更高层次的认知需求以后，给学生以高屋建瓴的指导、带学生做深入透辟的研究，则是实力问题，而实力的增长是需要付出艰苦劳动的。义务教育新课标和高中新课标颁布以后，很多教师把大概念（大单元）、项目学习等方式引入整本书阅读，如果操作得当，对提高读书质量当然是有益的。但指望单靠教学方式变革就能使学生读懂名著，无异于痴人说梦。巧妇难为无米之炊。在整本书阅读教学中，教师的“米”是从语言学、文学、文艺学等关涉语文本体的学科视角出发的文本研究。广泛阅读与教学书籍相关的学术文献，在兼收并蓄的基础上独立开展文本解读，把文本研究与教法研究深度结合起来，是教书育人的根本所在，也是教学相长的必由之路。

整本书阅读课程方案的设计

整本书阅读教学应从“课时观”走向“课程观”，从“机械接受”走向“自主建构”。教师要系统设计整本书阅读的课程方案。这种方案不同于传统教案，也有别于活动课程的“活动方案”，而是把两者的优势结合起来，既能使学生在教师的指导下静心读书，建构经验，钻研有价值的语文问题，又能使学生在教师的组织下充分活动起来，交流观点，形成有质量的读书成果。近年来我借鉴项目式学习的理念，把整本书阅读作为“项目单元”，设计并实施了多种课程方案。这些课程方案均包含课程目标、课程规划、教学方略、评价方案等基本内容。

一、课程目标是课程方案的核心

整本书阅读应该设立总体课程目标。目标要具有整体性、综合性，并在一个相对完整的课程周期内循序渐进地达成。高中语文课标提出“语言建构与运用”“思维发展与提升”“审美鉴赏与创造”“文化传承与理解”四项核心素养，它们是确立整本书阅读课程目标的重要依据。我在实践中做了进一步统整。首先，从三个育人维度确立语言、思维和价值的课程目标。语言目标对应“语言建构与运用”，思维目标对应“思维发展与提升”，价值目标对应但不限于“审美鉴赏与创造”“文化传承与理解”。其次，不同类型的实践活动对课程目标的达成具有不同意义。语文实践活动包括阅读与鉴赏、表达与交流、梳理与探究。

梳理与探究具有内隐性，在撰写课程目标时可以融入另外两种活动中。综上，我确立的课程目标框架为：基于阅读与鉴赏、表达与交流两种实践活动来达成语言、思维和价值三个课程目标。在描述目标的具体内容时要注意因书册而异，因学情而异。以阅读《鲁迅小说全编》为例，我在方案中对三项课程目标曾做如下描述。

活动类型一：阅读与鉴赏

1. 语言目标。熟练运用工具书搜索、识记该书和相关文献中的生僻字词；分析鉴赏鲁迅小说中常见的修辞手法和表现手法，并准确理解语言背后的思想情感，评价其表达效果；感受鲁迅小说忧愤深广、沉郁警拔的语言风格。

2. 思维目标。在阅读、鉴赏鲁迅小说的过程中提高问题探究能力：能够主动积极地提出问题、分析问题和解决问题，形成自己独到的观点；能够综合、归纳鲁迅小说中同一类型的言语现象或文学现象，发现这类现象中寄托的作者思想；能够将不同领域、不同时代的问题或现象关联起来，比较其差异性和关联性。

3. 价值目标。学习鲁迅致力于国民精神启蒙与改造的情怀，培育对国家和社会的责任感和使命感；学习鲁迅不畏强权、关怀弱者、仗义执言的独立人格，培育正义感和道德实践的勇气；学习探索求真的思想方法，做一个爱思想、会思考的人。

活动类型二：表达与交流

1. 语言目标。能够准确表述在阅读过程中发现的问题，用简明的语言概括在问题探究活动中形成的观点和见识；书面表达要遵循一定的写作规范，做到主题鲜明、结构紧凑、语言简洁生动，形成共计不少于一万字的学习成果；口语表达要考虑听众的感受，力求做到限时完成、话题集中、自然流畅、生动活泼、肢体语言得体。

2. 思维目标。在撰写研究论文或研究报告的过程中，通过锤炼语言来凝练思想，做到“词能达意”“要言不烦”；在语句之间和段落之间，能够合理安排先后顺序；在论述和评价的过程中，不用臆断替代思考，能够立足文本、文献，用证据说理，清晰展现自己得出的结论及思维过程。

3. 价值目标。通过循序渐进的、富有挑战性的书面和口头表达任务，培养主动学习、迎接挑战、克服困难的品质；在不同阶段的交流、展示和汇报中，培养阳光自信的心理和尊重他人的态度。

二、课程规划是课程方案的保障

课程规划要在“课程周期—课段—课时”这一链条中进行。首先在语文课程中规划出少则数周、多则数月的课程周期，在周期内达成总体课程目标。再将课程周期分解成若干循序渐进的课段，将总目标细化、分解，在每课段完成一个相对完整而又前后衔接的“小目标”。课段设计是课程规划的重点和难点，它受到书册特点、教师学养水平和学生接受状况等诸多因素的影响。然而，正是由于不确定因素较多，才为教师发挥创造力提供了可能。

学生应读、常读的经典大略分为四种。一是“文集型”整本书，篇章各自独立，但又有隐性的内在关联，如《彷徨》。阅读此类书，可从一篇文章入手，采取“整合式”的方法，在阅读过程中聚焦一个主题如“从《祝福》到《彷徨》中的女性诉求”，循序渐进地设计课段。二是“系统型”整本书，篇章虽各自独立，但有整体架构和明显关联，如《史记》。阅读此类书，可依据该书对学生的教学价值提取不同的主题来设计课段，如“叙事与形象”“叙事与抒情”“史传与史论”等。三是“贯通型”整本书，如《活着》《红楼梦》等长篇小说。对于此类书，可以先请学生阅读，而后收集学生提出的问题，归纳普遍的关注点，从中提炼主题作为课段内容，有条件的学校还可以进一步导向文学作品创作。四是“语录型”整本书，如《论语》《传习录》等，对这类书传统的教法是章句解读，耗时较长，有条件的学校不妨将其纳入年度课程规划。当然也可根据师生兴趣做“整合式”研究，就其核心概念提炼主题，设计课段。整本书的“整”，其要义绝不是阅读内容的完整，或逐字、逐段、逐篇的讲授，而在于认知角度和认知过程的统整。确立课段之后，要与学生商定课时计划，将课段目标融入每天的课时中，制订完整、明确的课时计划表。科学规划课段、课时，统整散碎课时，共同致力于课程总体目标的达成；在有效使用课时的前提下，发挥课时的整体效用，跳出“课时主义”的窠臼。当然，课程规划是预设的，教师在实施前应使学生知悉，在实施过程中也应本着质量优先的原则灵活调整。

三、教学方略是课程方案的支撑

教学方略不同于教学设计或教学方法，它是在课程视域下保障课程目标如期达成和课程规划顺利实施的总体方向和策略。按照前文所述的课程目标和课程规划，教学方略至少应包含课堂教学方略和个性指导方略两项基本内容。

整本书阅读的课堂教学，在课程周期内至少有三种基本课型：阅读课、写作课和成果展示汇报课。整本书阅读是探究性较强的学习活动，首先，阅读课应侧重培养学生读书时质疑、提问的能力，尽可能让学生自己发现问题、提出问题。问题提出后，可以由教师来解答，也可以启发学生回答，还可以让学生讨论。不论问题解决由谁完成，答案都不是最重要的，重要的是培养学生去“疑”、鼓励学生去“问”。学生提出的问题，会有与语文学科密切相关的，有关系不大的；有问得清楚的，有问得不清楚的；有富有研究价值的，也有缺少研究价值的。教师应珍视这些真实问题，和学生一起分析、归类、研究，引导学生聚焦核心问题，找到自己感兴趣的研究方向。

其次，读书的过程，是一个“情动”的过程，是一个思考的过程，更是一个见识形成的过程。“情”“思”“识”恰恰是写作的关键内因。整本书的阅读不仅要致力于阅读能力的提升，还要致力于写作内因的培养，促进学生通过阅读打通写作关口，通过写作加深阅读体悟。当学生有了一定的情感积淀，有了一定的思想深度，乃至于形成某些观点和看法时，教师要不失时机地进行写作课的教学，指导学生表达阅读时的体验和见解，并讲授必要的写作规范，而后布置选题写作任务，及时批改和讲评。

最后，学生在每个“课段”都应有相应的写作任务，并随之形成学习成果。组织学生交流展示这些成果非常必要。除激励外，交流展示本身也是一种学习活动，既是对听说能力的训练，也是对交际修养的训练。作为演讲者，学生只有真正理解所讲内容，用心设计讲话的情境，采用适当的技巧，才能吸引听众；作为听众，学生只有专注去听，及时去记，认真去想，才能从同伴那里学到知识、获得启发。在听与说之间互换角色，互相尊重，能很好地提升学生人际交往的修养。在这样的课堂上，教师应做到“不抢戏”而“有作为”。“不抢戏”，就是不主持、不打断、不干涉，由学生自主完成。“有作为”，一是记录，记录说者的质量，记录听者的表现；二是点评，点评每个汇报在内容和形式上的优劣，点评听众的表现。

个性指导方略是对班级授课制下课堂教学的必要补充，其目的是激发学习兴趣、调节学习状态、完成学习任务、提高作品质量、指导读书方法，其途径是批改作品、面批、谈话等。其中教师对学习成果的批改十分重要，有必要设定相对稳定的批改标准。以研究论文为例，我的标准是：“心有戚戚”，围绕真问题、真发现，写出真情实感；“于文有据”，基于阅读文本的客观内容，不臆想，不妄语；“于理有证”，在理论和言语的逻辑上经得起推敲；“于事有补”，对经典常读常新，对学科认知、个人体验或社会生活具有价值和意义。

四、评价方案是课程方案的重要组成部分

教师应着眼于学生读书过程中的学习态度和学习质量，给基于学习表现的过程性评价和基于学习成果的终结性评价规划适当的占比，设计课程评价表。一方面，设计时要注意评价主体的多样性。教师因为具有较强的专业性，应该是学习成果的评价主体；学生自评、互评，家长评价也应被纳入过程性评价。另一方面，要采取适当的评价策略。例如发现优点，及时表扬，给学生“你可以做到”的心理暗示；发现问题，明确指出，给学生“你可以做得更好”的激励。例如坚持实事求是，不搞平均主义，使态度端正、思维敏捷、功底扎实的学生能脱颖而出；引导部分学生正视在学习态度、方法和能力上存在的问题。例如关注学生的“进步幅度”，对学习成果绝对质量不太佳但进步幅度大的情况特别予以表扬，对绝对质量尚可但进步幅度较小的情况进行及时提醒。教师要依据课程评价表，及时记录每个“课段”的学习过程和结果，用等级或分数反馈给学生。课程修习结束后给出总评，作为最终成绩。

把握整本书阅读教学的尺度

教师用固有观念指导实践，对整本书特点研究不足，对学生核心素养关注不够，经常会出现事倍功半甚至荒腔走板的情况。立足真实的教学情境，从阅读规律、教学规律出发，在关键问题上把握分寸、拿捏尺度，是整本书阅读教学的当务之急。

一、阅读时间：课上读还是课下读

阅读教学的本质是多重对话。师生应在与文本对话、与作者对话和相互对话中，沟通彼此的历史文化语境，建构知识，形成理解。对话的基础是有效参与，只有积极主动、有所准备地投入其中，才能保障教学效果。为此，阅读教学离不开教师备课和学生预习，只有双方事先有了准备，对话过程才会具备“共同语言”，发生思想碰撞。传统篇章教学，一篇课文不过几千字，师生准备相对轻松，利用碎片时间基本能够完成。整本书的厚度非篇章可比，阅读过程又充满挑战，且不说《红楼梦》等鸿篇巨制，即使《老人与海》等中篇小说也多达数万字。面对文字量少则相当于一个单元，多则堪比一本甚至几本教材的整本书，教师遇到的首要问题就是如何保障阅读时间。

这个问题又可以分为两个方面，一是保障教师自己的备课时间，二是保障学生的预读时间。即使是最优秀的语文教师，他也不可能对所有经典作品谙熟于心；谙熟于心的，随着阅历的丰富，也有必要重读、细读。可以说，整本书阅读对语文教育的客观贡献，就是“倒逼”不读书的语文教师去读，激励爱读书的语文教师重读。保障学生预读的时间，也令人感到棘手：课上读，舍不得“课时”；课下读，周期太长，难以保障质量。有些教师为完成教学任务，不给学生充足的预读时间，以讲代读，以练代读。有些教师把整本书教学和篇章教学“杂糅”起来，以保证教学“进度”。有些教师紧锣密鼓地催促学生快读、速读，败坏了阅读的“胃口”。

种种捉襟见肘的情况，归根结底来自效率崇拜和求全、求多的情结。对教学活动来说，效率和知识诚然重要，但二者终究要服务于质量和效果。整本书阅读有必要更新观念，革新思路，创新方法。首先，要从“课时观”走向“课程观”，敢于在日常教学中辟出一段独立、完整、不受干扰的课程周期，让学生课上、课下沉浸在书中，集中地读、专注地读、反复地读，用时间深度保障学习深度。其次，要在课程周期里，根据学生的兴趣、能力和教学目的，统筹规划阅读时间。要舍得拿出课时让学生默默读书，更要处理好整体节奏，把教学内容有计划地分解下去，确保课堂参与度和对话的质量。最后，要遴选典型书籍，聚焦关键内容，通过减少数量保障教学时间。不是什么书都有必要将其纳入教学视野，不是每本书都有必要将其读完、教完，如何取舍，还需要教师细心斟酌。

二、阅读书目：选兴趣还是选经典

遴选教学书籍的逻辑不外乎五种：以学生为中心，选取学生感兴趣的书；以教师为中心，选取教师高度熟悉、深入理解的书；以考试为中心，选取中、高考指定范围内的书；以教材为中心，选取与文选式教材内容匹配度高的书，作为选文的拓展和延伸；以书籍为中心，选取思想性强、艺术性高的经典。随着部编教材的陆续发布，教学书目日益明确，教师的困扰会有所减轻。但实践中的选择困难还将长期存在：一方面，在有限的时间里不可能精读全部指定书籍，将哪些纳入课程安排还要做出选择；另一方面，尽管教材考虑周详，但毕竟难以满足不同地区、不同学校师生的具体需求，有条件的学校还有很大的选择空间。

假定教师、教材、考试这三个维度能在课改进程中统一起来，只在兴趣与经典之间选择，更应倾向经典。经典是那些经得起时间考验的书。放眼人类文化的长河，真正称得上经典的著作为数并不多。让学生多读这些书，学习语言，发展思想，提升品位，养成终生不倦的兴味，是语文教师的责任。我们必须看到，当下出版物泛滥，娱乐之风盛行，很多青少年的阅读兴趣被一些内容浮浅、粗制滥造、无病呻吟、格调低下的流行书、畅销书和网络书吸引了。如果不加甄别，贸然打着“一切从学生出发”的旗号放任自流，甚至迎合学生去教这样的书，后果可想而知。

需要强调的是，作为出版物，每一部经典都有不同的“版本”。有的有注释，有的没注释；有的有旁批，有的没旁批；有的有导读，有的没导读；有的有插图，有的没插图；文言文的书有的有翻译，有的没翻译；外国文学作品，有译得准确、传神的，也有译得草率的。这些后天的“加工改造”也是经典的一部分。读装帧精美、注疏严谨的经典是一种享受，于教学本身也有助益。这方面没有严格的标准，教师可以根据经验选定版本，也可以将其当成学习任务布置给学生选择。建议选择该领域的权威出版社较早出版的版本，选择注书或译著还要考察注者或译家的情况。如中华书局杨伯峻先生的《论语译注》、人民文学出版社的《鲁迅小说全编》、北京大学出版社的《〈水浒传〉会评本》等，就很适合作为教学用书。

三、教学目标：为“读过”还是为“读懂”

有些教师抱有这样的假设：学生既不读书，也不爱读书，因此，整本书阅读不要侈谈“读懂”，千方百计地“哄”学生读下来就功莫大焉。这种想法反映了语文教育的现实困境，学生阅读量小、阅读兴趣普遍不高也是客观事实，但阅读关系到青少年终身发展，语文教学不能随俗俯仰，要有登高望远的情怀和迎难而上的勇气，故仅把“读过”作为目标远远不够，更要强调“读懂”“读透”。

以四大名著而论，何谓“读过”？“读过”是对碎片知识的浅表记忆。知道关羽卧蚕眉、丹凤眼，骑赤兔马、提青龙偃月刀，过五关斩六将，如是种种，是为知识。他出身不及马超，力战难敌吕布，大意失荆州，致夷陵之败，后世何以还尊他为武圣？对此则说不出所以然来。“读过”是浮光掠影的模糊体验。大荒山无稽崖青埂峰上的顽石幻化成通灵宝玉，在温柔富贵乡走上一遭——曹雪芹假托神话的叙事似有深意，但通灵宝玉究竟和贾宝玉有什么关系，在全书中作用如何，于主题有何意义？对此则一问三不知。“读过”是茶余饭后有戏谑谈资。托塔天王叫晁盖，林冲绰号豹子头，潘金莲毒死了武大郎，鲁提辖拳打了镇关西……情节越奇，口味越重，记忆越深；逢人便讲，兴趣盎然，似有“学问”傍身。看似怯弱的林冲何以担得起“豹子头”的称号？托塔天王为什么不在天罡星之列？全书为何从高俅发迹写起？对这些问题则懒于深究。

“读过”本无错。“读过”是“读懂”的基础，没有对文本内容的熟悉，何谈深度理解？但“读过”和“读懂”毕竟不同。毫不夸张地说，做好文本分析，实现“读懂”的目标，是语文教学的关键，是语文教师的核心价值。当然，何谓“读懂”，本身就是难解之谜。对文学作品来讲，“读懂”更是含混模糊、莫衷一是。当前普遍的观念是，“读懂”不是获得某个结论性知识，形成标准化答案，更不是陷入“还原论”的泥淖，非要追究作者的创作原型或动机。“读懂”与否，关键在于能不能确立读者自身对文本的“解释性理解”，并用自洽的逻辑讲出来。故“读懂”内隐为缜密的思维，外显为畅达的言语。以“读懂”为目标的整本书阅读教学，有利于借重名著这块厚实的土壤培养思维品质，有利于同步训练语言表达能力，使学生底蕴丰厚、见识过人、言语可采。

四、教学设计：重微观还是重宏观

篇章教学注重“微观设计”，教师聚焦文本细节，务求得出定见，再通过讲授、提问、做任务或讨论，把自己的认知结果和认知逻辑传递给学生。这种设计的直接成果是大家熟知的“教案”。在教案中，教学视点倾向“正答主义”，教学流程有很强的“操控”色彩，虽然能使教师“有备”、课堂“有序”、学生“有得”，但也容易导致教师之“备”过度、课堂之“序”过严、学生之“得”僵化。有些教师把这种做法沿用到整本书阅读教学中，从始至终，一统到底，结果阻滞了自由表达和思想交锋。读一本书，全班共同研究有限的几个问题，教师给每个问题都预备了标准答案，千方百计地引导学生说出来，连起承转合都料定了。此谓“新瓶装旧酒”，把讲课文变成了讲著作。有些教师认识到整本书阅读需要宽松、开放的设计，索性放弃预设，拿起书本就读，什么问题都研究，什么观点都鼓励。这种“畅聊”“海谈”的做法从一个极端走向了另一个极端，也不值得提倡。

庄子《逍遥游》有云：“小知不及大知，小年不及大年。”小和大是有区别的。如果我们看到“整本书”相对于“篇章”的“大”，并且勇于拿出“大块”时间教学生读书，那么我们的设计也应变得更“大气”，即从微观的教学设计走向宏观的课程设计，从以课时教案为抓手变为以课程方案为抓手。课程方案的制订，要考虑学生的能力水平，也要考虑所教之书的特点。同是两个月，语录体的《论语》和文选式的《古文观止》，文言文的《史记》和白话文的《故事新编》，曹禺的《雷雨》和莎士比亚的《哈姆雷特》，设计的理念和方法必然有异。优秀的教师首先是读书种子，他了解名家大作的灵魂和气质；同时也一定是教育专家，能洞察学生的认知规律。时间、书籍和学生，如同三股丝线，在教师手中编织成锦绣蓝图，引领教学实践从容不迫、张弛有度地展开，这是整本书课程方案应追求的境界。

“抓大放小”虽然强调教师要看向远处，不能只盯着一词一句的对错、计较一城一池的得失，但并不意味着否定教学前的准备。整本书阅读视域下的备课，应关注自身学养的提升和通权达变的能力。教师要把书读懂读透，对学生的兴趣点和疑难点有所了解，牢牢锁定这堂课在方案中的位置，知晓这节课要达成的目标，如上足矣。至于授课过程，可以有任意起点、任意终点、任意路径。这样的课堂，教师看似“无备”，实则“有备”；看似“无序”，实则“有序”。学生能从真实的对话中发现有价值的思想、生成有意义的知识，能在无拘无束的讨论中增进兴趣、领悟读写的方法，教师又何必“劳神苦思，代百司之职役哉”？

五、教学实施：靠讲解还是靠活动

走进教学现场，还要处理好讲解和活动的关系。学养扎实、表达能力强的教师，总难克制讲书的冲动；有些教师又过于依赖学生活动。两种教法本身并无优劣之分，但从素养发展的角度看，结合起来效果更好。教师应该对作品的关键处、难解处提纲挈领地分析讲解，但要注意避免不顾学生实际的“自我陶醉”。把学生发言放在前面，耐心倾听学生的观点，不轻易给出自己的答案，用评价学生的发言吸引学生的注意，从讲自己对书本的理解变为讲“自己对学生理解的理解”，这或许是可供参考的方法。同样，不妨拓宽教学资源，丰富活动样式，但应坚持以文本分析、文献阅读、问题探究和论文写作等静态活动为基础。打着阅读的旗号，却无节制地开展唱歌、跳舞、观影、看戏、演戏、演讲、辩论、参观、调查、访问等动态活动，容易弱化学生的思维，助长浮躁的学风。同时，教师的讲解不仅在课上，课后指导也非常重要。阅读本身具有“私人化”和“个性化”的特点，在班级授课制下，教师必须关注每个学生的具体问题，给出诊断，开出“药方”。学生活动也不仅仅发生在师生之间，教师要想方设法地促进学生之间有效分享经验、交流思想，群策群力解决问题，使合作学习真实发生。

整本书阅读的教学过程复杂多变。何时当讲、何时活动、讲什么合适、什么活动有效，取决于教师的理论素养和直觉经验——这源自持续学习和反复实践。但这一切有共同的前提，那就是研读教学用书，熟悉文本内容。如同艺术家扎马步、吊嗓子、对台词，研读教学用书是教师不得不下的功夫。有了它，我们才能在应对学生的提问时随机应变，在解答学生的疑惑时游刃有余，在给学生上课时即兴发挥。试想，能在百度上查到《离骚》的老师和一个可以通篇背诵的老师，在学生心目中的分量能一样吗？遇到一点问题就翻书核对的老师和随时随地大段大段“引章摘句”的老师，教学效率能一样吗？更重要的是，他们对学生读书习惯的影响能一样吗？读书需要勤，身教胜于言，我主张教师把这些“笨功夫”“苦功夫”和“暗功夫”下在前面。

譬如《老人与海》，任谁都知道它写的是圣地亚哥搏杀一条大马林鱼，返航时鱼被鲨鱼啃吃得只剩骨架的故事。开头“劳而不获”，结尾“得而复失”，两句话就说得清。但是，老人出海多少天没打到鱼了？他陷入了怎样的生存困境和精神困境？“谁”和“什么”让他鼓起勇气再次出海？他刚刚出海时看到了什么、感受到了什么？他遇见大马林鱼之后，经历了几个回合的搏斗？每次搏斗他遇到了哪些困难，然后用什么办法坚持了下来？返航时几次遇到鲨鱼进攻？他怎么与之对抗？对抗时心里作何存想？他返回岸上时，人们怎么对待他，又怎么看待这条只剩骨架的“大鱼”？老人怎么看待自己的遭遇和表现？如果不熟悉这些细节，只给学生讲“一个人可以被毁灭，但不能被打败（A man can be destroyed but not defeated）”，格言警句就会变成粗浅干瘪的文字。“be destroyed”的痛苦和残酷，来自生动真实的描写；“not defeated”的坚韧和顽强，来自丰富细腻的心理活动。如果没有这些扎实记忆，读名著、讲名著将味同嚼蜡。

六、学习评价：看结果还是看过程

当前，很多学校把中、高考作为整本书阅读唯一的评价尺度，把阅读能力等同于应试能力，把教学目的完全定位在提升成绩上。这些想法和做法既不符合课程标准等政策文件的要求，也误解了学业评价的目的。

中、高考的纸笔测试是终结性、选拔性的评价，滞后于学习过程，且非为改善和促进学习而设。完全依赖考试评价，将使阅读过程中的体悟和努力黯淡无光，使情感、态度、价值观等内隐目标被架空殆尽。让学生在死记硬背和反复操练中摸爬滚打，完全失去了整本书阅读的应有之义，平白加重了师生负担。为此，有些教师倡导过程性和表现性评价，如以“阅读伴我成长”为宗旨，鼓励学生广泛阅读感兴趣的书籍，耐心细致地为学生做阅读记录和成长记录；用类似“健身打卡”的方式激励学生持续阅读，用定期的“读书沙龙”促进师生之间做经验分享；等等。这些做法富于教育性，值得提倡，但也常因不适应应试竞争而难以持续。

客观来讲，学生的应试诉求合情合理，教师坚持育人理想也分所当为。兼顾过程和结果，使学生成绩的获得源自素养发展，素养发展能够应对考试挑战，这或许是更具可行性的思路。首先，把阅读习惯纳入评价。最重要的有两条，一是熟练复述阅读内容；二是边阅读边批注，记录自己的阅读发现。前者有利于掌握知识，提高记忆力和表达能力；后者有利于激发灵感，培养发现问题的能力。其次，注重对写作成果的评价。可以适当布置仿写、鉴赏论文等写作任务，并在选题、立意、结构、素材、语言等维度做好点评，以提高学生的写作水平。最后，鼓励学生进行自我评价和相互评价。不妨引入纸笔测试的内容，让学生之间互相出题，互相检测，互相评阅。这些评价办法聚焦应试和素养的“交集”，把学生的短期需求和终身阅读能力统一起来，不失为“两难”之中的“两全”之策。

高中语文整本书阅读教学质量的过程保障

一、问题的提出

从语文课程建设层面审视，整本书阅读需要长期推进并不断完善。在课程价值上达成共识，在教学设计、实施策略、学习评价等方面取得一些先行先试的具体经验，只是一个好的开始。还需要进一步关注的是：怎样才能更大范围地提高整本书阅读教学的质量，让更多学生和教师在课程改革中真正受益？调研发现，一线教学普遍存在一种现象，即学生读书读得不够扎实、不够深透：一方面，书中该记住的知识没有牢牢记住，仅留下一点浮光掠影的感性印象；另一方面，对整本书思想内容的理解能力和对其表现手法、语言风格的鉴赏水平没有得到应有的提高——学生明明花了不少时间，完成了很多学习任务、参与了很多学习活动，反而觉得不如像精读精讲的篇章教学那样学到了真东西。或者说教师虽然开始在“正课”上“教书”了，但“教”的作用没有很好地发挥出来，“书”的魅力也没能充分地展现出来。这种情况不仅不利于培育学生的语文核心素养，也不利于促进教师自身的专业发展。

究其原因，是没有聚焦整本书阅读的核心目标组织教学——教师有意或无意地在该任务群的多项目标中“舍难”而“求易”了。把备课、施教和教学反思视为整本书阅读教学从发起到终止的完整过程，教学目标的偏离和降格将直接导致备课质量的下降，进而造成教学内容的泛化和教学方法的失当，遑论有

语言文字作品不是单摆浮搁的“孤岛”，它们还存在于作家的生命历程和创作谱系之中，存在于文学史特定的研究主题或序列之中，存在于人类历史文化发展的进程之中，只有把它们放在更宏阔和更高维度的语境中审视，才能获得更丰富、更深邃也更具整体性的理解。从这层意义上讲，读“文”与读“书”，实有“见树木”与“见森林”之别、“观溪流”与“观沧海”之异。

意识地开展反思，探索提升教学质量的长效机制了。本文从厘定核心目标入手，阐述指向这一目标的备课、施教和教学反思的方法，以期使教学过程中的主要环节形成合力，为教学质量提供过程保障。

二、“读懂”：高中语文整本书阅读教学的核心目标

根据《普通高中语文课程标准（2017 年版 2020 年修订）》的要求，培育学生的语文核心素养是课程总目标，课程总目标在每个学习任务群中又具化为若干特定的教学目标，教师要根据这些教学目标的主次轻重和相互关系安排课时、设计教学、组织实施，从而实现四项语文核心素养的综合、持续发展。

考察“整本书阅读与研讨”学习任务群，教师要指导学生阅读一部长篇小说、一部学术著作，也可以选择课程标准推荐的其他书籍作为教学材料。但不论是哪类书、哪本书的教学，核心目标都是“读懂”。“读懂”是教学实践的常用话语，它既是一种有争议的感性表达，也是具有相对性的概念。还原理论认为，艺术作品是一个纯粹对象，具有自明性、自律性，有自己的内在情感逻辑和形象世界。[①] 文学作品的艺术价值是客观的，是由文学作品自身决定的，是作品的内在属性。[②] 因此，通过文本分析揭示这些固有价值、还原创作意图就是“读懂”。但是，固有价值在不同历史文化语境中会有新的诠释，作者原初的意图又往往难以“对证”，在阅读教学中追求这种“读懂”，容易导向对定见的重复或步入“猜谜”的歧路。现代阐释学的一些流派则走向了另一个极端，他们认为文本就像一曲“管弦乐”，读者作为解释的主体，要不断摆脱作者的束缚，建构属于自己的意义，如罗兰·巴特提出“一部作品之不朽，并不是因为它把一种意义强加给不同的人，而是因为它向每一个人暗示了不同的意

① 董学文 . 西方文学理论史 [M]. 北京：北京大学出版社，2005:328.

② 马新国 . 西方文论史：修订版 [M]. 北京：高等教育出版社，1994:398.

义"[①]。类似的观念把作品的解释权下放到读者个人，在一定程度上抹杀了作品阐释的共识。因为学生的审美能力参差不齐，生活经验又千差万别，自由发挥的结果只能是自说自话，所以将其应用在语文教学活动中，往往是低效或无效的。值得在实践中广泛应用的是"对话理论"。这种理论关注审美主体性，使作品成为"对话"中的中介形式[②]，揭示了话语尤其是潜藏着丰富的内在对话性的话语（比如经典的文学作品和哲学著作）内在地指向人类公共性的阐释空间[③]。读者是"对话"的发起者，不仅要和文本中的人物、观点对话，还要和隐藏在文本背后的作者对话，甚至还要与对该文本进行过前期阐释的学者对话。多重对话指向了多维度的理解和评价：理解是对文本信息以及附着其中的意义的内化和整合，有助于读者积累知识并形成自己的观点和见识；评价是指评判文本的思想内容、作者的创作艺术以及学者观点的优劣得失，有助于提高读者的思维能力和审美水平。若把对话理论用于教学，师生、生生之间将通过现实层面的交往活动，提高彼此作为阅读个体与文本、与作者、与学者对话的能力。这种教学，其过程是有序的，学生必须经过"阅读文本—提取信息—梳理探究—归纳概括—表达交流"等环节，才能形成并表达自己的阅读所得；学生的阐释结论虽然也会因为视角不同、能力不同而有所差别，但因为在目的、方向和过程上具有一致性，这些结论的质量还是可比较、可评价的——这两点为促进学生阅读能力的发展提供了现实基础。因此，本文所谓"读懂"指的正是在对话理论之下，学生能够对文本、对作者、对相关学术观点做出自洽的理解与评价。当然，经典是说不尽的，知识积累越丰厚，人生阅历越丰富，"读懂"所达到的层次就越高。我们固然不能用成熟学者的标准来要求学生，但既然他们已经是高中生了，教师也不能放弃通过自己"更丰富的人生感受和体验、更

① R.Barthes.*Critical Essays*[M].Evanston:Northwestern University Press，1972:63.

② 曹明海．语文教学解释学[M].济南：山东人民出版社，2007:23.

③ 文浩．巴赫金的对话理论和阐释的公共性[J].中国文学研究，2019(1):28—34.

高的语言审美能力”[①]引导他们向更高水平迈进的教学追求。这是教师在应对“读懂”的相对性特征时应该持有的积极态度。

整本书阅读教学还要兼顾其他目标。整合该任务群相关表述可以发现：第一，积累整本书阅读的经验，形成适合自己的读书方法，可以概括为“经验与方法”；第二，撰写读书笔记等作品，以口头或书面形式与人分享，可以概括为“表达与交流”；第三，从作品中汲取营养，丰富自己的精神世界，可以概括为“熏陶与启迪”。我们不能否认这些目标的重要性，但必须强调，“读懂”是实现这些目标的前提和基础，否则都将成为空中楼阁。首先，语文教学应该给予学生的是学习型、研究型的阅读经验和方法；如果缺乏对“读懂”的追求，缺失刻苦钻研的过程，学生在语文课上建构的经验与方法就与日常生活中自发形成的经验与方法没有本质区别。有些教师仅仅组织学生分享自主阅读时的感性经验和一般方法，放弃了深入的指导，使整本书阅读教学变成了一副“空壳”。前些年有些学者不赞成把整本书阅读纳入语文课程，主要是因为在他们目力所及之处经常有这类徒有其表的语文课。既然在活动课程和居家生活中也能达到同样的效果，何必将其专门放在学科课程里徒增师生负担？其次，不论是口头表达、书面表达，都要讲究“文（言）以载道”“文（言）道统一”。“道”作为心灵之思，是人对事物或现象的根本立场和观点。阅读所得之“道”，是在反复推敲作品的语言文字的过程中、在不断质疑和探究的过程中形成的。不追求理解深度、欣赏水平，不管学生能不能言之有理、言之有物，一味强调作文修辞、说话技巧，会把语文课上成语言技能课，而这并不是整本书阅读教学的特殊责任。最后，必须承认，让学生在整本书阅读中丰富精神生活，树立正确的人生观、价值观，应该成为重要乃至根本的目标。但实事求是地说，人格教育、道德教育能不能发挥作用，靠的是家庭、学校和社会环境的合力。就

① 王富仁．文本分析略谈[J].语文建设，2014(7):4—10.

语文课程所能发挥的有限作用而言，学生只有真正理解作家本人和作品人物的选择与行动，被他们行为背后的艰难与崇高感染到、触动到，才能在内心深处萌生求真、崇善、爱美的热忱，给未来播下一颗理想的种子。这种教化无言无声，总是在情感共鸣中默默获得，在生活情境里忽然想到，在做重大抉择时发挥影响。整本书阅读教学要把这一根本目标隐含在对“读懂”的追求中，不宜单独拎出来大讲特讲，否则极易沦为“说教”或“表演”。总之，整本书阅读教学不是“读书会”，不是“演讲与口才”，更不是某些作秀式的“主题班会”；要在有限的课时里集中精力教学生对整本书中的语文问题开展有意义的探究活动。做好这条主线，再在适当节点要求学生汇报经验和方法、分享成果和启迪，整本书阅读才能真正发挥出教书育人的功能。

三、指向“读懂”的整本书阅读教学过程：理念与策略

（一）备课：提升教师自身的阅读质量

备课要“备教材”，也要“备学生”。近些年来，受“学生中心论”的影响，人们对“备学生”强调得越来越多，对“备教材”强调得越来越少，似乎教师只要了解学生所需，在教学设计上搞点花样，问题就都能迎刃而解。这实际上是一种很严重的认识错误。钱梦龙老师说：“我备课首先考虑的不是怎样‘讲’文章，而是自己怎样‘读’文章。每教一篇课文之前，我总要反反复复地读，或朗读，或默诵，或圈点，或批注，直到真正‘品’出了味儿，才决定教什么和怎样教。”[①] 相比钱老所说的“文章”，整本书的篇幅更长、背景知识更多、理解难度更大、解读角度更多元，以“读懂”为核心目标时，教师更有必要率先做到以下三点。

① 钱梦龙．语文导读法的昨天和今天[J].课程・教材・教法，2014(8):3—11.

第一，要细致梳理作品内容，做到高度熟悉和深入理解教学书籍。整本书是由若干局部以某种联结方式组织而成的，把握内容须着眼于结构。先要在整体感知的前提下把书不断划分、切割成小的单位；再把各单位的关系及其在整本书中的结构作用找出来；最后以问题为导向，采取自问自答的方式，诠释写作意图，评价优劣得失。以《老人与海》为例，可以分为三个叙事单元：劳而不获（出海前）、得而复失（出海中）、无功而返（返航后）。出海前，老人多少天没有打到鱼了？他陷入了怎样的生存困境和精神困境？“谁”和“什么”让他鼓起勇气再次出海？刚出海时，他看到了什么，感受到了什么？他遇见大马林鱼之后，经历了几个回合的搏斗？每次搏斗遇到了哪些困难，然后用什么办法坚持了下来？返航时，几次遇到鲨鱼进攻，他是怎么与之对抗的？当时心里作何存想？他返航后，人们怎么对待他，又怎么看待这条只剩骨架的“大鱼”？小男孩马诺林为老人做了什么？老人自己又是怎么看待自己的遭遇和表现的？只有从宏观到微观，厘清叙事单元及其相互关系，把握细节描写和心理描写背后的用意，才能真正体会主人公“被毁灭”的残酷和“不会被打败”的坚韧，从而理解海明威“硬汉精神”的丰富内涵。

第二，要珍视自己的阅读发现。布鲁纳认为，人类学习的本质是一个“再发现”的过程，即把原有现象重新组织或转换，以获得新的领悟。① 发现学习理论用在阅读中非常适宜，因为阅读的目的就是建构意义，是读者对作品、对作家、对自身不断获得新发现、产生新认识的过程。古人常用“圈点评注法”读书，“圈点”是指阅读时给自己有特殊感受的句子画上符号，“评注”是指把对内容和文字的理解、评论写在正文或行间。② 这些“认知碎片”正是人们的阅读发现，从不同角度表达了对作品的理解。教师的阅读发现不能完全等同于评点家的信笔书写，须在发散的基础上有所“收敛”，以聚焦语文教学的特定

① Bruner, J.S.(1961).*The Act of Discovery*[M].Harvard Educational Review, Vol.31:21—32.

② 李秀．浅谈传统语文教育中阅读教学的内容、经验及问题[J].基础教育研究，2012(7):38—40.

内容：一方面，留意书中的语言现象和文学现象，揭示其共性规律和个性特征；另一方面，聚焦作品的思想内容，通过古今对照、中外对照，对真假、是非、善恶、美丑做出价值判断。阅读发现要出彩，除了依靠天资和功底，还有赖于阅读心理的调适。我们要唤醒对“昨日之我”的回忆，让自己和学生站在同一起点，用初读的心态审视作品，回忆起现在已然不成问题但曾经一度让自己感到困惑的地方——这些地方很可能就是学生此刻的困惑；要把过去读书时发现却未深究的疑问捡起来，努力想清楚、说明白。我们还要警惕“昨日之我”的前见，越是过去感觉良好的阅读发现，就越要用自我怀疑的心态认真反思它：认识是否还不够深刻？视野是否还不够开阔？论据是否还不够充足？逻辑是否还不够严谨？阅读质量正是在这种不断的否定和重构中提升的。

第三，要加强学术和教学的互动。教学书籍多为经典，历代学人已从语言学、文艺学等方面对其做过大量研究，这些研究或多或少都能帮助我们检验自己的阅读发现，给教学提供新思路、新内容。整本书阅读教学想提高站位，就要把备课当成做学问，梳理不同时期的研究成果。论其方法：一要先读书，有了自己的问题和发现，再有目的地查阅文献，不能任由别人的思想在自己的脑子里跑马；二要关注学者对同一作品的不同阐释，梳理异质性意见及其辩论、交锋的立场和逻辑，从而拓宽解读思路，提高思辨水平；三要消化吸收文献中可供教学使用的观点和材料，并把学术语言转换成教学语言，力求深入浅出，让学生听懂。

（二）施教：聚焦典型问题的深度探究

很多教师表示，整本书阅读教学的最大困难是学生不爱读、读不完，教师即使“读懂”了，也难以让学生“读懂”。这里有必要重申核心素养取向的教学观，即用典型内容、典型过程和典型方法取代面面俱到。明知《红楼梦》《史记》这样的大部头学生读不完，何必非要一字不落地通读？连《孔乙己》《阿Q正传》等短（中）篇小说的思想性和艺术性都说不尽，何必纠结于无法覆盖所有可讲、可学的内容？我们完全可以选择作品中最精彩的部分作为教学材料，选择对学生来说最具语文价值、最有吸引力的研究对象和研究问题作为教学内容。当学生被这些篇章段落深深吸引，在问题探究中体验到醍醐灌顶、豁然开朗的快意时，阅读兴趣自然会被激发出来，欣赏水平也自然能得到提高。彼时，不待教师催迫，学生就肯挤出时间自己读书；不待教师提醒，学生就能以学习和欣赏的眼光读书；不待教师组织，学生就能自发地讨论读书心得，即使毕业了，读书也会成为欲罢不能的习惯。这种召唤、启发和引领，正是整本书阅读教学应追求的境界。

确立了这样的教学观，就可以根据情况采取不同方法。在初始阶段，学生的确存在不爱读或不会读的问题，教师的讲授和示范就很重要。教师不妨专门拿出几节课，畅快淋漓地讲讲自己感受最强烈、理解最深入的地方，让学生知道这本书如此有趣味、有深度，不读它诚然是一种遗憾。讲到这种程度，问题也就化解了。当学生领略到作品魅力，产生了发现问题、探究问题、解决问题的冲动时，教师的主要任务就是帮助学生建构研读整本书的程序性、策略性知识。这时不宜再以讲授为主，可以组织学生“在做中学”。通常可采取“同题共研”的方法，选取全班都感兴趣的研究对象（如某一人物形象或语言现象），商定关于这一研究对象的研究问题，依次进行个案研究、比较研究、整体研究，在不断的归纳、概括中得出研究结论。“同题共研”的目的，一是带领学生“拿着”典型问题在整本书中“游历”一番，获得某一方面的深度理解；二是使学生体验文本研究的过程与方法。经历几次“共研”，学生的研读经验得到丰富，具备了独立研究的意愿和能力后，就可以让学生选择自己感兴趣的对象和问题，开展“异题各研”。在班级授课制下，学生的学习内容、方式和进度各不相同，要驾驭这种高度个性化的课堂，教师须做好四项工作。第一，制订课时计划，规划出不同的学习阶段，明确各阶段的阅读、发现、选题、研究、写作、汇报、反思等学习任务，给学生提供可以共同遵循的“赛制”。第二，设计评价方案，确定每阶段的评价主体、评价方式和学习成果的验收标准。第三，组织课堂教学，选取有代表性的学生习作，如阅读发现笔记、选题申报、研究计划、论文提纲等，在课堂上和学生一起评价优劣，探求原因，总结经验。第四，就集中授课时没能解决的问题进行指导。这是保障教学质量的重要一环。有些教师每月为学生撰写评语数万字，每天与学生交流十多次，这些课后工作虽然耗费大量精力，但利于了解学生的阅读习惯、思维方式和语用特点，从而准确把握学生的学习水平，科学规划教学进程。

（三）反思：提升教学质量的长效机制

整本书阅读教学具有长周期的项目式学习的特点。按照“计划—行动—反思—改进”的行动研究程序，把每个项目看成一次“教学实验”，通过不间断的教学反思发现问题、总结经验，是在课程层面提升整本书阅读教学质量的长效机制。特别是指向“读懂”这一核心目标的整本书阅读教学，书中的哪些内容学生读懂了？哪些内容学生读不懂？读懂的内容有哪些可进一步丰富和深化？读不懂的原因何在？教师在课上使用哪些教学材料是有效的？哪些教学方法更容易被学生接受？怎样根据不同的阅读倾向和阅读习惯进行个别指导？学习评价所使用的工具是否科学？教师经由教学活动对作品有了哪些新发现、新认识？对这些问题都需要进行及时梳理和总结。只有经过这样的积淀，教师才能在下一次教学中表现得更为出色，久而久之，甚至有可能成为某些名著及其教法的专家。遗憾的是，教学反思恰是目前整本书阅读教学中最薄弱的环节。在工具性的教师责任制之下，本属研究范畴的教学活动逐渐被“事务化”了：一项教学活动告一段落，意味着另一项教学活动马上开始，在这样的无缝对接中，教师对过去的教学行为记忆模糊，只能凭借直觉和经验不断重复“昨天的故事”。

随着课程改革的推进，很多教师开始自觉采取行动研究的方式开展教学反思，其中有一些策略值得借鉴。第一，在制订面向学生的教学计划时，也针对自身的教学行为制订“研究计划”，包括组建研究团队、设计研究方案、开发用以搜集资料的研究工具等。第二，在教学活动开始后，教师开始收集“学的资料”：利用已开发的工具观察和记录学生课上、课下的学习表现；对学生作品进行质量分析，及时了解学生的语文素养，对学生不同时期的作品进行比较，掌握学生语文素养的发展情况。与此同时，收集“教的资料”：撰写教学日志并存档；组织同行听课、评课，记录意见、建议；在重要课型结束后，通过访谈、问卷等方式了解学生对教学的满意程度；等等。有了学与教两方面的资料，教师就可以在教学节点做出阶段性反思，有的放矢地实施下一阶段的教学。第三，等教学活动全部结束后，回看最初拟定的教学方案，提炼行动所思、研究所得，撰写研究报告或论文。这些学术写作是认识上由浅入深、思想上去粗取精、语言上删繁就简的过程，对教师坚定教学信念、生成教学理念、形成教学特色有很强的促进作用。

孙郁老师在纪念鲁迅诞辰时说，鲁迅的伟大在于他有“暗功夫”。暗功夫是词语背后的存在，它不显现，只在无形里存在着，而且在一定程度上决定了词语厚度的有无。[①] 如果说文学家的暗功夫是深厚广博的知识积累和融通中西的学术造诣，语文教师的暗功夫则是对文本、对学生以及对自我的研究。做好文本研究，才能拥有传道授业的底气；做好学生研究，才能把握因材施教的契机；不断反思教学实践，才能为教学相长提供可能。这里没有什么捷径可循，模仿、套用优秀教师的教学案例或者用某种理论来包装教学实践，都不能从根本上解决问题。相比篇章教学，以“读懂”为核心目标的整本书阅读教学为三种研究的积极互动和持续演进开辟了更为广阔的空间，也提出了更加严峻的挑战。正是在这个意义上，整本书阅读教学才有可能真正成为“语文教改的发动机”[②]。

① 孙郁．鲁迅的暗功夫[J]．文艺争鸣，2015(5):58—66.

② 余党绪．整本书阅读或可成语文教改的发动机[J]．语文学习，2017(10):4—9.

基于课程标准的高考整本书阅读命题探析

《普通高中语文课程标准（2017年版2020年修订）》把“整本书阅读与研讨”纳入课程内容，随之而来的是，要不要在高考这种高利害的选拔性考试中考查整本书阅读以及如何考查，成为语文考试评价研究需要正视的问题。一方面，我们要考虑到将其纳入高考有可能造成消极的反拨效应，如降低学生的自主阅读兴趣、形成新的应试模式等，从而致力于鼓励教师在教学实施中重视和开展过程性和表现性评价，建构“教学评一体”的整本书阅读教学范式。另一方面，我们也要充分认识到，课程要素之间的良性匹配和具有吻合性是课程系统有效运行的基本前提，只有考试评价与课程标准高度一致，才能真正为课程开发和教学改革提供动力支持。[①] 为此，我们应该充分肯定把整本书阅读纳入高考命题的合理性和必要性，同时把研究重点放在提升命题质量、保持与课程标准的一致性上，以发挥高考对整本书阅读教学的正面导向作用。本文将依据课程标准，结合整本书阅读命题现状，从考查范围、考查内容和难度、命题规划和设计等方面展开讨论。

---

① 柯森．关于课程标准：诠释与分析[J]．当代教育论坛，2005(14).76—78.

一、考查范围

从字面意义上说，以文字符号为载体、装订成册的正式出版物都可以叫作整本书，但从有关学习任务群的表述和对课程标准的解读来看，从语文课程内容的传承和发展上看，整本书实际指的是古今中外经典名著，尤其是文、史、哲、美等领域的典范作品。这些作品是培养学生语文核心素养的优质材料，可以为学生的社会参与和终身发展奠定知识基础和文化基础。在推进整本书阅读的过程中，我们有必要从不同目的出发区别对待：鼓励学生课外自主阅读的书，标准尽可以宽泛、自由；教师使用的教学用书，则有必要在典范性和结构方式上认真遴选、取舍[①]；被纳入高考命题的书目则应在教学书目的基础上进一步缩小范围，并像对待古诗文诵读那样提前告知考生，以便考生能够在脱离原著的应试情境下凭借考前形成的记忆、理解和经验性应对命题设定的问题或任务。

课程标准有两处为整本书阅读考查范围的确定提供了依据。第一处是“整本书阅读与研讨”任务群的学习目标与内容，特别强调在指定范围内阅读一部长篇小说和一部学术著作。这种提法的初衷是鼓励高中生阅读大部头的文学作品，在身心成长的关键期发展理性思维和研究能力。统编高中语文教材在必修阶段选择《红楼梦》和《乡土中国》，正是对这一要求的直接回应。第二处是《附录 2　关于课内外读物的建议》。该附录并非专为“整本书阅读与研讨”任务群而设，但其中包含近 30 种书籍，分为文化经典著作、小说、剧本、语言文学理论著作等类型。在选定教学用书和划定考查范围时，这些作品理应成为首选。我们知道，鲁迅的短篇小说集《呐喊》《彷徨》也在推荐之列，它们虽

① 李煜晖．略谈整本书阅读课程方案的设计[J].中学语文教学，2017(2):8—10.

然不是长篇小说或学术著作，但被放在一部集子里，则能构成类似“组图”“群像”“园林”一样的宏大景观，从而具备了与长篇小说或学术著作相似的内在机理。

课程标准颁布于2018年初，但2017年前后已有若干高考卷进行了整本书阅读命题的尝试。仅以2017年为时间节点，4年来，在全国33套高考语文卷中，涉及整本书阅读命题的有10套：江苏和北京各4套，天津有2套。北京卷长期选取《红楼梦》《呐喊》《边城》《平凡的世界》《红岩》《老人与海》《论语》等7部名著，以微写作的方式供学生任选其一。江苏卷的考查范围略宽，涉及名著10多种，书目也相对稳定，但有主次之别：简答题10分，每年必考《红楼梦》，辅以一部现代文学作品，如《呐喊》《茶馆》《家》等；选择题5分，以“五选二”的形式考查学生对另外5种中外文学名著的记忆、理解和评价。天津卷在2018年和2020年分别出过一道选择题和一道简答题，涉及《红楼梦》《论语》《三国演义》《哈姆雷特》《家》等5部作品。这些先行先试的省份为全面铺开高考整本书阅读命题做出了有益尝试，书籍选择基本遵循课程标准要求，5—10本的考查数量也比较符合目前的课程实施情况，但普遍缺乏对学术著作的考查。

二、考查内容和难度

考查内容要以课程标准规定的学习目标和内容为依据，学什么，就考什么。“整本书阅读与研讨”任务群的相关表述共有5条，涉及建构阅读经验、养成阅读习惯、总结阅读方法、深化阅读理解和培育情感、态度、价值观等多个方面。其中，阅读经验、阅读习惯、阅读方法和价值观培育更适宜采取过程性和表现性评价，纸笔测试的考查重点应放在阅读理解上。这是由纸笔测试以考查认知能力为主这一基本特点决定的。如果学生的阅读理解深入、透彻，论述态度理性、温和，语言表述准确、清晰，也能够印证和体现其他方面的发展。

阅读理解是读者在与文本和作者对话的过程中感知共鸣、发现问题，并运用已有知识和经验建构思想、做出评判的心智活动。在高中阶段，篇章教学和整本书教学都要积极引导学生基于对文本的整体把握形成结构性的深度理解。整体把握是前提，即发现局部和局部之间、局部和整体之间、不同作品之间乃至作品和现实生活之间的内在联系；结构性的深度理解是目标，即在关联和比较中抽象、概括出关于语言现象、文学现象或文化现象的本质性、规律性认识，并在头脑中把这些认识有机组织起来，形成自己的知识结构和认知格局。由于篇幅和信息容量远大于篇章课文的，体例结构又比篇章课文的更为复杂，整本书阅读在这方面空间更大，挑战也更大，而这又恰是整本书阅读对发展学生语文核心素养最独特、最重要的价值。课程标准专门对长篇小说和学术著作的阅读理解做了具体阐释，强调的也正是上述两点。[①]

系统论认为，整体和局部是相对的：聚沙成塔，集腋成裘，“沙”和“腋”相对于“塔”和“裘”是局部，“塔”和“裘”相对于“沙”和“腋”是整体。但是“沙”和“腋”也自有它们的组成部分，“塔”和“裘”在建筑群落和整体着装中也无非是“局部”。在阅读理解的过程中，整体把握将随着视野扩大、材料增加不断升级，而理解的深度也将因之呈现出永无止境的螺旋上升状态。对学生的阅读理解考查到何种程度，需要依据学业质量水平的相关要求合理把握。

学业质量水平和学习任务群目标不是点状对应关系，而是在任务群学习达到一定阶段后，总体刻画学生的学业水平表现并描述不同水平学习结果的具体表现。其中，水平四是高校招生考试的录取依据，很多表述与整本书阅读理解具有内在联系。例如：“4-1”（语言建构与运用）强调能对语言现象开展专题

① 中华人民共和国教育部．普通高中语文课程标准（2017 年版 2020 年修订）[M]. 北京：人民教育出版社，2018:8，29.

探究，发现并解释蕴含其中的语言规律；“4-2”（思维发展与提升）强调比较、概括多个文本的信息，发现其在内容、观点、情感、材料组织与使用等方面的异同，提出需要深入探究的问题；“4-3”（审美鉴赏与创造）强调结合作品具体内容，阐释作品的情感、形象、主题和思想内涵，对作品的表现手法做出自己的评论；“4-4”（文化传承与理解）强调结合具体作品分析和论述文化现象，比较分析古今中外各类作品在文化观念上的异同。①

以阅读理解为考查重点，以整体把握和深度理解为命题导向，促进学生形成和展现符合学业质量水平四的作答结果，无疑能深度契合课程标准，有利于人才的培养和选拔。而现有命题，虽然不乏优质个案，但整体上还存在比较突出的问题。

第一，考查内容淡化或偏离阅读理解，注重语言形式或阅读体验。例如，要求考生用排比句抒写某本名著带来的教益（2018 年北京卷），如果把教益理解为主题思想或艺术手法带给读者的启迪，则教益本身的深浅以及结合文本内容归纳、概括教益的过程被淡化了，取而代之的是如何用特定修辞呈现出来。再如，针对所谓“读名著读不进去”的现象，要学生结合小说情节阐述如何“走进经典”（2020 年天津卷），等于要求考生举例说明阅读体验或方法，这只能激发兴趣，而非指向深度理解。

第二，把名著内容或相关评价当成知识点，进行碎片化考查。表现之一是考查孤立的事实性信息。如客观题选项“《三国演义》中刘备与陆逊在猇亭交战，诸葛亮得到消息后，令人迅速在鱼腹浦摆下八阵图，后刘备战败，陆逊追击至此，为阵所困，可见诸葛亮足智多谋”（2020 年江苏卷），该项之误在于《三国演义》中诸葛亮布八阵图是在入川之时，而非刘备兵败之际。但何时布阵，对“足智多谋”这个评价结果并无影响，和全书整体更无关系，单考学生的记

① 中华人民共和国教育部．普通高中语文课程标准（2017 年版 2020 年修订）[M]. 北京：人民教育出版社，2018:8，29.

忆力而已。表现之二是考查对作品局部的记忆和理解，没有在章节和整本书之间建立联系。例如"'钗黛关系'是《红楼梦》中最重要的人物关系之一。小说第四十五回，林黛玉对宝钗的认识发生了转变，就全书而言，这种转变对刻画两人性格、推动情节发展、展现人物关系的复杂性都有重要作用"，命题单纯要求"说明黛玉对宝钗的认识发生变化的原因"。（2017 年江苏卷）考生只有牢记本回情节，才能提炼和概括出来，且这种提炼和概括针对的是简单的因果联系，无法展现在全书整体情境下分析和解决复杂问题的能力。表现之三是对《呐喊》这种小说集，有的命题先从中选择一篇，再从该篇中提出一个具体问题。例如："《社戏》开篇记述了'我'成年后在北京看戏的经历。北京看戏给了'我'什么样的感受？以此开篇有什么表达效果？"（2020 年江苏卷）这种命题以对文集型整本书的不断拆解为前提，破坏了整本书不同作品之间天然存在的或作者有意为之的"互文关系"。仍以"我"为例，《呐喊》中有多位第一人称叙述者，其中有可信赖的，有不可信赖的；有内部叙事者，也有外部叙事者。[①] 以对"我"的梳理和归类为线索考查《呐喊》的叙事艺术，显然更符合整本书阅读的目标要求。

第三，以结论先行的方式考查学生的"举证"能力，这种浅表化的考查使学生即使达到或超过学业质量水平四，也很难展现出相应的作答结果。试以课程标准颁布以来考查次数最多的《红楼梦》为例，10 套试卷中的主观题都涉及《红楼梦》，但无一考查其中蕴含的叙事语言规律和人物语言规律，无一考查学生对此书的内容、情感、叙事结构提出问题和解决问题的能力，无一考查其中蕴含的文化观念，遑论在作品内部和与其他作品之间开展比较分析。考查内容全部集中在对林黛玉、薛宝钗、晴雯、贾母等单个人物形象的欣赏评价上；往往先给定概念、特征，诸如"可悲又可叹的人"（2018 年北京卷）、"心清如

---

① 尹慧珉．鲁迅小说中的第一人称叙述者——西方鲁迅研究述评 [J]. 鲁迅研究月刊，1991(12):42—49.

水的人”（2019 年北京卷）、“任是无情也动人”（2019 年江苏卷）等，让学生从记忆中提取相关情节印证这些评价。这样做固然能在一定程度上考查记忆和理解程度，但学生因此丧失了从事发现问题、比较分析、归纳概括等高阶思维活动的机会，多维、多元的思考被限制了。从思维发展与提升的维度看，命题难度基本处在水平二，即“能利用获得的信息分析并解决具体问题”。

三、命题规划和设计

高考命题受多重现实条件制约，抛开那些与教育教学无关的因素不谈，提升整本书阅读的命题质量，首先面临的是语文卷的结构性问题，然后才是题目设计等技术性问题。只有在命题规划阶段对语文卷做出新的结构性调整，同时转换测评观念、创新题目设计，命题内容和难度等方面存在的问题才有可能得到解决。

课程标准颁布以来，高考语文卷有所调整，但整体结构没有太大变化，基本还是按照文体、语体来划分阅读模块，分为实用类文本阅读、文学类文本阅读、古诗文阅读（默写）等，再配套语用题和写作题。这种结构方式显然还是以知识和材料为分类标准，平行、交叉地考查学生的知识和能力，而不是以学生学业质量水平为中心，设计综合统整、有挑战性的复杂任务，整体考查学生语文核心素养的发展状况。这种稳固、定型的传统试卷结构对新内容带有天然的拒斥，如果把整本书阅读纳入命题视野，安放在现有任何板块都不合适。在结构不变的前提下，只能从别的模块“挤”出若干分数，为整本书阅读命题设置“专区”。北京卷、江苏卷、天津卷目前都采取这种办法，赋分占卷面总分的 4%—10% 不等。然而，整本书的文本信息容量和整本书阅读理解对学生思维宽度、广度的内在要求，必须有与之相匹配的命题空间来满足。在分数和命题材料篇幅都受限的情况下，碎片化地考查知识和记忆，或者让学生撰写一些

“读后感”之类的浅表化作品，也就不足为奇了。

随着高考命题改革的持续推进，语文卷很有可能做出整体性的结构调整。在此之前，整本书阅读命题可以通过折中的、融入的方式拓宽存在空间。例如，选取整本书的关键章节作为文学类文本的阅读材料，从节选文到整本书循序渐进地设计问题和任务；与作文题结合，选取典型的、有研究价值的课题，让学生撰写书评或论文等专业性较强的文章，这样不仅考查了学生对名著的整体把握、理解深度和认知结构化程度，同时也考查了学生的论述类文本写作能力。

关于命题设计方面的技术性问题，课程标准在“学业水平考试与高考命题建议”部分已经做了充分说明，在此不赘述。基于高考整本书阅读命题的现状，我提出四点具体建议，供读者参考。

1. 从注重考查演绎、举证能力转向考查归纳、概括能力；以典型的语言现象、文学现象、文化现象为主线，截取整本书原文内容，让学生在发现、探究中形成认知结论，进而做出评价或迁移运用。

2. 重视学科认知情境的创设，把文字学、语言学、文学、哲学、文化学等方面的文献资料引入高考命题，在与文本、作者和学者的多重对话中提高思维考查的深度和广度。

3. 进一步增强作答内容的选择性和问题设置的阶梯性，为不同兴趣倾向和不同能力水平的学生提供发挥空间。

4. 增加主观建构题的比重，为学生充分展示阅读理解水平提供机会。与此同时开展审慎的学术研究，确保评分标准的科学性。试举一例：《红楼梦》中有“芦雪庵争联即景诗”，王熙凤起句为“一夜北风紧”，命题为“请学生结合这句诗简析王熙凤的形象”。（2019 年江苏卷）评分标准中有一项认为“诗句意境肃杀，表明其心怀忧惧”。此句并非一首自发的、完整的诗歌作品，只是敷衍、应景的断章而已，从一句诗中看人物形象已经有些勉强；加之“一夜北风紧”未必就“意境肃杀”，即便“意境肃杀”，和“心怀忧惧”也不存在必然的因果联系，更何况本句诗明明作于活泼、欢娱的气氛之下。从诗词欣赏、小说叙事、红学研究等任何角度看，这个标准都值得商榷。

四、结语

从语文课程建设的历史沿革上看，推动整本书阅读目的有三：一是革除积弊，改变师生不爱读书、不会读书的现状，回归教书育人的本质；二是更好地实现课程目标，通过体量大、有挑战性的整本书研读，发展学生的语文核心素养；三是推进课堂教学转型，引导教师从篇章课时教学转向长周期课程单元设计。整本书阅读的课程开发与教学实践离不开中、高考这两根指挥棒，同时也为深化中、高考命题改革提供了丰富的想象空间。

在课程系统的诸多要素中，课程标准往往引领教学改革，而考试评价则往往滞后于教学改革，这是中外教育史上常见的情况。目前，多数省份的高考卷还没有把整本书阅读纳入命题范围，少数先行省份的分数占比也不高，且缺乏与课程标准相一致的系统思考，这与如火如荼的整本书阅读教学实践形成了鲜明反差。我们有必要面向未来，把握语文学科发展趋势，认真审视和评估整本书阅读的课程价值，在提升重视程度和提高命题质量等方面做出更加积极的探索。

中编

整本书阅读·教法

阅读发现教学：架设读写结合的桥梁

长期以来，语文教学存在“少慢差费”的情况，突出表现是学生的听、说、读、写等语文能力得不到综合训练，尤其是阅读和写作各自为政。阅读课聚焦信息提取、内容梳理以及鉴赏评价，学生获得的陈述性、理解性和程序性知识仅以口头发言的形式存在，没能及时转化为严肃、规范的书面表达，而且是通过滞后的纸笔测试检验其掌握程度的。写作课则另起炉灶，以应试作文为材料，以文体范式和写作技巧为内容，使得学生在阅读课上习得的语文知识和情感、态度、价值观等方面的启迪，难以转化到创作实践中去。读是写的基础，写是读的升华，读与写的良性互动是语文学习最重要的“内循环”。具体来说，经由典范文本阅读而获得的知识积淀、情感体验、理性思考和观点见识，为写作能力发展提供了关键内因；写作作为比口头表达更精细、更缜密的语用活动，反过来又能提高阅读理解的水平和层次。以阅读课为渠道、以学生撰写的阅读发现为载体组织教学，有利于架设读写结合的桥梁，促进学生读写能力的双向发展。

一、阅读发现的内涵及其教学价值

（一）阅读发现的内涵

“发现”通常指客观原型的被揭示，例如数学定理、物理定律、化学元素等的科学发现。它们原本客观存在，但在很长一段时间里没有被人们认识和了解，经过科学家的反复试验，才最终被呈现出来。“阅读发现”，顾名思义，就是阅读活动中的发现。它和科学发现一样，都需要人的主观能动性。但阅读发现不能被简单看成揭示早已存在的客观事物，它带有强烈的主观建构色彩，更多体现为阅读过程中的心灵之思与思考所得。现代阐释学认为，文本只是吁求读者阅读的召唤结构，阅读是读者与之对话、体验、共融、创造的回环往复的过程，阅读的本质就是建构意义。[①] 对生命存在本质的追问，对真假、是非、善恶、美丑的理性判断，对文本虚拟情境与生活真实情境的对比和反思，对语言现象、文学现象的理解和评价，甚至是油然而生的与个体经验相关的联想和想象以及各种各样的问题和困惑，都属于广义的阅读发现。这些与阅读伴生的所思所得，源于读者不同的知识储备、审美品位、生活阅历和价值观念。虽然站在专业人士的立场上看，对同一文本的不同发现必然有高下之分、深浅之别，但就读者的主体权利而言，不论是“胡思乱想”还是“奇思妙想”，都应得到尊重和重视。

（二）阅读发现的教学价值

尊重并鼓励学生提出自己的阅读发现，有助于真正确立学生语文学习的主体地位。阅读是学生、教师、教科书、编者、文本之间的多重对话，是思想碰撞和心灵交流的动态过程。多重对话不是并列关系，而是以学生个体作为阅读主体与作者的对话为中心、出发点与归宿的。其他的对话都是为了给学生个体的阅读营造一个良好的言语环境，提供某种条件，而不能代替学生自己的阅读。[②] 在传统教学中，教师凭借专业权威占有文本意义的发现权和解释权，同时充分行使了这种权力，用“讲解”“设计”“检查”等方式操控教学。这些做法的确提高了教学效率，但客观上是以部分损害学生的主体性为代价的。如果

① 金元浦 . 接受反应论 [M]. 济南：山东教育出版社，1998:21.

② 罗金远 . 阅读就是对话 [J]. 中学语文教学参考，2002(5):39—40.

有意识地把阅读发现权下放给学生，以学生为主体的阅读发现就会更多，教学活动中生成的内容、学生展示个性的机会、对文本的开放性理解和解释也会相应增多，课堂教学灌输化、同质化和盲目追求“正答、正解”等情况就会得到改善。语文学习不同于数、理、化，必须把“语言是人的生命的一部分”放在首位，即把儿童的语言需要放在首位，这才是学习语言时所追求的主体地位的真正含义。[①] 可以说，对阅读发现权的尊重，就是对儿童语言发展需要的尊重，与高中语文课程标准强调的“多角度、多层次地阅读”“对优秀作品能够常读常新，获得新的体验和发现”[②] 等学习要求相契合。

阅读发现可以用口头或书面的形式表达出来。两相比较，书面表达的阅读发现更具教学价值。首先，“写”比“说”更需要严肃的态度和缜密的思考。学生在命名和阐述自己的阅读发现时，要经过比“说”更严谨的推敲，从而得以更精确、更简明地展现自己的阅读理解。其次，学生撰写的每则阅读发现都是基于阅读理解而完成的一次“微写作”，这些“短章”和“碎片”同时也在训练着学生的写作能力。积极语用观认为，全部语用行为包括以“思”（思维）为核心的内语用、以感官为手段的外语用；后者可继续分解成以“听、读、视”为形式的输入型语用、以“说、写、评”为形式的输出型语用——输入型语用是输出型语用的基础与条件，输出型语用是输入型语用的目的和指向。[③] 阅读发现是“内语用”——“思”的结晶，被写成文字的阅读发现，把读、思和写（这里的“写”大多是文本评价型写作，也可以视之为“评”）贯穿起来，开辟了一条由内而外的完整的语用通道。教师据此开展的教学，将不再仅仅针对静态的语文知识和单一的语文能力，而是以动态、综合的方式整体提升学生的语

① 戴汝潜．从丁有宽语文教育思想谈语文教育的三个基本问题[J].小学语文教学，2002(2):6—7.

② 中华人民共和国教育部．普通高中语文课程标准（2017年版2020年修订）[M].北京：人民教育出版社，2017:34.

③ 潘涌．积极语用教育观与阅读教学本质新论[J].中国教育学刊，2013(7):51—54，84.

用水平。最后，用文字的形式把学生的阅读发现“固化”下来，便于教师开展质量评估，便于师生之间、生生之间交流和探讨，也便于提出者反复修改和完善。换言之，写出来的阅读发现是可存储、可视化的质性材料，可以成为教与学的“抓手”。

二、施教前提：阅读发现的质量评估

二十世纪八九十年代以来，随着布鲁纳的“发现学习”思想被引入我国，语文教育领域曾一度兴起“发现式阅读教学”的热潮。但从教学实绩看，更多的只是代表着一个哲学信念或教育学的一种意识形态，而不是一种在实际中应用的有实证研究支持和引导的教学方法。[①]究其原因，第一，受传统教学观的影响，教师没能真正放权给学生。考察大量被冠以“发现”之名的阅读课后发现，施教方式和传统的问题设计、任务设计没有质的区别——教师还是发现的主体，且大多预设了标准答案。第二，虽然教师操控的程度不同，有“发现型”“引导发现型”“独立发现型”等分别[②]，但无一例外地忽视了书面表达方面的要求，也缺乏对阅读发现质量的认真评估，导致教学只停留在激发兴趣的层面，难以有效提高学生的读写能力。有鉴于此，我们不仅要鼓励学生写出自己的阅读发现，还要探讨阅读发现质量评估的维度和方法，引领学生从无意识发现变为有意识发现、从低质量发现变为高质量发现。

（一）阅读维度：语文价值和文本分析方法

一千个读者眼里就有一千个哈姆雷特。在休闲阅读中，我们尽可以用包容和开放的心态面对在阅读接受、阅读理解的过程中产生的种种联想、想象和思考。但用之于语文教学，则首先要考虑语文学科的特定视角和研究对象，并以

① ZheChen，叶嘉雯，莫雷，温红博，王瑞明．发现学习及其促进[J].心理发展与教育，2008(1)：119—122.

② 钱威．语文教育“发现学习”教学模式研究[J].中国教育学刊，2001(3)：39—41.

此判断阅读发现是否具有语文价值。语文教育的根本目的是教会学生识别、理解和运用祖国语言文字，在此过程中培养学生对祖国语言文字的热爱，帮助学生形成正确的世界观、人生观和价值观。阅读文本，尤其是文学类文本，探究作者为何（意图）以及如何（方法）运用语言文字（工具），借以表达怎样的思想情感，效果怎样，文本对做人、做事、作文有哪些启迪和借鉴，是语文阅读应秉持的立场和应关注的重点。青少年读者往往缺少“定向问答”[①]（“定向问答”是一种思维有明确指向的自问自答，要求学生从三个方面依次发问并自答：文章写了什么？怎样写的？为什么这样写？这三个依次排列的问题像步步上升的台阶，学生“拾级而上”，能够对文章内容和形式获得较全面的认识）的能力，在阅读过程中对思维活动不加甄别，动辄偏离语文学习的“航向”，据此提出的阅读发现大多不具备语文价值。

具备语文价值的阅读发现，其价值高低取决于提出者能否有意识地运用语文学科特定的思想方法进行文本分析。择其要点，首先是整体意识，即在整体感知作者的创作意图、情感倾向和作品内容、结构的基础上，结合上下文语境，针对具体的语言现象、文学现象提出发现。脱离全篇语境或上下文语境的分析和解释，将造成曲解或误读。其次是证据意识，即能够调取和利用文本信息以及背景知识作为论述材料，有理有据地阐述阅读发现的主要观点。不能把主观臆断当成结论，更不能以自己的生活经验为出发点和准绳，漫无边际地抒发感慨或指摘作者的创作。最后是概念意识。小说、散文、诗歌等文体有不同的分析框架，每套分析框架背后都有为人们所普遍认同的概念或术语。要主动利用学过的概念分析文本，概括、提炼文中普遍的语用规律和特殊的语用效果，同时加深对概念本身的理解。换言之，不能把语文学习中涉及的文体学、修辞学、文章学、文艺学等方面的知识和阅读实践割裂开来。具备三种意识中的一种或

① 钱梦龙．语文导读法的昨天和今天[J].课程·教材·教法，2014(8):3—11.

多种，且有效用之于阅读发现的提出和表述，则阅读发现的质量符合期望指标；反之则属于较低水平。在此基础上，如果能够小中见大，平中见奇，提出有独创性的阅读发现，或者入乎其内，出乎其外，在不同文本之间进行广泛而深入的勾连、比较，阅读发现的水平则会上升到更高层次。

在一项长周期性的行动研究中，我根据语文价值及文本分析方法的运用情况，采取专家论证法，把学生在鲁迅小说阅读中提出的阅读发现分为较低、常规和较高三种水平，并对每种水平进行了分类描述和举证[①]。这种方法可供读者参考。要而言之，从阅读维度评估学生阅读发现的质量时应明确一般标准，但不宜分类过细，实际操作时更需具体问题具体分析。

（二）写作维度：说理过程和语言运用规范

作为一种开放度较高的写作形态，“阅读发现”可长可短。但不论长短，都有其特定的写作目的、内容和格式。阅读发现的写作目的是展现阅读“心得”，这种“心得”既然能够称得上“发现”，就不能像一般读后感、读书笔记那样自由、随意，它必须努力地、集中地、明确地表达出对自我或对同伴而言有新意的观点。在内容层面，阅读发现不能仅仅呈现认知结论，还有必要阐明结论的获得过程和成立条件，使读者知晓而且信服。阅读发现的格式一般包括“阅读发现概括”和“阅读发现说明”两个部分，前者相当于标题，后者是用于阐明观点的正文。综上，从写作性质上看，阅读发现本质上是基于阅读理解、鉴赏和评价的议论性文章。即便学生的阅读理解达到较高水平，一旦落到笔头，还是会存在“有理说不清”“有理说不好”等问题；水平较低的阅读发现当然更有可能存在这些问题，但也不排除有理解水平低但表达能力强的情况。因此，我们有必要增设写作这一评价维度，且因为阅读发现作为一种写作形态所具有的上述特点，关注的重点就不仅仅是“理”的有无，更要关注说理过程，如顺

① 李煜晖.探索和发现的旅程：整本书阅读之专题教学[M].上海：上海教育出版社，2019:253—259.

序是否合理、逻辑是否清晰、推理是否严密、判断能否成立等。在此基础上，还要关注语言规范，如用词是否准确、语法是否存在问题、语体是否得当等。这虽不是阅读发现教学专门的责任，但为切实提升学生的写作能力起见，也须将其纳入评价范畴。

在实际操作中，我们可以根据学生的实际情况，赋予阅读和写作两个评价维度以不同的权重。从阅读能力和写作能力形成和发展的规律看，在初始阶段，阅读维度的权重要大，重点评估学生从阅读到发现的能力；后期可以逐步提高写作维度的权重，着重评估学生从发现到表达的能力。

三、阅读发现教学的组织形式和策略

阅读发现教学是要求学生围绕课文或整本书撰写阅读发现，并以这些阅读发现为主要教学材料，组织学生分享、评估和完善的教学形式。其终极目标是教会学生站在语文学习的立场上独立阅读、独立思考、独立写作，养成融“读”“思”“写”于一体的学习习惯。实现这一目标须循序渐进，经历由“扶”到“放”的过程。

（一）示范奠基：树立“阅读—发现”的牢固心向

发现学习须使学生具有“有意义学习的心向”，表现为强烈的问题意识和探索欲望。[①] 尽管教师应该对学生抱有良好假设，但现实中学生往往不爱阅读，更极少会自觉地以发现为目标去阅读。大多数学生读书，是以学习的心态“仰望”名家大作、以接受的心态聆听教师讲授或以功利的心态“搜罗”应试所需，欠缺用平等、对话的心态积极探索、主动发现的心理机制。因此，在阅读发现教学的初始阶段，要想办法激发学生的内在动机。教师可以用“平等的首席”

---

① 余文森．发现学习的特点、功能及其教学原则[J].外国中小学教育，1994(6):13—15.

的身份讲出自己精彩、独到的阅读发现，也可以用学生高水平的阅读发现引领和激励全体学生，让大家找到“范本”，正视差距。学生获得“豁然开朗”“醍醐灌顶”的学习体验后，自然能激发出模仿、尝试的欲望和挑战自我的热情，从而为阅读发现教学的持续开展奠定基础。

试以《阿Q正传》阅读发现教学为例。我请学生逐章撰写、提交阅读发现，结果发现质量普遍不高，故采取对不同水平的阅读发现进行比较、讲评的方式施教。小说第四章《恋爱的悲剧》中有阿Q和吴妈的一段对话。

> 吴妈，是赵太爷家里唯一的女仆，洗完了碗碟，也就在长凳上坐下了，而且和阿Q谈闲天：
>
> “太太两天没有吃饭哩，因为老爷要买一个小的……”
>
> “女人……吴妈……这小孤孀……”阿Q想。
>
> “我们的少奶奶是八月里要生孩子了……”
>
> “女人……”阿Q想。
>
> 阿Q放下烟管，站了起来。
>
> “我们的少奶奶……”吴妈还唠叨说。
>
> “我和你困觉，我和你困觉！”阿Q忽然抢上去，对伊跪下了。①

这段文字引起了六位学生的注意，其中两位看到吴妈的第一句话，就写下了自己的阅读发现——

> **揭示赵太爷的真实面目：**“老爷要买一个小的”，作者借吴妈之口，写出了赵太爷男盗女娼的真面目。他后来仗着自己的权势欺负阿Q，但自己骨子里比阿Q还不是东西。（生1、生2的内容与之相近）

上述看法有一定道理，的确揭示了赵太爷的某些“面目”，但和以下三位学生的发现相比，就显得缺乏语境意识——

---

① 鲁迅．鲁迅小说全编[M]．北京：人民文学出版社，2006:83.

吴妈说赵太爷纳妾的作用：写吴妈提到“老爷要买一个小的”，目的不是通过吴妈之口批判赵太爷，而是吴妈说这样的话，才能够勾起阿Q对女人的一些想法，为后来阿Q失态、调戏吴妈做铺垫。（生3、生4、生5的内容与之相近）

上述看法考虑到语句本身的意思，也考虑到它的“位置意义”“结构作用”，水平略高，但就视角和深度而言，依然远逊于生6的阅读发现——

省略号的意蕴：吴妈和阿Q谈闲天，她一定唠唠叨叨说了很多话。可作者只给了吴妈三句“台词”，其他唠叨的话，都用省略号代替了。作者为什么这样写？因为他站在阿Q的视角，用阿Q的耳朵来听吴妈的话。此时的阿Q，受了小尼姑的“蛊惑”，脑子里都是“女……”的思想，他和吴妈独处时，注意力都在“女……”上。吴妈说了很多话，他都没能听进去，只有这三句，不离女人或传宗接代，所以他听进去了。本章前半部分中阿Q主要的心理活动是男女之事，他对吴妈的其他言语充耳不闻显得很合理。在这里，吴妈表现得非常正常，她只是谈天时偶然涉及男女问题。没想到说者无心，听者有意，造成了阿Q的爆发。如果不能认识到这一点，难免误以为吴妈专说这样的话，仿佛有意勾引阿Q；或者会觉得鲁迅为写恋爱的悲剧，生硬插入这些对白。殊不知，鲁迅是真正的语言大师，只用三个省略号，就写出了深陷冲动的阿Q对吴妈常态语言的“过滤”，既表现了阿Q的心理，推动了情节发展，又避免了描写吴妈喋喋不休可能造成的叙事枝蔓。

这段文字视角新颖，观点深刻，表述清晰。一般情况下，读者都会认为省略号省略的是说话者的语言，而该生看到这种“省略”写出了听话之人阿Q下意识的“筛选”，并结合前文内容分析了阿Q的心理活动，推断出之所以如此的原因。行文至此，已经深入阐明了“省略号的意蕴”。但该生没有停止思考，而是用假设的方式进一步揭示了不能准确把握这一点有可能造成的两种误读，并最后归结到鲁迅的创作艺术上，点出巧用省略号的三种表达效果。当教师逐次展示和讲评这些阅读发现时，学生很受启发。在随后的学习中，很多学生的读写态度都受到了积极影响。

（二）问题探究：体验“探索—发现”的完整过程

尽管少数基础好、思维敏捷的学生偶尔能提出高质量的阅读发现，但其能力尚不稳定，而且大多数学生还需要教师更细致的指导。因此，当学生明确了“什么是好的阅读发现”，产生了也要提出像那样的阅读发现的目标之后，教学重点就要转向阅读发现能力的培养。写下来的阅读发现是学生的认知结果，这结果怎样经过一步步推演而得出，追根溯源，则来自“问题的提出”。也就是说，只有鼓励学生在阅读中留意心头的疑问，并判断其是否具有语文价值，再围绕这些问题搜索资料、比较分析、推理判断、归纳概括，才有可能形成新颖、深刻、富有启迪的结论。在课堂教学中，教师可以请学生自由发问，然后用随机指导的方法，现场演示从问题提出到阅读发现的生成过程，归纳、概括其生成机制，引导学生迁移运用到自主学习中。

下面以鲁迅小说《明天》的教学片段为例，略加说明。

生 1：我读到单四嫂子找何小仙看病时发现，作者写她“从木柜子里掏出每天节省下来的十三个小银元和一百八十铜钱，都装在衣袋里”。鲁迅用笔一贯简省，为什么这里要如此详细地写她仅剩的钱？

师：你认为鲁迅这样写的用意是什么？

生 1：可能是为了表现单四嫂子的贫穷、可怜。

师：好，把你的假设先放一放。大家一起找找：本文中与单四嫂子财物有关的描写还有哪些？

学生阅读文本，找到另外六处，加上上文提及的，按先后顺序排列如下：

①看病之前先求神：神签也求过了，愿心也许过了，单方也吃过了，

要是还不见效，怎么好？（没有明写，但求神、吃单方须花钱。）

②找何小仙看病前：从木柜子里掏出每天节省下来的十三个小银元和一百八十铜钱，都装在衣袋里。

③找何小仙看病时：他摸出四角银元，买了号签。

④看病后买药：于是又径向济世老店奔过去。店伙也翘了长指甲慢慢的看方，慢慢的包药。（没有明写，但药须花钱买。）

⑤吃药无效，宝儿死去：王九妈便发命令，烧了一串纸钱；又将两条板凳和五件衣服作抵，替单四嫂子借了两块洋钱，给帮忙的人备饭。

⑥宝儿备葬：单四嫂子还有一副银耳环和一支裹金的银簪，都交给了咸亨的掌柜，托他作一个保，半现半赊的买一具棺木。

⑦宝儿入殓：咸亨掌柜便替单四嫂子雇了两名脚夫，每名二百另十个大钱，抬棺木到义冢地上安放。王九妈又帮他煮了饭，凡是动过手开过口的人都吃了饭。

教师请学生对以上内容进行分类。学生经过讨论达成共识，可分两类。一是为宝儿看病花的钱，共三处：求神、看病、抓药。这三处已经花尽了单四嫂子的现钱，病却没有治好。二是宝儿死后，为请人帮忙、买棺木和雇脚夫下葬，单四嫂子典当了所有值钱的东西，还欠下不少债。

师：单四嫂子作为穷苦女人，倾家荡产花这两类钱，有效果、有价值吗？

生1：第一类肯定没有。求神拜佛不用说了；何小仙架子大、收费高，看病还不认真，满口玄妙的“火克金”之类。宝儿病情加重，最后死去，就是无价值的明证。

生2：第二类比较复杂。作者写“单四嫂子待他的宝儿，实在已经尽了心，再没有什么缺陷”。通过葬礼，可以寄托单四嫂子的哀思，不能说完全没有意义。但这种寄托哀思的方法是建立在迷信和礼俗之上的，对死者、对生者都没有实质性的帮助，反而让生者陷入了沉重的经济危机。下葬时，作者特意写到给宝儿“穿上顶新的衣裳，平日喜欢的玩意儿，——一个泥人，两个小木碗，两个玻璃瓶，——都放在枕头旁边”。这句话读来可怜、可悲。宝儿活着时连个像样的玩具都不舍得买给他，死后花这么多钱葬他，有什么用？单四嫂子为此负债累累，以后的日子怎么过？

师（对生 1）：现在，你认为鲁迅这么写的用意是什么？

生 1：不只为了表现主人公的穷苦，还写出了求神拜佛的迷信思想、故弄玄虚的假医生和厚葬文化三者的误人、害人。

师：单四嫂子相信这些，她自身有没有责任？

生 3：要辩证地看。鲁迅虽同情这个“粗笨女人”，但客观上也揭示了她的无知和愚昧。她的无知和愚昧是社会风气和习俗浸染成的，我们不能指责苦难的个人。想让她有一个可以期待的“明天”，就要努力改变社会。

师（对生 3）：很好！你觉得这与《呐喊》整本书的创作动机有何关系？

生 3:《呐喊》是为启蒙而作。当时鼓吹“德先生”“赛先生”,《明天》借单四嫂子的悲剧批判蒙昧、迷信和落后的社会，能唤醒人们的科学和理性。

讨论结束，教师回顾探究过程，总结高质量阅读发现的生成机制。概括而言，学生从细节入手，发现了一个有些“反常”的文学现象并做出解释。到此，已经可以写成一则阅读发现。但这种发现是浅表的，要得出更普遍、更深刻的观点，就要回到文中寻找相关、相类的素材，确认该现象是否普遍。如果普遍，就要对全部素材进行分类、比较，从人物“为什么这样做”“结果怎么样”和作者“为什么这样写”“效果好不好”等方面不断追问，多向度地寻求答案。而后，把问题提出和解决的过程及其结论组织成文，一则高质量的阅读发现也就完成了。

（三）任务驱动：搭建“评价—反思”的学习平台

当学生阅读发现的能力整体得到提高后，教师就可以逐步“放手”，以教学组织者、学习指导者的角色布置学习任务，搭建自主学习、合作学习的平台，让学生在发现、评价和反思中学会发现。第一，教师仍要收集、评估全体学生的阅读发现，但不再进行展示、激励或方法指导，而是将其作为了解全班学生学习情况的第一手资料。第二，把学生分成若干小组，每组分配若干阅读发现，要求学生合作完成质量评估，并面向全体汇报评估过程和评估结果。第三，当阅读发现提出者对同伴的评估有异议时，教师应组织双方“辩论”，并对悬而不决的问题做出“仲裁”。第四，把教师幕后的评估结果和学生汇报的评估结果以个人为单位整理出来，发给每位学生，请学生据此撰写阅读发现的学习反思，总结自身在兴趣倾向和思维方式上的特点以及在提出和撰写阅读发现时存在的方法问题、语言问题，然后逐个走上讲台，分享学习经验。在整个过程中，学生是阅读发现的提出者，也是阅读发现的分享者、评价者和反思者，他们在提出与评价、评价与反思、反思与改进、分享与借鉴中不断内化阅读发现的评价标准和写作方法，提高了元学习能力。

整本书阅读专题教学：培养专业的阅读者

中学生身心发展日渐成熟，认知能力不断提高，因而更需要专心致志、熟读精思，而非走马观花地浏览。整本书阅读专题教学以培养专业的阅读者为己任：在指导学生通读全书并精读关键章节的基础上，选择最具语文学习价值且学生最感兴趣的研究对象和研究问题，让学生经历从阅读发现到专题研究、从专题研究到学术写作的完整过程。当学生被文本深深吸引，在问题探究中体验到醍醐灌顶、豁然开朗的快意，在写作中获得了锤炼思想和语言的成就感后，其阅读兴趣自然就会被激发出来，欣赏水平和表达能力也将得到提高。彼时，不待教师催迫，学生就肯挤出时间自己读书；不待教师提醒，学生就能以欣赏的眼光读书；不待教师组织，学生就能自发地撰写读书所得，即使毕业了，读书、写作也会成为欲罢不能的习惯。这种“以少胜多”的召唤、启发和引领，是整本书阅读专题教学追求的境界。

循序渐进的“打开方式”

在初始阶段，学生往往存在不爱读书、不会读书的问题，教师的讲授和示范尤为重要。教师不妨专门拿出几节课，畅快淋漓地讲讲自己理解最深入的专题，让学生感到本书如此有趣味、有深度，不读懂它乃人生憾事。讲到这种程度，很多问题也就化解了。有些教师不愿在这方面下功夫，打着“自主、合作、探究”的旗号，一上来就组织学生汇报、漫谈，自己则退居二线，做点儿不痛不痒的点评；不得不讲时，也只是简单介绍成书背景、作者生平之类唾手可得的知识。这样教书，怎么可能激发阅读兴趣、提高认知水平？我的经验是：不论教哪本书，自己先提炼一二十个研究选题，踏踏实实做点儿文本研究、文献研究，争取每个专题都讲得条分缕析、引人入胜。走进教学现场，讲不讲、何时讲，是教学契机问题，肚里有没有“存货”，则是教学底气问题。

当学生领略到名著的魅力，产生了发现问题、探究问题、解决问题的冲动后，教师的主要任务是帮助学生建构研读整本书的程序性、策略性知识。这时就不能再以讲授为主，必须组织学生“在做中学”。通常可采取“同题共研”的方法，选取全班最感兴趣的研究对象，如人物形象、语言现象、创作手法等，共同商定关于这一研究对象的研究问题，而后围绕研究问题，依次进行个案研究、比较研究、整体研究，在难度不断升级的归纳、概括中得出结论。

经历几次“共研”，学生的研究经验得到丰富，具备了独立研究的意愿和能力后，就可以放手让学生选择自己感兴趣的研究问题，开展“异题各研”。在班级授课制下，学生的学习内容、方式和进度各不相同，“掌控”这种高度个性化的课堂须做好三项工作。一是计划课时，提前设计不同学习阶段以及各阶段的阅读、发现、选题、研究、写作、汇报、反思等学习任务，给学生提供共同遵循的“赛制”。二是设计评价方案，明确每阶段学习任务对应成果的验收标准和评价方式。三是选取代表性的学习案例，如阅读发现笔记、选题申报、研究计划、论文提纲等，通过“解剖一只麻雀”，和学生一起评价优劣，分析得失，总结经验。

教学重在思维和语言

概念是思维的核心。名著呈现给读者的大多是意象、形象或现象，研读时要用概念把“象”聚合起来，通过分类、比较，揭示“象”背后的规律。概念不清，信息提取会庞杂无序，从而影响问题解决。

某生选题“浅谈《呐喊》中的看客”，最初把“看客”理解为《〈呐喊〉自序》中围观的民众，即鲁迅所谓“无谓的看客和示众的材料”。自主研读期间，随着阅读篇目增多，对概念的理解开始偏离：《明天》里料理丧事的人们不能理解主人公的丧子之痛，是看客；《药》中谈天的人们对华小栓的咳嗽无动于衷，是看客；《端午节》中方玄绰不亲领工资，也不抗议，是看客；《社戏》中“我”初看京戏时感到无聊，而旁边的胖绅士却看得津津有味，胖绅士也是看客……其实，协助理丧的人们只是麻木，并非赏玩；而调笑单四嫂子的红鼻子老拱、蓝皮阿五，其下劣甚于看客多矣。方玄绰不讨薪，是袖手旁观、逃避观望。喝茶的人们只是看见小栓咳嗽，“看见”和“看客”完全不同。“胖绅士”是观众，不是“看客”。教师要耐心追问学生概念所指，结合文本帮助学生修正认识。

根据观点或假设收集并确认新材料，用的是演绎思维；利用收集到的材料完善观点或概括新观点，用的是归纳思维。把研究视为持续演进的过程，研究者运用归纳和演绎两种思维不断进行收集材料和概括观点的活动，从而发展了思维的广度和深度。假定将一项研究分为若干阶段，在每个阶段材料不断增多、观点不断深入，这时得出相应量级的观点须有相应量级的材料；如果没有，就要用演绎法去寻找。有相应量级的材料后，理想状态是得出相应量级的观点；如果不能，就要运用归纳法去提炼。有的学生归纳有高度而演绎无广度，造成观点倾斜、倒伏，缺乏证据，难以立住；有的学生演绎有广度而归纳无高度，造成观点低矮、扁平，缺乏创见，流于平庸。教师要指导和促进两种思维在动态平衡中协调发展：对前者，重在使其不囿于已有观点，在演绎、推理中不断修正最初的观点；对后者，重在引导其沉潜到材料中，反复比较和概括，得出站位更高、理解更深的观点。

学生作品中经常存在用词不准、语法错误、逻辑混乱等现象。究其原因，一是重视不够，总觉得说话、写文章“意思对即可”；二是缺乏语言知识；三是思维能力弱，说不清楚是因为想不明白。如某生选题“《明天》中的配角形象和他们的流氓写法”，前半句似要研究《明天》中的配角；后半句本来想说“表现他们流氓品性的写作手法”，却简化成“他们的流氓写法”。“他们”没写小说，何来“写法”？写小说的是鲁迅，鲁迅的写法哪里“流氓”？何况《明天》中只有个别流氓，怎能推演到全体配角？改成“鲁迅是怎样刻画流氓形象的？——以《明天》中的两个‘配角’为例”，意思就清楚多了。教师可在写作准备阶段通过写提纲、读提纲、改提纲的办法帮助学生理顺全文脉络，也可在作品提交后对语用习惯做出诊断，选择突出问题批改和点拨。

尊重学生的个性和选择

教师总希望学生有点儿个性，但又“害怕”学生太有个性。个性强的学生兴趣稳定，又有主见，常会与教学规划发生冲突。

教《彷徨》时，某生不喜该书，而独对鲁迅的胡子感兴趣。她翻看鲁迅的照片，反复询问：“鲁迅为什么留这么奇怪的胡子？我研究鲁迅的胡子行不行？”我深知若让她按规定选题，她只能敷衍了事，于是说：“胡子奇怪不奇怪，没有标准，大约是鲁迅喜欢或图方便。你非要研究，不妨把民国人物拿来比对，孙中山、沈钧儒、闻一多……他们的胡子都有特点。陈丹青在《笑谈大先生》中说，人从最高意义上来说就是他的相貌。你可以想想胡子与年龄、身份、性格、气质的关联。”她很高兴，后来由胡子关心到衣着，由衣着关心到吃住，由吃住关心到婚姻，由婚姻关心到鲁迅与许广平的恋爱，不时询问有关《两地书》的问题。她由人到文，开始慢慢喜欢鲁迅作品，最后提交的论文题为《悲剧是一种经验——〈伤逝〉与鲁迅的爱情》，写得很好，略加修改就在杂志上发表了。此后两年，她读了很多鲁迅作品，在北大读本科期间写的一些“学年论文”也还是关于鲁迅的。

教《活着》时，某生喜欢小说但厌恶论文。她认为对作品的理解不一定非要通过论文呈现，把它用到自己的创作实践中有何不可。我于是同意她把小说当作业。在她的影响下，很多同学相继写起小说来。后来设计教学方案时，我索性做出调整：可选择任意文体、语体和媒介表达你的理解，但须达到相应的质量标准。毕业前夕，班级小说集《虚妄山》如愿在商务印书馆出版。而那位“首倡者”，高中共创作短篇小说40余万字，其中几篇还在《萌芽》等杂志上发表。而今六年过去了，她仍在写，据说已是小有名气的“作家”。

《学记》云：“道而弗牵，强而弗抑，开而弗达。”人和人生来就是不同的，整本书阅读专题教学不是为了完美地执行教师的计划，更不是为了让所有人都做同样的事。我们要帮助每个学生发现自己的兴趣和潜能，找到对他们的学习和生活而言真正有意义的东西。

直面整本书阅读专题教学的三个问题

整本书阅读有必要被纳入语文课程“煞有介事”地教吗？整本书阅读与专题教学的关系是什么？当前中学的课程环境对整本书阅读专题教学提出了哪些挑战？直面这些问题，有利于我们坚定信心，理清思路，化解课改阻力。

一、整本书阅读教学的必要性

长期以来，语文教材都是“文选式”的。人们习惯以篇幅较短、内容经典的文章作为教学材料。整本书阅读虽经叶圣陶、夏丏尊、黎锦熙等名家提倡，重要性也为广大教师所认同，但始终处于边缘和辅助地位。近年来，国家提倡发展学生核心素养，人们不断反思网络时代阅读碎片化、浅表化、功利化等问题，《普通高中语文课程标准（2017 年版 2020 年修订）》因势利导，把整本书正式列为教学材料，围绕整本书设计的“学习任务群”贯穿高中三年，为整本书阅读教学从边缘走向“主流”提供了政策依据。

需要说明的是，“整本书”是口语化的说法。相比一篇文章或者节选，“整”和“本”强调的无非是内容完整、体量更大。为准确揭示概念内涵，有研究者用“书册”或“名著”表达同样的意思。“书册”强调的是“书”不是“文”；“名著”则包含价值判断，强调经典性和认可度。新课标颁布前后，围绕整本书阅读教学，人们提出了各种各样的问题：哪些书更适合中学生阅读？学生用什么时间读书？怎样进行整本书阅读教学？如何评价阅读效果？如何围绕整本书命制试题？凡此种种，各抒己见。对这些问题不妨再做探讨，这里先说一个“前提性”的问题：教师需要将整本书阅读纳入课程中教吗？

有些学者认为不需要教，或者说不需要大张旗鼓、煞有介事地教，适当点拨一下，或者干脆推荐书籍，让学生自读就够了。理由之一是过多的教学干预会影响学生自主阅读的兴趣。试想，学生打开一本书，还没读几页，就要完成各种各样的学习任务，甚至是习题和作业，哪还有心情读下去？理由之二是很多语文教师只能胜任或者勉强胜任教传统教材中的经典选文，他们没读过几本书，或只浮光掠影地看一看，因而理解不到位，有的还谬误百出，所以少教一点倒好。理由之三是学生的课业负担已经很重，纳入课程安排会进一步加重负担。

这些看法不无道理，但逻辑上存在问题。用教不好可能造成的后果否定了需要教这一前提，归根结底还是保守主义思想作祟。无论是篇章还是整本书，如果教师的文本分析、教学设计等基本功不扎实，都可能造成扼杀兴趣、谬误百出的后果。我们应该思考的是如何提高教师的专业水平以避免这种现象，而不是因噎废食，用“不做”避免“做不好”。从学生发展的角度来讲，中学生阅读兴趣衰减、阅读能力低下，已是普遍问题。直面现实，攻坚克难，是教师应尽的职责。从教师发展的角度来看，整本书阅读对语文教育的客观贡献，就是“倒逼”不读书的语文老师去读，激励爱读书的语文老师重读。让整本书阅读教学走进课堂，成为常态，对师生都是利大于弊。

学习负担重的问题确实不容忽视。语文教学不能只做加法，不做减法。重点教几本书、布置多少个学习任务，都应认真考虑，不能贪多求全。但是无论如何精简，整本书阅读中读、写、说的负担肯定大于单篇教学的。这需要我们用新思想、新观念审视学习负担。学习负担表面上是“量的多少”的问题，实际上更是“质的好坏”的问题。背课文、抄字词、做试卷、记答案，这样的学习任务虽然有些价值，但如果一直这样僵化、死板，缺乏挑战性，扼杀思考，就无法吸引学生的兴趣，会让学生懈怠和厌倦，即便量少也仍是“负担”。反之，如果设计出的任务能做到激发兴趣、丰富种类、可以选择、富有挑战性，即便量多也未必是“负担”。减负不是简单地“减量”，更重要的在于开动脑筋去“提质”，让学生沉浸其中，学有所获。古今中外，哪有人能“轻飘飘”地获得真才实学？只不过他们投入的即是热爱的，不觉其苦罢了。

二、整本书阅读与专题教学的关系

课程与教学的基本理论认为，任何改革都在一套概念系统中进行。要搞清楚自己在做什么，首先要找准定位，厘清关系。这套概念系统包含彼此关联的六个方面：1. 培养目标。解决的是培养什么人、为谁培养人等根本问题，这在国家政策文件中有明确规定，学校、学科一体遵行，形成合力，方可达成。2. 课程目标。从最早的“双基”到“三维目标”，再到今天的“核心素养”，都是学科课程对培养目标的分解。3. 教学材料。就是我们常说的“教材”，它是承载学科知识、落实课程目标的工具。狭义上专指国家指定的教材，广义上包罗万象，校本教材、教师提供的资料都在其中。4. 教学内容。教材只是知识载体，本身不是教学内容。教学内容是教师基于课程目标，综合考虑学生需求，依托学识和经验确立的学习活动。大家使用同样的教材，教学质量取决于学习活动的质量。5. 教学方法。一般指教师在落实教学内容的过程中与学生互动以达成目标的方法，包括师生互动、组织学生互动、集中授课、个别指导等方面。6. 教学评价。对教师教学水平的评价姑且不论，仅对学生学习效果的评价就是“世界性难题”。如何测量学习者是否达到课程目标和培养目标？仅仅依靠纸笔测试，容易架空情感、态度、价值观等内隐的目标；完全让教师、学生做评价主体，又难免流于主观。

对号入座，整本书属于教学材料的范畴，整本书阅读教学是从变革教学材料入手而做的改革：在目标不变的情况下，材料变了，教学方法就要变，学习评价办法也要变，所谓“牵一发而动全身”。事实也正如此。提倡整本书阅读以来，大量“教法”介入其中，专题教学、项目式学习、混合式学习、主题情境教学等都可供实践者选择。这些教法本无优劣之分、高低之别，重在契合度与适应性。实践探索和文献研究表明，在高中阶段采取专题教学更为适切。

语文专题教学发端于20世纪90年代末，至今实践者遍及全国。人们在行动中不断丰富和拓宽对专题教学的理解，仅概念表述就有30多种。大体而言，语文专题教学是一种以“专题”为统领，基于语文学科特定的核心阅读材料，指导学生建构并解决研究问题、撰写完成研究论文等学习成果的教学方式。鼓励学生自主阅读，引导学生发现问题、提出问题、解决问题，帮助学生形成深度理解并据此撰写文章、交流分享，是各种专题教学的共同特征。回到概念系统中来，在培养目标和课程目标上，专题教学和其他教学方式一样，都主张以“培养全面而有个性发展的人”“培育学生语文核心素养”为目标。在教学材料上，专题教学并非只为整本书而设，篇章、群文同样可以。专题教学不是单纯的教学方法，而是涵盖教学内容、教学方法和教学评价（即概念系统中后三个维度）的系统变革，人们普遍将其视为一种教学方式，它大于“教学方法”的概念。

用专题教学的方式开展整本书阅读有四个显著优势。第一，用专题研究引领整本书阅读，能够提纲挈领，以点带面，提高学生的认知水平，促进学生的深度理解，使学生学有专长。第二，专题教学以“研究”为核心，注重思维能力和思维品质的培养，有利于学生元认知的发展。一旦建构了一本或几本经典作品的研究经验，学生就可迁移运用，“一览众山小”。第三，专题教学强调读写结合，强调口头表达和书面表达结合，这有利于学生听、说、读、写等语文基本能力的综合、协调发展。第四，专题教学注重同伴合作、资源共享、争鸣讨论，且需要循序渐进地完成多种有挑战性的任务，有利于培养学生坦诚相待、沟通合作的能力和严谨求实、刻苦钻研的意志品质。这不仅是语文学科素养，也是跨学科素养，属于通过学科课程全面落实发展学生核心素养的总要求。当然，方法是死的，人是活的，教育是人与人之间的活动。有的教师用什么方法都能把书教好，有的反之。因此有必要说明，在教师水平相近或达到一定程度后，专题教学不失为一种“优选”。

三、课程环境的挑战

理论假设在实践中往往会变形和走样。教育工作者面对的现实环境错综复杂，好的想法得不到落实的情况屡见不鲜。因此，任何一项教学改革的落地都是多重因素综合作用的结果，需要革新者持之以恒地与环境互动，以增加成功的可能。具体到整本书阅读专题教学，一些课程环境方面的问题需要我们直面和正视。

当前语文必修课程使用的教材仍以单篇选文为主，整本书不是课堂教学的“主料”。大多数学校的课程设计还以课时为基本单位，“课时不够”是语文教师的普遍感受。学校教研以集体备课为主要手段，“取齐进度”是集体备课的重要内容。从我国教育改革的大环境看，未来很长一段时间里，语文课程的基本面大致还是如此。因此，教师个人从事整本书阅读专题教学，要获得教研组和备课组的支持，被允许不同班级的教学内容有选择、进度有先后、教法有个性。得到教研组和备课组的支持后，教师全体开展试验，还要进一步得到学校教学管理部门的支持。在这个环节上，专业权威和行政权威的分歧最为明显。教师作为“专业权威”，推进一项称得上改革的试验，必然是素质教育取向的。这种取向不排斥成绩、排名等功利目的，但希望获得成绩是素质发展的自然结果，不专门为成绩而去。教学管理人员作为“行政权威”，绝大多数口头上与

“专业权威”保持一致，心里则有自己的优先考虑，即成绩和排名。他们如果不能一目了然地看到这项改革与提高成绩之间存在“正相关”，就很难真心支持。语文学科是积累性、修习性很强的学科，语文学习的基本规律与当前考试命题的解题规律、评分规律并不完全一致，有时甚至是矛盾对立的。能“校准”二者的关系，用“素质”赢得“成绩”，对专业水平很高的语文教师来说都是一种挑战，何况是作为局外人的管理者？因此，洞悉个中因果并勇于赋权者凤毛麟角。

另有两个直接相关的因素，即同僚和家长。学校现行分科课程，任何学科有较大幅度的改革都会影响其他学科。学生精力有限，一个学科引发了学生的研究兴趣，他们对其他学科的投入就可能减少。为长远发展计，我们应该鼓励这样的改革：让各学科良性竞争，依靠吸引学生注意、促进其成长的科学方法争取更多的学习投入。但现实并不像理想那样丰满，一个学科的改革往往引来其他学科的非议，管理者为了“平衡”“维稳”，也会对改革者施压。这种情况在整本书阅读专题教学中很常见。家长对教学改革的影响更大，他们如果无法理解教师的行为，认为有可能影响考试成绩，就会想方设法来阻止。

教师的教学自主权受限于课程设置、学校管理和家长干预，不仅是体制问题，也是文化问题。鲁迅说：“中国太难改变了，即使搬动一张桌子，改装一个火炉，几乎也要血；而且即使有了血，也未必一定能搬动，能改装。不是很大的鞭子打在背上，中国自己是不肯动弹的。”今天的中国，功利化、碎片化、浅表化、娱乐化的阅读风气甚嚣尘上，对国民素质的提高、青少年的成长负面影响甚巨。在现实层面，还有很多家长、教育工作者和行政管理人员片面追求考试成绩，对即将到来的危机无觉察、无行动。想让大家“动弹”，恐怕还要像百年之前，一些“先醒的人”站出来，呐喊，启蒙，使勇者不惮于前驱。最早进行整本书阅读专题教学实践并有较大影响力的吴泓老师，从深圳一所原先教学质量较差的学校做起，坚持二十多年，已经形成了鲜明的教学特色，取得了丰硕的成果。一些高校老师长期推广整本书阅读教学和专题教学，组织教师上公开课、开研讨会、撰写案例集，耗费了很多心血。还有大批一线教师正在坚持不懈地探索和尝试。大家尽管对整本书阅读教学的理解和实施路径各不相同，但出发点和动机并无二致。

相比之下，我任教于学生基础好、课程文化相对开明的学校，阻力小一些。但在征得组织许可、同僚支持、家长理解方面我也做过大量努力。所幸有一点，学生自始至终坚定不移地支持我。有的教师动辄以学生基础差、能力不足为由，拒绝提高自己、改进教学，殊不知，在所有课程要素里，最具可塑性、最朝气蓬勃、最能接受新生事物、最有说服力的还是学生！我们有理由相信，教师如果能够凭借仁爱之心和扎实学识获得学生信赖，借课程改革之势积极争取课程空间，必将获得更大的教学自主权，语文教育也必将走出“人人如此，从来如此”的定轨。

《朝花夕拾》整本书阅读的育人立意

整本书阅读的课程化实施，离不开教师的引导。这种引导，不仅是激发阅读兴趣、规划阅读过程、设计读写任务、测评学习效果等教法的问题，还应有更上位的育人之思：我们究竟要通过经典名著的完整阅读，把学生引向何方、导向何处？用教育界的说法，就是“育人立意”。作为一种内隐的教育目的，育人立意是对“为什么而教”这一问题的总的看法和根本观点。教师把握育人立意，有利于凝练教学目标，精选教学内容，从而化解名著意蕴无限丰富与课程空间有限之间的矛盾，也有利于避免阅读指导的盲目和随意。

新版义务教育语文课程标准在整本书阅读学习任务群和《关于课内外读物的建议》中都以举例的方式提到了《朝花夕拾》[①]，推荐其作为教学书籍的用意是很明显的。然而，该书既有对故乡与童年的温情回忆，也有伤逝与离别引发的哀思，还有对传统文化的反省和对时人时事的议论，其事之杂、情之深、思之广，文体兼容性之高，风格独创性之强，远非一般意义上的回忆性散文可比。指导学生阅读这样一本“古今少有的散文集”[②]，应持有怎样的育人立意呢？以下结合该书整体特点和学生发展需要略加讨论。

---

① 中华人民共和国教育部．义务教育语文课程标准（2022年版）[M].北京：北京师范大学出版社，2022：33，64.

② 周作人．活无常与女吊[M]// 钟叔河．周作人散文全集：第十卷．桂林：广西师范大学出版社，2021:304.

一、“我”的存在与讲述：作为与鲁迅交友的媒介

《朝花夕拾》创作于鲁迅人生的重要转折期，当时人事扰攘与生活失序，使他陷入严峻的“中年危机”。1923 年前后新文化阵营的分裂和兄弟失和，1924 年以来“女师大风潮”引发的连串事端，早已使鲁迅失去寓居绍兴会馆时的寂寞宁静和“呐喊”时期的意气风发。到创作本书期间，他由于介入“三一八惨案”以及被学者们排挤，危机已加剧到难以承受却务必直面的地步。《小引》开头便说：“前几天我离开中山大学的时候，便想起四个月以前的离开厦门大学；听到飞机在头上鸣叫，竟记得了一年前在北京城上日日旋绕的飞机。”对一年之内频繁去职迁居的回溯，意在告诉读者他此刻的窘迫处境；而“纷扰”“芜杂”“离奇”“无聊”“虽生之日，犹死之年”等消沉、愤懑之语，则是他复杂心境的写照。作为主体意志极强的人物，鲁迅不能任由外部环境刺激而被动应对，他要静下心来沉思生命路向并重构生活秩序；“我常想从纷扰中寻出一点闲静来”，用意或在于此。

站在“危机—应对”的心理机制审视创作动机，《朝花夕拾》与大致同期的《野草》都是鲁迅“对于自我生命的一次深刻反省和彻底清理”①。《野草》着力于呈现与自剖当时的心灵剧烈挣扎，是一种“诗”的方式的“热”处理；《朝花夕拾》则在历时脉络下对精神变迁进行梳理与建构，是一种“散文”方式的“冷”处理。两者都是鲁迅有意识地对心灵世界进行自我审视与体认，在重整灵魂以后再出发的重要作品。② 这种对过往的再发现与再建构，可使生命焕发新的活力，恰如书桌上那盆“水横枝”，虽已是“一段树”，但“只要浸在水中”，“枝叶便青葱得可爱”。因此，作为整本书的《朝花夕拾》与单篇大不相同。单

① 张洁宇．审视，并被审视——作为鲁迅“自画像”的《野草》[J]. 文艺研究，2011(12):67—76.

② 刘彬．“腊叶”的回眸——重读鲁迅《朝花夕拾》[J]. 文艺研究，2020(1):91—100.

看《阿长与〈山海经〉》《父亲的病》《藤野先生》《范爱农》等文时，读者的注意力常因题目和内容的缘故落在鲁迅的交往对象上，而整本书中却始终有个鲜活的“我”，“我”的经历、感受与个性共同构成了整体性意义理解的一条主线。

《朝花夕拾》讲述了“我”的童年、少年和青年故事，透过这份“行状”，读者可以渐次知晓“我”在成为鲁迅之前的主要经历和生活圈子。尽管某些细节因为记忆偏差或有意“诗化”，而“与实际内容或有些不同”，如拇指大的隐鼠能否发出“数钱”声①、父亲咽气前让“我”叫魂的究竟是衍太太还是阿长②、“幻灯片事件”是否如其所述③等；尽管另有影响重大的要事，出于种种原因并没有作为“朝花”被检视，如1906年归国与朱安成亲等，但观其大略，《朝花夕拾》的时空脉络与成长事件具有重要的文献价值，可作为中学生了解鲁迅半生事迹的“信史”和较完整的“断代史”。

《朝花夕拾》袒露了“我”丰富的情感世界，是一部记录快乐痛苦、感激思念、迷茫忧惧、羞耻愤怒、挣扎无助等情绪体验的心灵史。这在鲁迅自己，或要反顾“旧来的意味”以暂得慰藉，又或重拾年轻的激情以摆脱中年落寞；但给读者的印象是，“民族魂”的严肃与崇高被弱化了，有情有欲的普通人形象得以彰显出来。他与你、我一样，童年时爱与小动物做伴，爱到园子里尽情玩耍，听大人讲故事时会信以为真，得到心爱的“宝书”后会激动到“全体震悚”，甚至也经历过被父亲大煞风景地“拷问”，像深秋的蟋蟀一样悲鸣。他与你、我一样，受冤枉时“便连自己也仿佛觉得真是犯了罪”，同人争吵后也有“中国不革命则已，要革命，首先必须将范爱农除去”的愤怒，而凡给予关爱或施以援手的，不论是女佣阿长还是教授藤野，他都会报以刻骨铭心的感念。

① 周作人．鼠数钱[M]// 钟叔河．周作人散文全集：第八卷．桂林：广西师范大学出版社，2021:274—275.

② 周作人．父亲的病[M]// 知堂回想录（上）．石家庄：河北教育出版社，2002:37.

③ 渡边襄．幻灯片事件的事实依据与艺术加工[M]// 北京鲁迅博物馆鲁迅研究室．鲁迅研究资料16．天津：天津人民出版社，1987:186—200.

凡此种种，都是中学生得以平视鲁迅并与之共情的文本资源。

《朝花夕拾》在回忆中审视并确认了“我”的个性。个性是区别于他人的相对稳定的思维方式和行为模式，它在一次次选择与行动中被塑造，又深刻影响着每一次行为选择。人只有充分认识自我，知道自己是什么样的人，才能自我悦纳，坦然而坚定地前行。论者普遍认为《朝花夕拾》对记忆的选择具有典型化特征，这是无疑的；但说其选择标准只是往事本身的重要程度，却失之偏颇。从主体情愫上看，本身并不重要但对于自我发现至关重要的往事，同样被纳入了选材视野。以《狗·猫·鼠》而论，痛失所爱的事情时有发生，但有几个孩子会因此从家养的花猫起手，逐渐把复仇推广到“凡所遇见的诸猫”呢？更有甚者，后来得知猫不是真凶，“但和猫的感情却终于没有融和”。凭借这件小事，鲁迅完成了对性格心理的追索：当我失掉了所爱的，心中有着空虚时，我要充填以报仇的恶念。这种近乎偏执的复仇过去施之于猫，作此文时便施之于攻讦他的“名人或名教授”，甚而散见于后续多篇，直写到《藤野先生》时还不忘在结尾处敲打“正人君子之流”。鲁迅写这些文字时并没有该不该仇猫、该不该穷追猛打的纠结，他只是欣喜于自己仍葆有当年的脾气，字里行间充溢着“这就是我”的快意。这样一来，“朝花”中的每个“昨日之我”与“夕拾”的“今日之我”，便因个性的内在一致性合成一个本体意义上的“我”：“我”永远对未知世界充满好奇，小时候问寿先生“怪哉”时如此，而今“汗流浃背”剪切旧插图作《后记》时亦如此；“我”厌恶一切烦琐规矩，小时候与长妈妈交往时如此，去日本留学见人揖让不休时亦如此，而今别人因各种“礼式”而打扰“我”时“我”还如此。鲁迅在记忆的海边拾贝，看见自己历尽艰苦却从未被社会改造或驯化的秉性；中学生亦可由此加深对鲁迅个性的理解，看到的无论是独立思考、行动果决，还是爱憎分明、愤世嫉俗，尝试理解的行为本身，都是走进这个“有趣的灵魂”的必由之路。

《朝花夕拾》超越了传统散文的“独语”形式，追求的是对话与沟通。而鲁迅为自己选择的“隐含读者”，是同他一样对于人生、生命有着真诚信念与态度但又多少还存在着某些疑虑的人，确切地说，则是当时那些愿意接近鲁迅、愿意与鲁迅交流的青年人。证据便是：第一，《朝花夕拾》的大部分篇章都充满亲切、和蔼的叙述态度，具有鲜明的“讲述性”；第二，鲁迅在亲切地叙述之余还不时与读者交流、沟通，时刻注意读者的知识基础与即时的反应，以便适当予以补充、调整。[①] 可见，鲁迅尽管对“负有指导青年责任的前辈”嗤之以鼻，但仍然热切地希望成为青年的朋友，而本书就是他抛出的一枚“橄榄枝”。

《朝花夕拾》诞生已近百年，作为“每一个民族都不多”的“具有原创性的、民族思想源泉性的思想家、文学家”[②]，鲁迅其人其文对于当代青年和中国社会的价值意义，早已无须赘言。但是，在当代青年特别是本文关注的中学生们中，还有多少人愿意接近鲁迅、愿意与鲁迅交流呢？造成此种状况的原因极为复杂，仅从语文课程内部来说，不是鲁迅选文数量偏少——事实上，新中国成立以来，教材中的鲁迅作品始终保持高位——而是我们在使用这些作品教学时，没有把引导学生真正成为鲁迅的“朋友”当成一个重要的教育目的。一方面，鲁迅的生平经历被压缩或肢解为讲解课文的背景材料，不但是残损的和碎片化的，而且像简历一样，是概括性和条目式的。另一方面，我们不断强调鲁迅思想家、革命家的身份，把教学重点放在鲁迅思想的深刻性和先进性上，更多从理性而非感性的角度、从仰望而非对话的角度解读，其结果必然是对鲁迅印象的刻板与僵化。试问哪位中学生会喜欢一个有履历却没故事、有思想却没感情、有成就却没个性的作家呢？

《朝花夕拾》中“我”的形象，让鲁迅从伟人面相中挣脱出来，由意义繁

① 李怡.《朝花夕拾》：鲁迅的“休息”与“沟通”[J].首都师范大学学报（社会科学版），2009(1):103—108.

② 钱理群.和中学老师谈鲁迅作品教学[J].鲁迅研究月刊，2012(1):4—17.

复的价值符号化作具体可感的真人。学生阅读此书，可知其成长故事，感其喜怒哀乐，懂其脾气秉性。而“我”的讲述，比《〈呐喊〉自序》更详细，对学生来说也比《野草》易懂、比通信和日记更生动。以《朝花夕拾》整本书阅读为媒介，引导学生熟悉鲁迅、亲近鲁迅、理解鲁迅并和他成为某种意义上的“忘年交”，不仅契合该书的特点，对促进学生自觉继承鲁迅的精神遗产而言，也大有裨益。

二、对人生经验的超越：用鲁迅之“思”启智增慧

作家撰写回忆性散文，总是一边回顾人生，一边超越见闻经历的时空局限，借所历传达所思。而思想性越强的作家，其忆中所思的成分和养分越丰饶。王瑶先生早就提出：“为什么在斗争特殊困难的时候鲁迅要写这么一本以回忆往事为内容的散文集呢？除了反顾所走过的生活‘道路’之外，更重要的原因是，鲁迅觉得把这些自己感受最深的经历写出来，不仅是个人的事情，而且对青年人有重大的现实意义……而且正因为是‘重提’，说明经过时间的考验，作者对它的认识和理解也已经深化了，它就更应该引起人们的思索和重视。”[①]然而，学生理解书中思想的难度很大，原因之一是“思”的载体形式复杂多样。这是由回忆性散文以叙事为主，综合运用多种表达方式的特点决定的，也深受鲁迅“杂文式”表达习惯的影响。对此，我们不妨基于所思与篇章整体的关系，将其分为“主旨之思”与“信笔之思”。

散文与其他门类的文学作品一样，都是“美学整体”[②]，故无论“散”到何种程度，作者总要表达某种相对集中的情思，只是有时概括出来，放在文中某处；有时刻意不讲，以求“言有尽而意无穷”。书中的概括性主旨之思所在多有，

① 王瑶．论鲁迅的《朝花夕拾》[J]. 北京大学学报（哲学社会科学版），1984(1):14.

② 童庆炳．文学语言论[J]. 学习与探索，1999(3):103—110.

像《藤野先生》末尾说到藤野为人为学的品质及其对“我”的激励，是容易被发现的；有些被置于叙述节点，则须留心注意。《二十四孝图》谈及“老莱娱亲”时说：正如“将肉麻当作有趣一般”，以不情为伦纪，污蔑了古人，教坏了后人。“以不情为伦纪”，把前文“卧冰求鲤”中不近人情的自我牺牲和后文“郭巨埋儿”中更加不近人情的牺牲儿童全都囊括进来，完全就是这本书的病根儿。纵观全文，鲁迅正是通过“常情”儿童在阅读“不情”之书时的反感与恐慌，来表现极端孝道之伪、之害及其必然无法令儿童诚服践履的命运的。抓住这句话，也就从正反两面把握了文章主旨。《琐记》拉拉杂杂从绍兴生活直写到日本留学前夕，主要讲青年时代在南京两所学堂求学的经历，而统摄这段经历的思考，是叙罢少年事后的那句“总得寻别一类人们去，去寻为S城人们所诟病的人们，无论其为畜牲或魔鬼”。决绝地“寻别一类人们去”，是青年鲁迅开辟新生活、拥抱新思想的宣言，后文凡对校风、学风的回忆与评判，都是以“寻”的目光、以是否属于“别一类”为标准做出的。故《琐记》之“琐”只在所记之事，主旨则是一以贯之的。主旨之思隐而不显的情况也很常见，需要读者以更积极的心态参与意义建构。例如《五猖会》，写到“我至今一想起，还诧异我的父亲何以要在那时候叫我来背书”便戛然而止了，鲁迅并非真想不通，他只是寄望于读者的思考。我们可将其归因为代际隔阂造成的沟通困境；也可认为“父亲无非是要以‘背书’来压灭‘我’的‘笑着跳着’，因为这种活泼不合于传统教育观念对孩子应温文尔雅的要求”[①]；还可认为父亲的做法源于世代承袭的功利主义教育观，即把游戏、娱乐等满足儿童天性的东西作为学业达标的奖赏。

鲁迅之“思”也有旁逸斜出的一面，他不仅对作为主要回忆对象的“旧事”有所思，对后来发生的芜杂“近事”亦有所思，还插入了大量关于中外历史、风俗、著作和人物言行的议论。《狗·猫·鼠》开篇的“仇猫”事件发生

① 刘彬．“腊叶”的回眸——重读鲁迅《朝花夕拾》[J]．文艺研究，2020(1)：91—100.

于 1925 年;《二十四孝图》对“反对白话，妨害白话者”的连番诅咒，是从文学革命之初便积累起来的义愤;《琐记》提到“螃蟹态度”时，不禁想到在教育部任职期间的见闻;《范爱农》写到孙德清腿上的伤，顺手便把 1926 年孙传芳禁止美术学校采用裸体模特的事写了进来……鲁迅的思维异常活跃，由此及彼的联想往往能促成由表及里的洞见，也使文章有收放自如的风味。这些信笔之思，我们结合背景材料不难读懂，但要注意它们与主旨之思的关系。有些看似无关，内涵却高度吻合，如诅咒“妨害白话者”，盖因其“能使全中国化成一个麻胡，凡有孩子都死在他的肚子里”；与对《二十四孝图》的批判一样，思想内核都是“救救孩子”。有些涉笔成趣，与主旨之思并无显著关联，如教育部职员的“螃蟹态度”“孙传芳大帅的禁令”等。

学生理解鲁迅之“思”的另一个难点，是从内容层面对书中思想做整体性概括，这是由鲁迅之“思”维度多、范围广且附于具体事件之上等特点决定的。有学者认为该书“描写了一个典型的中国人的教育成长过程”，遂挖掘“教育成长主题”[①]；有学者根据不同篇章的内容，划分出“成长的困惑”“对人性的洞察”“存在之思”等主题[②]。类似的研究对整体把握颇有启发，但这些框架性阐释，本身往往带有学者的主观倾向，对“散珠碎玉”般遍布全书的鲁迅思想而言也往往挂一漏万。所以，教师指导时不宜先用某种框架结论束缚学生，应先逐篇读懂主旨之思和信笔之思，再总结各篇主旨及“思想碎片”间的共性，最后帮助学生建构分析框架并做出自洽阐释。

在语文教学中，从文本意涵层面发现并整合作者所思，可以提高学生的学科认知水平；从终身发展来看，更重要的还是考察作者的思维特点与思想方法，

① 陈思和．作为“整本书”的《朝花夕拾》隐含的两个问题——关于教育成长主题和典型化 [J]. 杭州师范大学学报（社会科学版），2021，43(1):49—60.

② 郑家建，赖建玲．若有所思——《朝花夕拾》的审智意义 [J]. 中国现代文学研究丛刊，2011(10):117—127.

用以启智增慧。以《朝花夕拾》而论，人人皆有回忆，何以鲁迅能得出如此之多、如此之深的思考呢？

其一，从童年时代起，鲁迅就对生活有一种“作家式”的观察。这种观察是主动和自觉的，也是细致入微和饱含感情的，从他对隐鼠、对百草园的细腻描写中，从他对儿时读书感受的清晰复现中，都可以得到确证。这样一来，“小鲁迅”就为中年鲁迅提供了思考的原材料。这些融入了生命体验的第一手资料，可使作家“在心灵的大幕上清楚地还原当时的环境和情感，一点杂质也没有”①，故对人的思想建设弥足珍贵。

其二，鲁迅从不默认自己所经历的一切都是正确的或应该的，即便是对“从来如此”的事情，他也要保持独立的思考，特别是批判性的思考。这一点在他儿时对长妈妈、对庭训、对童蒙读物、对江湖医生的态度中已经显露出来，求学期间更是直接体现在对新式学校、中国留学生和“幻灯片事件”的看法上，归国后则表现为对辛亥革命的认识。拿童年故事来说，王瑶先生有精辟论述：“如果分析《朝花夕拾》的思想性，我以为首先它是以儿童的天然的、正常的兴趣和爱好作为对人和事的评价尺度的，它提供了一个关于风俗、琐事和人物的美丑的价值观念。”②在处处扼杀儿童天性、扭曲人的正常的兴趣和爱好的环境下，能够坚持这样的“评价尺度”，不正说明其思维倾向具有独立性和批判性吗？

其三，鲁迅对往事的回眸带有强烈的国族意识，或者说国族意识一直是他成长的驱动力，在回眸中才清晰显露出来。书中频繁出现“中国”二字是有力的证明：“中国的做文章有轨范，世事也仍然是螺旋。”（《小引》）“其实这方法，中国的官兵就常在实做的。”（《狗·猫·鼠》）“另想到别国的儿童用书的精美，自然要觉得中国儿童的可怜。”（《二十四孝图》）“凡是神，在中国仿佛都有些

① 李长之.《红楼梦》批判[M]// 李长之文集：第7卷.石家庄：河北教育出版社，2006:144.

② 王瑶.论鲁迅的《朝花夕拾》[J].北京大学学报（哲学社会科学版），1984(1):14.

随意杀人的权柄似的。”（《无常》）“听说中国的孝子们，一到将要‘罪孽深重祸延父母’的时候，就买几斤人参，煎汤灌下去。”（《父亲的病》）“可见螃蟹态度，在中国也颇普遍。”（《琐记》）“中国是弱国，中国人当然是低能儿。”（《藤野先生》）“我们中国人即使对于‘百行之先’，我敢说，也未必就不想到男女上去的。”（《后记》）……类似的话语还有很多，至于未提“中国”而所论为中国历史、文化与国民性者就更多了。这些“中年语”，与立志学医及为改造国民精神弃医从文等“少年事”一样，都体现着鲁迅对“吾国与吾民”的关切。此外，鲁迅常把人我际遇放在国家民族的视域下写。如《范爱农》在辛亥革命的历史洪流中审视故友的人生浮沉，“范爱农的死，成了对一个时代、一种人生的哀切的祭奠”①。必须强调，鲁迅的国族意识建立在对本民族文化的反思与批判上，对外来文化则抱有“拿来主义”态度：他欣赏外国的童书，赞成西医的理念，对藤野先生感念至深，这些都与狭隘民族主义者大不相同。

比学习鲁迅思想更紧要的，是学会像鲁迅一样思考。钱理群说，鲁迅对我们的中学生和教师最大的作用，就是他的作品使我们变得“大气”和“深刻”——这是人的精神的大气和深刻，也是教学境界的大气与深刻。②在《朝花夕拾》整本书阅读中，读懂鲁迅“所思”并叩问其“所以思”，用于和学生一起反省和改造当下的教育生活，或是拥抱“大气”与“深刻”的方法。

三、胸中丘壑，笔底波澜：促进散文创作观的革新

和思想一同受限的，还有青少年的创作才华。在语文教学中，学生写文章有明确的体例要求，择要可分为记叙文、议论文与实用文等。这种文类划分并非完全依照文体学本身的逻辑，而是将文体学研究转化应用于学科教学，并在

① 杨义.《朝花夕拾》的生命解读[J].海南师范大学学报（社会科学版），2014，27(1):1—17.

② 钱理群.和中学老师谈鲁迅作品教学[J].鲁迅研究月刊，2012(1):4—17.

现代语文课程的百年演进中逐渐固化下来。作为约定俗成的教学知识，该分类自有其合理性与可行性，但随着文类的固化，文章作法逐渐被视为一种确定性知识与文类绑定在一起，则是需要警惕的。我们承认，教学生以某类文章的作法，可使其在开笔阶段有法可依，但也要看到长期的格式化教学必将束缚创造力的发展。而且在实践场域中，教师总结应用的“文法”有时缺乏学理思考。如小学记叙文要求写“真人真事”，但对“真”的定义不是叙事学层面的“可信性”，而是对已发生事件的复刻，这就导致作文的情感内核、意义内核大量流失或得不到充分表现。教师甚至为迎合应试之需，置文章学规律和写作能力培养规律于不顾。如为便于阅卷人打分，中学记叙文常要求“卒章显志”，这种写法在特定情形下偶尔用之并无不可，但篇篇如此，就让本该“作者自己不说话”[①]的文章索然无味了。总之，我们教学生写文章，特别是写记叙文、议论文等可以被归为传统意义上“散文”大类的文章时，过于强调“入格”却不重视“破格”，而所入之“格”，往往又是不够科学的、短视的。想有所改善，教师对文章作法的总结与提炼，必须从语文教育界文类划分的“小圈子”里跳出来，从考场作文的“新八股”中跳出来，放眼中外伟大作家的典范作品，引导学生在阅读与鉴赏中革新散文创作观。

《朝花夕拾》是鲁迅自认的“五种创作”[②]之一，对写惯套版文章的中学生而言，在“破格”——也就是独创性方面，是极具冲击力的。其一，《朝花夕拾》一改传统文集、文选的松散组合方式，有“完整构思”和“通盘考虑”[③]。这不仅表现在“旧事”本身的历时性脉延上，更表现在鲁迅刻意安排的内在联系上。长妈妈是《阿长与〈山海经〉》的“传主”，先于《狗·猫·鼠》文末伏下，又在《五猖会》中闪现，使前几篇在生活氛围上浑然一体。《从百草园到三味书

① 夏丏尊，叶绍钧．国文百八课：第一册[M].北京：人民教育出版社，1985:37.

② 鲁迅．鲁迅全集：第4卷[M].北京：人民文学出版社，2005:468—469.

③ 王瑶．论鲁迅的《朝花夕拾》[J].北京大学学报（哲学社会科学版），1984(1):14.

屋》写于厦门大学，距《无常》的创作相隔三个月，鲁迅在文中插叙长妈妈讲美女蛇的故事，以此与前文勾连，亦借百草园生活隐括儿时的童心童趣。这些是以“人物”为纽带。《阿长与〈山海经〉》写到童年爱书的特点，《二十四孝图》便说到最早接触、为他专有之书；《五猖会》提到迎神赛会，笔墨却终结在观看之前，《无常》便专门写戏台演出的情形；在《父亲的病》中，找药引时特意写道“最平常的是‘蟋蟀一对’……但这差使在我并不为难，走进百草园，十对也容易得”，由此连接上篇百草园中的故事。这些是以“事件”为纽带。《二十四孝图》批判读书教育，《五猖会》沿着教育主题反思家庭生活。这是以“主题”为纽带。《藤野先生》开头一句是“东京也无非是这样”，何来“也”呢？就是针对《琐记》中的情况说的，也说明鲁迅把国内求学时那种“寻”的眼光带到日本了。这是篇章首尾的衔接。另外，《小引》和《后记》也是意趣盎然的散文，对全书起到了画龙点睛的作用：《小引》用抒情性语言交代写作背景、动机、书名和内容；《后记》像学术散文，不仅考辨讹误、寻找插图，也拓宽了思想范畴。有了这些系统性的思考和安排，整本书便如远山近水，勾连相属，又似鱼跃鸢飞，错落有致。其二，《朝花夕拾》在文体创变上展现出不拘一格、为我所用的魄力。《小引》自道“文体大概很杂乱”，此句可与《〈呐喊〉自序》中“每写些小说模样的文章”对看——貌似谦抑，实含创造文体范式的自觉，即根据“我”的性情、“我”选择的读者对象、“我”要表达的内容，建构适合“我”的体例，以“将自己的个人底人格的色采，浓厚地表现出来”。[①]具体来说，1926年的鲁迅边回忆边战斗，这些表达需要和“好斗”性格，使他把杂文笔法嫁接在散文上，要么“以论导叙”，要么“叙中夹议”；鲁迅的小说家气质，使他对“真实”的理解保持在艺术的、审美的高度，由是将小说笔法移用到散文之中，在人物刻画、场面描写和对话展现上力求传神。青年读者看《朝花夕

① 厨川白村．苦闷的象征出了象牙之塔[M]．鲁迅，译．北京：人民文学出版社，1988:113.

拾》，尽可享受与这位爱发议论、会讲故事、博学幽默的朋友的交流，至于是何“文体”，大家满不在乎，这恰是鲁迅所要的效果。而学界对书中作品究竟是杂文还是散文、是散文还是小说的一些考辨，乃囿于“文有定体，体有定法”的成见，反而把鲁迅的胸襟看得小了。

体例的创新不等于行文运笔的信马由缰，越是自成一家的体例，越需要在布局谋篇、语言运用上法度谨严。唯其如此，献给读者的才是真正的艺术品，而非七拼八凑的糟粕。关于布局谋篇，鲁迅曾说：要锻炼着撒开手，只要抓紧辔头，就不必怕放野马，过于拘谨，要防止走上“小摆设”的绝路。[①]“辔头”就是文章的“立意”，亦即写作目的，只要把这个问题想清、抓牢，内容上尽可自由一些。《朝花夕拾》每篇都有这样的“辔头”，但“抓法”各不相同——前面论及《二十四孝图》《琐记》时已有涉及，这里单说一旦抓住这个“辔头”，“野马”可以“放”到什么程度。《五猖会》先写家门口看赛会的情况，再写《陶庵梦忆》对赛会的记载，又写亲见的一次“较盛的赛会”，才终于写到“要到东关看五猖会了”。这时行文近半，读者的注意力全在赛会上，哪知接下来写的全是行前“背书”，到东关看五猖会的感受，只用一句“对于我似乎都没有什么大意思”作结。这种写法乍看犯了“文不对题”的大忌，至少是主次不分、详略不当的，但我们揭开谜底，找到反思家庭教育这个“辔头”以后，再回看前半部分，就可发现前文的写作重点原非赛会，而是“我”对赛会的盼望。“孩子们所盼望的”“我常存着这样一个希望”“谁能不动一看的雅兴呢”“我那时觉得这些都是有光荣的事业，与闻其事的全是大有运气的人”……这些句子早已安插妥当，只待与“我”的失望形成对照，以突显不合时宜的“背书”对“我”的伤害之深。类似的情况还有很多，我们从中能够找到“抓紧辔头”的方法，也可窥见鲁迅“放野马”的胆量。关于语言运用，《朝花夕拾》用词之

---

① 李霁野．漫谈《朝花夕拾》[J]. 人民文学，1959(10).

精当、句群逻辑之严密、语言表现力之丰富，甚至连新式标点符号的使用，都是经得起逐字逐句的推敲的。但这并非《朝花夕拾》所独有，而是鲁迅作为文章山斗，在他的全部作品中表现出的共同特点，这里也就无须列举了。总之，与文集架构和文体创新的“破格”相对的，是鲁迅在具体写作实践中的“入格”，而他所表现的入之“格”，是纵横捭阖的文章高格，也是字斟句酌的语用品格。

经典的价值不在于供人膜拜或模仿，而在于为人类的精神和言语树起标杆。用之于教育，首先是提高学生的审美格调，其次是潜移默化地影响其创作观念。因此，《朝花夕拾》整本书阅读不能只在细碎处品鉴语言艺术，还要从创造性与规范性的统一上整体考察文章作法及其背后的创作理念，特别是那种“不拘于史法，不囿于字句，发于情，肆于心而为文”[①]的气魄。这对革除写作教学的积弊至关重要。

四、余论

以上从《朝花夕拾》作为“文学自传”[②]、思想结晶和艺术典范等维度，谈了整本书阅读应有的育人立意。这些育人立意的实现，需要教师结合学生实际设计综合性学习任务，也需要教师在教学过程中耐心细致地指导。本文之所以不谈这些操作方法，是基于对语文教学的基本认识——当我们真正想清楚“为什么而教”时，“教什么”和“怎么教”都是不言自明的。这也是本文强调育人立意的重要性的原因所在。

推而广之，如何准确把握某本名著的育人立意呢？我认为有三点。第一，梳理学界对该书整体特点的基本认识，作为明确育人立意的学理依据。这里的“学界”不是指教育学界，而是指语言学、文学、文艺学等关涉“语文”本身

---

① 鲁迅．鲁迅全集：第 9 卷 [M]. 北京：人民文学出版社，2005:435.

② 辜也平．论传记文学视野中的《朝花夕拾》[J]. 鲁迅研究月刊，2009(11):24—29，68.

的学科。第二，面向未来，站在国家民族需要什么样的青年的立场上，审视语文教育的应为与可为，特别是要关注当前还做得不够充分、不够合理的地方。第三，探寻两者的“交集”，即书中确实存在着某些独特的育人价值，语文教学应该利用也可以利用，而且用过以后会发现这种做法比过去一些普遍做法更有利于学生成长成才。搞清楚这些问题，育人立意也就明朗起来了。

怎样看待《呐喊》的批判性？

——基于整本书阅读教学的视角

一、问题的提出

《呐喊》是我国现代文学史上里程碑式的作品。小说集诞生近百年来，无数作家从中汲取了思想和艺术的养分，不同时期的教科书也从中选文，作为学生学习的材料。《普通高中语文课程标准（2017 年版 2020 年修订）》把“整本书阅读与研讨”纳入课程内容，不管从哪个角度、根据什么标准遴选教学书籍，《呐喊》都当之无愧地名列前茅。

从落实课程标准的角度出发，学生怎样读《呐喊》才算“达标”？第一个挑战是怎样读懂、读透《呐喊》中的每篇作品。《呐喊》收录了鲁迅从 1918 年 4 月到 1922 年 10 月创作的 14 篇小说，加上写于 1922 年 12 月、用以开宗明义的《〈呐喊〉自序》，共 15 篇。这些作品单独来看都是自足的，小说自不必提，连《〈呐喊〉自序》也可以被看作文质兼优的散文。只有分别理解这些作品的内容、结构及创作意图，才能具备把握《呐喊》整本书的认知基础。鲁迅把它们结集成书，总名之为《呐喊》，等于为自己的创作实践做了一次“小结”。可以说，《呐喊》反映了鲁迅在新民主主义革命伊始的思想倾向，是他积蓄多年、压抑许久的个人情感的总爆发。篇章之间存在持之以恒的思想探索、断续衔接的情感脉络和一以贯之的艺术追求，这些内在联系让《呐喊》构成了“组图”“群像”“园林”一样的宏大景观，使读者得以从更深层次上走进鲁迅的精神世界，从更高站位上欣赏这部文学名著，甚至为当代青年经《呐喊》而接触

《鲁迅全集》，因鲁迅而重塑人生观、价值观提供了可能。因此，第二个挑战也是一切“文集型”整本书阅读要共同面对的：怎样读出篇章的内在联系、读出整本书的“整”来？从思想内容上看，《呐喊》篇章的内在联系是说不尽的。本文取其大者，通过对重要课题的讨论，启发读者探索和发现其他课题，这一课题就是“怎样看待《呐喊》的批判性”。

“批”，《说文解字》释为“反手击也”，指一种将对象置于对立面的攻击性、排斥性、给人以痛感的动作行为①；“判”者，分也，有决断、裁定的意味。批、判连用，意为“对错误思想言论或行为做系统分析，以给予驳斥和否定”②。《呐喊》之中，除《社戏》整体上呈现出明亮的色调、蕴含温暖的情绪外，余者虽题材不同、主旨有别，但在叙事内容上都或多或少带有批判色彩，其中一些甚至沉重、压抑，令人窒息和绝望。“批判性”即指这种蕴于全书的普遍而浓烈的思想倾向。

正确看待《呐喊》批判性的由来、表现教师以及鲁迅本人对批判所持的态度，对教学实践具有重要价值。

第一，批判性是鲁迅作品撕之不去的标签。赞成鲁迅的，说他毫无奴颜和媚骨③，说他的作品是“匕首”和“投枪”，直刺敌人的要害。④反对鲁迅的，说他爱骂人，是“刀笔吏”，是“绍兴师爷”，善于罗织人的罪名。凡有人招惹到他，他总要“跳到半空里，骂得你体无完肤——还不肯罢休”。⑤连鲁迅自己也承认：“在中国，我的笔要算较为尖刻的，说话有时也不留情面。但我又

---

① 张未民，赵强．中国文学的“批评”问题——“批评”与“评论”的百年“语用”纠葛及其所见时代风尚[J]．中国现代文学研究丛刊，2013(9)：11—40.

② 倪文杰，张卫国，等．现代汉语辞海[Z]．北京：人民中国出版社，1994:705.

③ 毛泽东．新民主主义论[M]//毛泽东选集：第二卷．北京：人民出版社，1991:698.

④ 茅盾．联系实际，学习鲁迅：在鲁迅先生诞生八十周年纪念大会上的报告[J]．文物，1961(10):18—21.

⑤ 陈西滢语，转引自鲁迅．华盖集续编·不是信[M]//鲁迅全集：第三卷．北京：人民文学出版社，2005:242.

知道人们怎样地用了公理正义的美名，正人君子的徽号，温良敦厚的假脸，流言公论的武器，吞吐曲折的文字，行私利己，使无刀无笔的弱者不得喘息。倘使我没有这笔，也就是被欺侮到赴诉无门的一个；我觉悟了，所以要常用。”① 当然，这些他评、自评不全指“呐喊”时期，更多指20世纪20年代中期鲁迅陷入种种“风潮”“论战”后的表现。但人的行为具有一贯性，《狂人日记》发表时鲁迅业已38岁，人生观、创作观已相对成熟。与后期杂文相比，《呐喊》只是不针对现实生活中的人和事，批判方式也不是剑拔弩张、你来我往的论战，但批判的深度与广度并不逊色。读懂《呐喊》的批判性，也就读懂了《呐喊》大半，读懂了鲁迅一生最重要的标签。

第二，当今时代，延续千年的“吃人”礼教已在形式上被涤荡干净，仅从生活表象上把今天的中国与《呐喊》中的旧社会做简单的连线、对比，则新时代是天堂，旧社会是炼狱，《呐喊》的批判似应随着对象的消亡而沉寂。鲁迅也多次表达过希望自己的文章“速朽”的观点②，因为只要批判文章价值尚存，就说明批判内容还如跗骨之疽，而作为战士，“与汝偕亡”才是最好的归宿。遗憾的是，鲁迅批判的绝大多数东西都在随社会发展而“进化”，以更高级和更隐蔽的形态存在着。我们不读鲁迅，很难感受到；读了鲁迅，也未必就能感受到，但至少还留有一个感受的机会。站在“立德树人”的高度，让青少年多读鲁迅，理解和感知他因何批判、批判什么以及他批判的东西是如何顽固地存在于当下、存在于身边、存在于自我的，再把这份沉甸甸的感触扛在肩头，脚踏实地地做点事情，则将来也未必就没有创造一个让鲁迅作品“速朽”的社会的可能。

第三，中学生普遍地并不爱读鲁迅。究其原因，不全是因为文字艰深或背景知识多；思想内容太沉重，放眼皆是批判与反思，也是其重要方面。很多学生就表示，课业负担已经很重，实在不愿再“自讨苦吃”。身为教师，我们要

① 鲁迅．华盖集续编·我还不能“带住”[M]//鲁迅全集：第三卷．北京：人民文学出版社，2005:260.

② 鲁迅．阿Q正传[M]//鲁迅全集：第一卷．北京：人民文学出版社，2005:512.

使学生成为他们应该成为的人，就有必要引导学生认真阅读《呐喊》这样的为人生、为社会的严肃文学，并在他们抵触的地方辟出一条道路来。

二、《呐喊》批判性的由来

《呐喊》的批判性首先源于鲁迅这一创作时期的社会环境和特殊使命。“五四”前后，中国社会的主要命题是救亡图存。“五四”以前，仁人志士把能想到的道路都尝试过了：洋务运动在技术上学西方，失败了；维新变法、辛亥革命在政治体制上学西方，也先后失败。结果就是，国家虽然在辛亥革命之后号称“民国”，但半殖民地半封建社会的性质没变，人民的苦难没有得到缓解，时刻面临亡国灭种的危机。鲁迅在《〈呐喊〉自序》里形容当时的情况：好比“一间铁屋子，是绝无窗户而万难破毁的，里面有许多熟睡的人们，不久都要闷死了”。这时，陈独秀等知识分子另辟蹊径，以民主和科学为武器，对封建思想发起猛烈攻击，1915 年创刊于上海、1917 年迁到北京的《新青年》是其主阵地。在《狂人日记》发表之前，《新青年》已经刊发了大量批判性文章，有启迪青年“冲决过去历史之网罗，破坏陈腐学说之囹圄”[①] 的，有关于帝制与共和的优劣之争的，也有批判孔教的。可以说，在新文化运动的核心圈，批判性是一种集体特征。而所有批判之中，最有力的、直击要害的是对文言文的批判。语言是思想的载体，死的语言写不出活的文学，启蒙大众要从根本上下手，用语言革命解放人的思想。但喊口号易，搞创作实践难，没有像样的作品，白话文运动就是纸上谈兵。胡适晚年演讲时说：“当时大家都主张白话，可又都不擅长文学创作。只有周氏兄弟，尤其周树人在这方面有本领，于是大家动员他来写。”鲁迅在《〈呐喊〉自序》中也说道：“他们正办《新青年》，然而那时仿

① 李大钊．青春[J].新青年，1916，2(1).

优秀的教师首先是读书种子，他了解名家大作的灵魂和气质；同时也一定是教育专家，能洞察学生的认知规律。时间、书籍和学生，如同三股丝线，在教师手中编织成锦绣蓝图，引领教学实践从容不迫、张弛有度地展开，这是整本书课程方案应追求的境界。

佛不特没有人来赞同，并且也还没有人来反对，我想，他们许是感到寂寞了。”不难看出，当时的鲁迅和《新青年》诸公在启迪民智的方向及路径上是一致的，但鲁迅在这个群体中承担的主责，不是写那些直抒胸臆的檄文，而是拿出与“主将”们鼓吹的观点相匹配的文学作品，以撑起白话文的“大厦”。

然而，如果没有深沉的内在动机，仅凭才华“临危受命”，鲁迅也不能写出那么多产生轰动效应的杰作。《〈呐喊〉自序》开篇说：“我在年青时候也曾经做过许多梦，后来大半忘却了……而我偏苦于不能全忘却，这不能全忘的一部分，到现在便成了《呐喊》的来由。”读者多以为这段话只是一般的开头，它实则是解读《呐喊》的一把钥匙。鲁迅年轻时做过的始终不能忘却的“梦”有两个。一是“卒业回来，救治像我父亲似的被误的病人的疾苦，战争时候便去当军医，一面又促进了国人对于维新的信仰”，即“学医梦”。这是到南京矿务学堂学习期间萌芽，到仙台医学院留学前后明晰起来的。二是“第一要著，是在改变他们的精神，……于是想提倡文艺运动了”，即“文艺梦”。这是经历“幻灯片事件”后萌生，到东京后付诸行动的。从这两个“梦”的自陈里，我们可以洞察《呐喊》批判性生成的内在动因。

第一，鲁迅年轻时对国家和民族有很强的责任感。鲁迅 13 岁时，周家因鲁迅祖父周福清卷入科场舞弊案里而家道中落；鲁迅 16 岁时，鲁迅父亲周伯宜病逝，家境每况愈下。周伯宜是否为中医所误，学界有不同看法。但从《父亲的病》一文可见，至少直到 45 岁（《父亲的病》作于 1926 年），鲁迅还坚持认为中医没能有效治疗父亲的病，且因为诊费、药费昂贵，给家里增添了经济负担。我们完全有理由相信，青少年时期的鲁迅的这种感受更为强烈。但是，鲁迅在南京和日本求学时，从没有一门心思地想着扬眉吐气或光宗耀祖，却做起了学医梦，目的竟然是救治别人、“当军医”以及“促进国人对于维新的信仰”。这样的想法无论在哪个时代都可以称得上有推己及人的情怀了。从“学医梦”到“文艺梦”，鲁迅初心未改，只是对象与方法变了——救肉体变成救精神、用医学变成用文艺。唯责任感极强者才能关注人生的真问题与社会的大问题，去批判和呐喊，事不关己、高高挂起的利己主义者，怎么可能花费精力“揭出病苦，引起疗救的注意”呢？

第二，鲁迅在成长路上受过多种刺激，因而对凉薄、耻辱和痛苦的感知异乎寻常的敏锐。鲁迅说“有谁从小康人家而坠入困顿的么，我以为在这途路中，大概可以看见世人的真面目”。“真面目”所指，《琐记》及周作人晚年作的《鲁迅的青年时代》等书中均有记载，这里不展开。简言之，人情冷暖、世态炎凉让鲁迅早熟、早慧，也让他从很早就开始用冷眼看人心、看社会。同时，鲁迅的自尊心很强，却常常不得已经历一些“伤自尊”的事：少年时，从高他一倍的当铺柜台接过“侮蔑”里递来的钱，给曾几何时还是“少爷”的他留下了很大的心理阴影；在仙台求学期间，他要“随喜”日本同学对日俄战争的拍手和喝彩，更难堪的是，中国人被日军当成俄国探子杀头，另一群中国人却饶有兴趣地观看，而讲堂里还有一个身为中国人的“我”。这些事情，鲁迅在散文、书信中多有提到，在小说里也反复“演绎”，可见感触之深。除此之外，鲁迅最大的痛苦来自成年后梦想的幻灭。鲁迅做人，志向远大且执行力强，不论学医、从文，都是想到就做、全力以赴。然而，学医不必说了，踌躇满志创办的《新生》还没有出版就宣告破产。回国后，他工作、衣食虽有着落，救国之志却无从实现，还“亲历或旁观过几样更寂寞更悲哀的事”，以致长期被英雄失路、梦想难追的落寞情绪缠绕。如上种种“人我所加的伤”[①]，让鲁迅忧愤深广、敏感多疑且尖刻犀利，故在挥舞语言文字这种“批判的武器”时特别得心应手。

第三，“学医梦”深刻影响了《呐喊》的创作。《呐喊》中有很多“病人”，“狂人”和陈士成是精神上的病人，华小栓和宝儿是身体上的病人，对这些人物的刻画不能不说与学医有关。从更深层次上看，作为文学家的鲁迅始终以医

---

① 鲁迅．铸剑［M］// 鲁迅全集：第二卷．北京：人民文学出版社，2005:441.

生自居，而观察“病灶”、描述“病状”、抓住“病根”，则是对症下药的前提。这种定位使鲁迅有别于表现善和歌颂美的作家，更倾向“揭露恶”和“批判丑”。与现实中的医生不同的是，文学重在形象，药方何在、出路在哪儿，作家有答案也不宜直言；况且鲁迅当时也未必就有答案。现在有很多学生提出这样的疑问：为什么鲁迅小说负面的多而正面的少、批判的多而建设少？殊不知，批判的背后是“悬壶济世”的热忱，批判要唤起的是“知耻而后勇”的建设，这种敢于直面和正视的文学又岂是“心灵鸡汤”或歌功颂德的文字可比肩的？

从鲁迅自身的经历与性情来看，不妨这样概括《呐喊》批判性之所由起：家国情怀是最根本的动力来源，心灵创伤是最原始的情感基础，治病救人是最主要的创作目的。《呐喊》经十年沉寂而在恰当时机喷涌而出，其批判是对国家和民族主动负责的批判，是历经冷暖、练达人情后清醒而锋利的批判，也是以文学为载体的面向未来的建设性批判。

三、《呐喊》批判性的表现

《呐喊》的批判性最显著的表现是内容广泛，涉及历史、社会、人性、哲学等方方面面。例如，《狂人日记》批判以家族制度和封建礼教为核心的封建历史文化的吃人本质[①]，《白光》批判延续明清两代的八股取士对读书人精神的残虐，《孔乙己》批判人情社会的凉薄，《风波》批判农村社会的信息闭塞和改造之难，《端午节》批判知识分子自私、虚伪和逃避现实的态度，等等。从批判对象上看，鲁迅没有把批判的矛头指向帝王将相、封建军阀，而把艺术的虹管插在生活的大地上，写农民、流民、小知识分子、童年玩伴，从而规避了反帝反封建的宏大叙事，刻画出一组组或麻木、愚昧，或自私、巧滑，或虚伪、

① 杨红军.《狂人日记》：“礼教吃人”主题的建构过程与反思[J].鲁迅研究月刊，2017(5):27—36.

无耻，而整体上又充满奴性的人物肖像。这是他与当时某些革命文学家大不相同之处。如果说辛亥革命作为政治革命的失败是因为脱离群众，那么《呐喊》作为文学革命的成功恰在于“深入群众”。值得一提的是，鲁迅连自己也不放过。《狂人日记》中的“狂人”，本质上是觉醒者、先驱者的形象，在某种程度上代表了鲁迅本人，而当“狂人”发现了吃人之网、吃人之法、吃人之害，要劝转人们别再吃人的时候，他却发现自己竟也是吃人的人的兄弟，未必没有吃过人肉，这何尝不是鲁迅的自我剖析?《一件小事》中的“我”，作为可信赖的叙事者[①]，与真实的鲁迅几无差别，“我”在人力车夫面前感到“皮袍子底下的小来”，自我批判的意味更加明显。

其次是批判思想深刻和超前。作为思想家的鲁迅最善于由现象到本质地看问题，且能用最恰切的语言概括之。典型的如《狂人日记》《阿 Q 正传》，“吃人”“阿 Q 精神”已成为人们耳熟能详的专有名词。其他作品体现得不那么明显，就需要我们引导学生有意识地探索和追问。以《明天》为例，鲁迅貌似只表达了对单四嫂子的同情，间杂对人情冷漠的鞭挞，实则有对中国妇女问题的甚深思考。在叙述单四嫂子求签、问诊、买药、下葬时，鲁迅多次详写单四嫂子如何支配她那点微薄的“财产”，详尽到为人物“精打细算”的程度，如“十三个小银元和一百八十铜钱”“一副银耳环和一支裹金的银簪”“每名二百另十个大钱”，等等。这些花费，一是看病，包括求神、看中医、抓中药，已耗尽她所有现钱，病却没有治好；二是在宝儿死后请人帮忙、买棺材和下葬，典当了所有值钱东西，还欠下不少外债。细致描写经济状况，就不仅是同情，更深刻地写出了求神拜佛的迷信思想、故弄玄虚的假医药和厚葬文化的误人、害人。单四嫂子的悲剧也因此不仅来自“红鼻子老拱”等流氓，更来自自身的愚昧和整个社会观念的落后。正是在这一点上，《明天》才真正彰显了《呐喊》的启

① 尹慧珉．鲁迅小说中的第一人称叙述者——西方鲁迅研究述评 [J]. 鲁迅研究月刊，1991(12):42—49.

蒙价值：反对蒙昧和迷信，追求科学和理性。超前是基于深刻而又超越深刻的存在。鲁迅小说中随处可见想前人所未想、发前人所未发而最后却一一被印证的思想。以辛亥革命这一历史事件为例。《药》中夏瑜的死、《头发的故事》中N先生对革命者遭遇的抱怨、《阿Q正传》中《革命》《不准革命》两章里辛亥革命引起的未庄的变化、《风波》中复辟后乡村百姓的反应，都直接或间接地与辛亥革命有关。《药》《头发的故事》寄托了对革命者不能被群众理解、革命后又被迅速遗忘的同情；《阿Q正传》通过革命初期人心惶惶与革命后"换汤不换药"的对比，揭示了革命果实被篡夺的必然性；《风波》写农民对复辟这样重大的历史事件的观感还停留在数十年前的认知水平上，揭示了封建思想在农村社会的顽固性残留，反映了思想革命之艰难与必要。[①] 综合来看，当进步人士还沉浸在革命热情中时，鲁迅已开始反思革命者自身的价值悲剧；当人们批判封建顽固势力投机取巧时，鲁迅已经意识到不仅"赵太爷"和"假洋鬼子"有投机心理，阿Q这样的底层人物也一样，只是可望而不可即罢了；人们讨论辛亥革命的不彻底性时，多把目光放在政治、军事方面，鲁迅则聚焦农民的开化，指出农村严重缺乏知识、信息和认知能力等现实问题。考察中国现代史，中国共产党之所以能够领导人民取得革命斗争的胜利，不正是因为靠信仰为革命者赋能、靠土地革命和文化教育发动并凝聚农民吗？鲁迅对辛亥革命的批判与反思，在某种程度上被毛泽东同志领导的革命斗争变成了现实，这让我们不能不由衷赞佩鲁迅思想的伟力。

最后是批判精神与人道主义相统一，即"怒其不争"与"哀其不幸"互为表里。作为医科学生，鲁迅的人道主义精神像真正的医生一样强烈。钱玄同劝他写点什么，鲁迅说："假如一间铁屋子，是绝无窗户而万难破毁的，里面有许多熟睡的人们，不久都要闷死了，然而是从昏睡入死灭，并不感到就死的悲

---

① 范家进．掠过树梢的轻风——鲁迅《风波》细读[J]. 华东师范大学学报（哲学社会科学版），1997(6)：73—78.

哀。现在你大嚷起来，惊起了较为清醒的几个人，使这不幸的少数者来受无可挽救的临终的苦楚，你倒以为对得起他们么？”这等于说，让别人清醒地承受无力改变的痛苦是不人道的。有这种层次的觉悟和理解的人在中国作家中极为罕见。具体而言，“怒其不争”的“怒”，不是抛弃、放弃和嫌弃，而是建立在把批判对象当成人来看待的“大爱”上。阿 Q 是鲁迅笔下的著名人物，批判他的精神胜利法是主体，这在《优胜记略》《续优胜记略》中体现得最明显。但随着阿 Q 的命运走向低谷，鲁迅的同情开始“抬头”。《生计问题》写到阿 Q 的“求食”、《大团圆》写到阿 Q 上刑场的感受，字里行间无不饱含深深的哀悯。“哀其不幸”的“哀”也不是无原则、无是非的，即使对自己关切的人物，鲁迅也依然保持理性的审视。《药》中，鲁迅着力刻画了华老栓夫妻对儿子的爱，这种“爱”很动人，内中也有作者深切的同情，以致叶圣陶认为“亲子之爱”才是本文的主线，表现革命者的寂寞只是“副线”。[①] 但我们清楚地看到，鲁迅随时随地都在批判这对夫妻的愚昧和无知。“小栓撮起这黑东西，看了一会，似乎拿着自己的性命一般，心里说不出的奇怪。十分小心的拗开了，焦皮里面窜出一道白气，白气散了，是两半个白面的馒头。”极短的一句话里，鲁迅用小栓的眼睛点破了“药”的真相——“两半个白面的馒头”，而此刻老夫妻一人一边，眼光都“仿佛要在他身上注进什么又要取出什么似的”。刹那间，爱的程度之深与爱的方式之愚形成了鲜明反差，鲁迅以其双向的情感态度营造出一种感人至深而又发人深省的审美张力。

四、鲁迅本人对批判的态度

鲁迅对自己的“批判”持有怎样的态度，他认为煞费苦心地“呐喊”能够

① 叶圣陶，朱自清．精读指导举隅 [M]. 北京：中华书局，2013:46.

真正发挥作用吗？解答这个问题，还要回溯那段影响了中国文学史进程的对话。鲁迅对钱玄同提出自己的顾虑后，钱玄同这样回答：“然而几个人既然起来，你不能说决没有毁坏这铁屋的希望。”鲁迅写道：“是的，我虽然自有我的确信，然而说到希望，却是不能抹杀的，因为希望是在于将来，决不能以我之必无的证明，来折服了他之所谓可有，于是我终于答应他也做文章了，这便是最初的一篇《狂人日记》。”大意是说：我迄今仍确信“铁屋子”万难破毁，但未来怎样，因为没经历过，还无法确定；既然现在有人邀我写而逻辑上又无可辩驳，那就试试看好了。“试试看”，这就是鲁迅当时对启蒙和改造的态度——骨子里很绝望，并没有十足的信心。

《呐喊》中大多数作品的结局都流露出这种绝望情绪。明显的如《孔乙己》《风波》《端午节》《阿Q正传》等，一切如旧，一切如常，好像什么都没发生过，问题或悲剧就这样轻描淡写地过去了。隐晦的如《狂人日记》，人们常以为《狂人日记》是以狂人的呐喊——“救救孩子！”——作为结尾的。其实这是日记的结尾，不是故事的结尾，真正的结尾早在开篇就告诉读者了：“劳君远道来视，然已早愈，赴某地候补矣。”也就是说，在现实层面，“狂人”已不再狂，他“痊愈”了。当他是“狂人”的时候，他能以启蒙者的姿态发出呐喊，却因病人身份无法得到理解；当他回归世俗时，他的话虽然能够被人理解，他本人却失去了呐喊的能力。一言以蔽之，无论狂之与否，狂人客观上永远无法完成启蒙的使命。鲁迅既借《狂人日记》发出了自己的呐喊，又借狂人的结局隐喻了启蒙者终究将“和光同尘”的悲剧。有读者认为，在小说《药》的结尾，夏瑜坟头有一束花环，这花环不是自己长出来的，也不是亲人留赠的，鲁迅似乎暗示有志同道合者来祭奠；在《明天》的结尾，鲁迅本想写单四嫂子希望梦见儿子而终于没能梦见，但最后毕竟没有写；在《故乡》的结尾，“我”在朦胧中看见当年和闰土玩耍的海边沙地，想到一段励志的话：“希望是本无所谓有，无所谓无的。这正如地上的路；其实地上本没有路，走的人多了，也便成了路。”

这些怎能说是绝望情绪呢？其实，鲁迅在《〈呐喊〉自序》里早已说明："既然是呐喊，则当然须听将令的了，所以我往往不恤用了曲笔，在《药》的瑜儿的坟上平空添上一个花环，在《明天》里也不叙单四嫂子竟没有做到看见儿子的梦，因为那时的主将是不主张消极的。"话虽不多，意思却很明白：这样写不是我的本意，只为完成"将令"。显然，鲁迅因为认同斗争必须鼓与呼的"将令"而在艺术上做了牺牲。他随后又道："这样说来，我的小说和艺术的距离之远，也就可想而知了。"此言恐怕未必全是谦逊，或多或少带有一点因不能"自主表达"而降低了作品质量的遗憾。

总之，鲁迅的基本态度是绝望的。批判，不过是为了那无法确定有无的、属于未来的一点希望。那么，这是否等于鲁迅否定了自己的批判的价值？如果是，创作批判色彩如此强烈的小说，还"一发而不可收"，直到结集出版，岂不自相矛盾？我们只有提出并思考这个问题，才真正从精神层面走近了鲁迅。鲁迅在"写给自己"的散文诗集《野草》中对此有所回应。在写于《呐喊》出版两年后的《希望》一文中，鲁迅引用了裴多菲的诗句"绝望之为虚妄，正与希望相同"。既然绝望和希望都是虚妄的，就"只得由我来肉薄这空虚中的暗夜了"。诚如汪晖所言，这种态度的本质是"反抗绝望"[①]。这是鲁迅一生最重要的精神气质。他早已深刻认识到自己批判的东西最终也无法被根除，但只有在批判的过程中、在"肉薄"的行动里，才能获得扎扎实实的存在感，从而实现对绝望和希望这种虚妄的主观情绪的超越与升华。这一点颇近于加缪《西绪福斯神话》和海明威《老人与海》的题旨，也部分诠释了"知其不可而为之"的士大夫精神，颇值得那些动辄"佛系"和"躺平"的年轻人深思。

---

① 汪晖．反抗绝望：鲁迅及其文学世界[M]．北京：生活·读书·新知三联书店，2008:453.

同题共研:《彷徨》整本书阅读专题教学

语文专题教学是一种基于学科特定的核心阅读材料，指导学生建构并解决研究问题、撰写完成研究论文等学习成果的教学方式，可以围绕单篇、群文、整本书等不同体量的阅读材料展开。在整本书阅读专题教学中，如果学生初次接触，且书籍难度较大，可以全班选择并研究同一个专题，从某一角度、某一方面深入理解这本书的思想内容，借以建构整本书专题阅读的经验，为将来自主选题、自主研究打基础，逐步实现班级授课制下的个性化、研究型阅读。《彷徨》是鲁迅的代表作，收录了他自 1924 年至 1925 年创作的 11 篇小说，《祝福》《在酒楼上》《孤独者》等名篇多次入选教材或读本。作为《普通高中语文课程标准（2017 年版 2020 年修订）》的推荐书籍，本书的阅读难度较大，加之高一学生研究经验不足，因此“同题共研”不失为一种优选。

一、确立选题

选题是专题教学的重要环节。教师不必越俎代庖，但可以在调查和讨论中与学生一起建构专题。对学生来说，参与调查、讨论本身就是重要的学习过程。同题共研，关键是找到共同研究的对象，提出共同研究的问题。找研究对象要“普选”，提研究问题要“优选”，唯其如此，才能兼顾兴趣和质量。

我先请学生自读《彷徨》，提交选题意向。分析发现，学生感兴趣的研究对象多且分散。同样是关注人物，《彷徨》中的女性形象，吕纬甫、高老夫子、魏连殳等知识分子形象，《祝福》《在酒楼上》《孤独者》等作品中的第一人称叙事者形象，都引起了学生的兴趣。同样是关注手法，小说的“题名艺术”“结尾艺术”“环境描写”“人物描写”，都在学生的选题视野中。应选取学生兴趣点的最大交集作为共研对象。我把选题涉及的研究对象罗列出来，以问卷形式，让学生再选择，结果显示，84% 的学生首选“《彷徨》中的女性形象”。事实上，从 1918 年发表《我之节烈观》起，鲁迅就开始关注中国女性问题。《彷徨》中的《祝福》《伤逝》《离婚》三篇文章都以女性为主人公；《在酒楼上》里的阿顺、《幸福的家庭》中的主妇、《肥皂》中的四铭太太，这些配角也给读者留下了深刻印象；甚至《高老夫子》中的女学生、《肥皂》中的“孝女”，虽然出场不多，但是都寄托着鲁迅的思考。如果说《彷徨》是“寂寞新文苑，平安旧战场”中的上下求索，那么这些女性形象无疑是鲁迅思想探索的结晶。学生聚焦的研究对象与整本书的内容特点具有一致性，共研专题也因之具有了典型性。

提出研究问题是难点。多数学生缺乏问题意识，只能提出表层问题，缺少创新性和探究价值，如“女性肖像描写有哪些特点”“人物性格有何不同”等。也有一些学生不满足于此，他们提出，研究女性形象应该站在女性立场上，关注她们的内心世界。《彷徨》中不同身份和教育背景的女性，无一例外都有自己的愿望和追求，这是她们行为选择背后的内在动因。现实社会不能满足她们的种种要求，便造成了形形色色的命运悲剧。聚焦“女性诉求”，可以探究她们的诉求内容、诉求方式和诉求结果，以及造成结果的原因。这样一来，既能发现每个人物的精神特质，又能把她们聚合起来，概括作者对女性问题的整体认识，探讨其当代价值。这种看法得到了一致认可，我们最终确立以“《彷徨》中的女性诉求”为专题，来研究《彷徨》中的女性形象在诉求内容、方式和结果上分别有哪些个性和共性，寄托了作者怎样的思考。

二、研究准备

围绕研究对象深入探究研究问题，需要高度熟悉文本内容，尤其是与研究对象密切相关的内容。这是共研过程中师生对话、生生对话的共同基础。正式研讨前，我请学生完成了两项任务。第一，分组为每个女性形象制作名片，简要呈现她们的身份、事迹和性格特点。第二，根据名片内容和人物的重要性，把所有女性形象归纳统计出来（参见下表）。通过这两个准备任务，学生又一次通读全书，熟悉了每个人物的基本情况，对研究对象有了整体把握。

《彷徨》女性形象统计表

序号	篇目	女性形象	类别
1	《祝福》	祥林嫂	1
		四婶	2
		卫老婆子	2
		柳妈	2
		善女人	3
2	《在酒楼上》	阿顺	2
		阿昭	3
3	《幸福的家庭》	主妇	1或2
		女儿	3
4	《肥皂》	四铭太太	2
		孝女	3
		秀儿	3
5	《长明灯》	灰五婶	3

续表

序号	篇目	女性形象	类别
6	《示众》	无	
7	《高老夫子》	女学生	3
8	《孤独者》	魏连殳的祖母	3
		大良的祖母（魏的房东）	3
9	《伤逝》	子君	1
		官太太	3
		“雪花膏”（邻院女子）	3
10	《弟兄》	无	
11	《离婚》	爱姑	1
说明：类别1、2、3分别指代主人公、次要人物、过场人物（群像）。			

教师自身也要做好研究准备：一方面要研读教学用书，和学生一起熟悉研究对象；另一方面要根据教学目标，制订可操作的教学计划。就本专题来说，我希望学生做好“女性诉求”这项研究，更希望学生通过本研究建构文选式小说集的专题研读经验。根据学生现有水平，在征求意见的基础上，我把这两个目标分解成环环相扣的教学阶段，在每个阶段立足最近发展区设计学习任务，为学生提供“脚手架”，助力他们在研究中学会研究。

第一阶段是单个女性诉求的研究。选取典型人物祥林嫂，以此为例指导单个女性诉求的研究方法。第二阶段是女性诉求的比较研究。请学生自主选择其他篇章中的人物，从诉求内容、方式、结果等方面和祥林嫂做比较，总结比较阅读的方法。第三阶段是女性诉求的整体研究。请学生把全部女性形象综合起来，探讨女性诉求在内容、方式和结果上的共性，以及作者寄寓其中的思想探索，整体回应研究问题。三个阶段围绕研究问题，不断扩展研究对象，对归纳概括能力的要求不断提高——这也是专题教学在思维发展上的培养重点。学生在每个阶段都要撰写研究成果，汇报交流，等全部结束后还要反思整个学习过程。这种贯穿始终、与阅读理解紧密衔接的书面表达和口头表达，是专题教学的重要组成部分。将三个阶段分别用①②③表示，三者之间及其与研究问题之间的关系如下图所示。

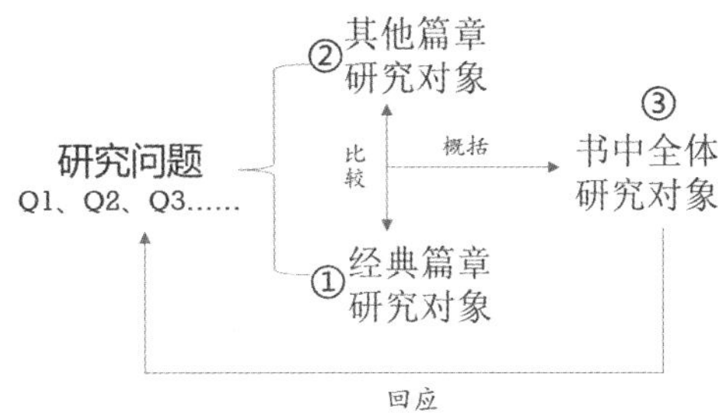

《彷徨》同题共研教学计划结构图

三、共研过程

师生共研历时月余，每个阶段都包含阅读课、写作课、汇报课和课后指导等四种教学活动。阅读课围绕研究对象和研究问题展开，课上师生共同分析问题，解决问题，形成理解，建构方法；写作课教学生鉴赏论文的作法，培养书面表达能力；汇报课交流研究进展，以听说能力训练为目标；课后指导贯穿始终，为每个学生答疑解惑。相比之下，阅读课是专题教学的重中之重，不同阶段的教学策略又有所不同。

（一）单个女性诉求的研究

本阶段的研读篇目是《祝福》，研究对象是祥林嫂。这表面看来与传统篇章教学相似。但实际上教师不能像过去那样预设答案，再千方百计地传递给学生，而是要根据课堂讨论中生成的表现，及时给予内容、方法和态度上的指导。

在讨论祥林嫂的诉求内容和方式时，有学生提出："祥林嫂失节前以保护贞节为内容，失节后以完成‘救赎’为内容。她遵从礼教原则，为捍卫贞节而反抗；认同环境评价，为重新做人而救赎；在乎礼俗身份，因救赎无果而崩溃。她的诉求方式和诉求内容形成了鲜明的反差。从内容上看，她对贞节的在意、对神灵的信仰是蒙昧的，表现出她盲目信从的一面。但从方式上看，又有一种‘虔诚’的态度，使她区别于卫老婆子等农村妇女。”

这一分析抓住了祥林嫂形象的某些特质，但思考到此为止，没能深入挖掘作者的创作动机。须知，研究女性诉求不是目的，目的在于发现鲁迅寄寓其中的思想。我追问学生：“鲁迅为什么要把一个贞节礼俗的受害者塑造成虔诚的信仰者和坚定的执行者？”

这个追问引发了学生的热烈讨论。有学生摘引文献做出解答：在漫长的历史演进中，女性不由自主地将男尊女卑、三从四德等本为封建男权文化的道德观念，内化为自身的生存选择与文化选择。当女性由“被奴化”进入这种“自奴化”的阶段时，也就意味着女性权利的全面丧失。[①]可见，“哀其不幸”和“怒其不争”是共存的，把祥林嫂塑造成自奴化的典型，是对祥林嫂自身问题的揭示。

有学生联想到鲁迅其他作品做出解答：《灯下漫笔》中“两种时代”的说法在祥林嫂身上同样适用。她顺从是因为“暂时做稳了奴隶”；“反抗”和“救赎”是为获得“重做奴隶”的资格——祥林嫂们从来就没挣得过做人的权利。

教师追问和学生作答，把诉求内容、方式、结果和作者思想贯通了起来。有感于作答质量很高，我请其他学生为同伴的发言撰写评语，谈谈发言对自己的启迪。我再把评语收集起来，归纳增删，做出总结。

我们习惯于把祥林嫂定位为受压迫的劳动妇女，把吃苦耐劳、饱经患难、愚昧无知视为祥林嫂形象的全部内容，把礼教习俗、阶级压迫和冷漠麻木的社

---

① 李继凯．鲁迅小说中的女性异化[J].海南师院学报，1995(1):71—78.

会看作祥林嫂悲剧的根源。鲁迅的深刻在于，他对寄予深切同情的对象仍有批判，将批判的矛头直指顽固残留在人们心中的封建文化。要使祥林嫂们过上人的生活，不仅要改革奴化女性的社会环境，还要祛除女性自奴化的心理。

“祥林嫂之死是天灾还是人祸？”“以鲁四老爷为代表的鲁镇人是封建礼教的卫道士吗？”“鲁迅批判的是礼教本身，还是封建末世异化了的虚伪的礼教教条？”随着讨论的深入，学生又提出很多新颖、深刻的问题。学生在教师的追问或同伴的辩论中，加深了对所研究问题的理解，也逐渐掌握了由表及里、由此及彼、理据结合的文本分析方法。

（二）女性诉求的比较研究

在本阶段，我先请学生将自选人物和祥林嫂做比较，提交书面作业。分析发现，就事论事的描述多，理性思辨的观点少：看得见“同”，看不见“同中之异”；看得见“异”，看不见“异中之同”。所以名为“比较”，其实是在做表面文章。于是，我选取学生认为最没可比性的祥林嫂与子君为个案，教学生比较阅读的方法。教学分为三步：先比较显性异同；再同中求异，发现人物形象的独特性；最后异中求同，发现人物形象的普遍意义。

显性异同的比较，学生容易得出结论。

1. 诉求内容明显不同。祥林嫂作为农村妇女，希望自己能够做一个符合礼教要求的人，开始保护自己的贞节，后来救赎自己的“失节”，总是希望得到社会的认可。子君作为接受过新思想的女性，勇敢地追求爱情，渴望幸福的婚姻。

2. 诉求方式表面相同。二者都有反抗精神，但一旦获得暂时的满足，又都表现出驯服和顺从。

3. 诉求结果表面相同。诉求最终都没实现，二人同样经受了巨大的精神打击，最终走向死亡。

4. 结果成因有同有异。相同之处是，周围的人对失节女性的鄙夷和歧视，让祥林嫂陷入绝境，也让未婚同居的子君在失去涓生的爱后无法生存。不同之处是，祥林嫂死于“无主名”“无意识”的社会之网；子君的死，涓生则明显负有责任。

同中求异有一定的难度。二人有两处明显的“同”，一是反抗，二是死亡。在教师的启发下，学生发现了背后隐藏的“异”。

1. 反抗的“异”。祥林嫂的反抗是蒙昧的，是封建礼教和迷信思想支配下的无意识反抗；子君的反抗是清醒的、明确的，“我是我自己的，他们谁也没有干涉我的权力”，这是勇敢的宣言。从反抗的态度和程度上看，祥林嫂倾其所有，尽其所能，自始至终都为达成愿望而努力，这种反抗强烈而持久；同居前勇敢的子君与同居后饲弄油鸡、喂养阿随、操持家务的子君判若两人，面对涓生吐露的真言，她只有“空洞”的眼神，似乎要抓牢什么，作为知识女性，子君没有劳动妇女祥林嫂那样坚强的抗打击能力，她的反抗不如祥林嫂持久和激烈。

2. 死亡的“异”。二人最终都走向死亡，作者都没有交代死亡的具体原因。沦为乞丐的祥林嫂被遗弃在冰天雪地之中，和孔乙己“大约的确已经死了”的死法相似，有其必然性。子君失去了爱情，但被接回家中，从物质生活上看没有必死之道。但子君居然死掉，是恋爱失败后了无生趣，还是迫于社会习俗对失节女性的压力？这给读者留下了很大的思考空间。

异中求同是理解作者思想的关键。这时的“异”有两种，一是显性的“异”，二是同中求异探究出来的“异”。

1. 作为新女性的子君，也像祥林嫂一样受到封建思想的影响。她同居前不好意思去看雪莱的半身像；同居后不再谈文艺，而以贤妻良母的定位操持家务。这些充分说明子君身上仍然有“旧女性”的影子，跳出了“父为子纲”的圈子，却跳不出“夫为妻纲”的圈子。

2. 鲁迅这样塑造子君有着深刻的用意。不论是没文化的村妇，还是有知识的女学生，想彻底摆脱封建思想的束缚，走出独立自主的新路，都任重道远、极其艰难。这也正应了全书题旨——“彷徨”。

本阶段的教学重点由内容分析转为方法指导。预设比较框架有效推动了教学进程，采取个案教学法也能够帮助学生在实践中感知方法。随后组织学生自选人物，完成比较鉴赏论文，则是对方法的迁移和巩固。

（三）女性诉求的整体研究

学生起初在整体概括时找不到头绪。他们关注“是什么”，却很少追问“为什么”，而且总想把众多人物的表现“一言以蔽之”，缺少分类意识和具体问题具体分析的态度。这些正是教学指导的重点。

在诉求内容上，学生概括出两个共性：一是范围狭窄，集中在爱情、婚姻与家庭方面；二是把希望寄托在别人身上。例如，子君从大家庭里逃出来，逃到涓生那里，看似独立了，其实不过是找到新的寄托；阿顺勤劳能干，只因有人说她未婚夫的闲话，病就恶化了，最后死掉。

学生的概括到此停滞，他们没有追问女性诉求内容具有单一性和依赖性的原因。教师提出来请学生讨论，并给予内容上的启发，学生的认识随之深入。

女性角色被限定在以家庭为中心的封闭结构中：女儿—妻子—母亲。社会角色单一决定了诉求内容单一，造成她们对有经济能力和多样角色的男性的依赖。新制度和新思想的来袭，给了子君这种女性上学读书的机会，但并没给她们提供就业岗位。因此同居之后，子君必然回归传统的妻子角色，即使家庭负担很重，她也无法与涓生共同分担。祥林嫂可以抛头露脸去工作，但只能从事下等人的工作，即使如此，再嫁后也要回到“妻子—母亲”的轨道。

在诉求方式上，教师先帮助学生划分出两种情况：处于社会许可的既定轨道和由于主、客观原因脱离既定轨道。前者顺从安分，一心维持这种状态，如四婶、四铭太太等。而当父亲、丈夫或儿女靠不住时，诉求方式就变得复杂了。《彷徨》中的女性遇到了所有“脱轨”的可能，我请学生逐一分析。

祥林嫂脱离轨道的次数最多，命运也最凄惨：父亲“靠不住”，她成为童养媳；第一任丈夫“靠不住”，她成为寡妇；第二任丈夫短命，她又成了寡妇；最后阿毛的意外死亡，使她被大伯赶出来，无家可归。子君主动脱离父母，却又被动脱离涓生，最后只能在鄙夷中死去。阿顺甚至死于对丈夫靠不住的恐惧……

在这种状况下，诉求方式仍可分为两种：一是放弃反抗，在绝望中走向死亡，如阿顺和被弃后的子君；二是在反抗中失败，如祥林嫂、爱姑等。

在分类的基础上，教师追问：“如何评价她们轨道内外的诉求方式？”这是学生归纳概括时没有涉及的。通过讨论，学生认识到，处于既定轨道也并不是真正意义上的幸福生活，她们只能用顺从和驯良来维系附庸地位；离开轨道后的反抗，抽象看来精神可嘉，但还是为了回到既定轨道——两种情况都迫切需要思想启蒙。

在诉求结果上，学生普遍认识到，不论采取什么方式，悲剧都已注定。

未出嫁的阿顺抑郁而死；嫁两次的祥林嫂潦倒而死；为爱而嫁的子君默默而死；明媒正娶的爱姑忍受着丈夫的虐待；言听计从的四婶“年年如此”地生活；《幸福的家庭》中的主妇，瞪着阴凄凄的眼睛计算劈柴和白菜……

教师追问：“何种原因造成全员的悲剧？鲁迅想用触目惊心的结果表达什么？对今天有何启迪？”这一问题是开放式的，学生从经济地位、社会分工、文化观念、民间礼俗等视角谈了看法，并对当下社会现象做了反思。

现在还有很多男人视女人为附庸，很多女人视男人为依靠，这些想法和做法与《彷徨》何其相似！女性的自由和幸福之路离不开角色平等、人格独立和经济独立，以及造就此种独立与平等的环境和土壤。

整体研究是整本书同题共研的关键阶段。教师的指导要有高度，不能陷入对文本内容的低水平重复。对现象成因的追问、对行为表现的分类和对现实意义的探寻，有利于帮助学生回应研究问题，形成思想认识，奠定论文写作的基础。

四、教学反思

整本书阅读有很多“打开方式”。专题教学主张研究型阅读，强调“立点深挖”。同题共研是专题教学常见的组织方式，需要师生密切合作，共同完成确立选题、制订计划、搜集资料、探究问题、写作论文、分享交流等学习活动。

在专题教学中，教师要担任作品研究者、课程规划者、教学组织者和学习评价者等四种角色。除作品研究者外，其他三种都是在“与学生共舞”中完成的。教师要信任学生，给予学生充分的决策权和参与权；要了解学生的问题和需求，制订相应的教学计划；课堂上要善于抓住教学契机，随机应变，灵活运用提问、追问、示范等方法达成教学目标；要把内容指导和方法指导、课堂教学和课下答疑、教师引领和同伴合作结合起来，提供全方位的学习支持。

本专题是我最初开展专题教学时的一次尝试。师生互动经验不够，预设痕迹较重，操控程度过强，在分析学习成果的质量和组织学生反思学习等方面也付之阙如。尽管存在很多不足，但这种尝试加深了我对专题教学的理解，为后来从事更开放、更系统、更规范的实践研究积累了经验。

略谈《红楼梦》的两种教法

统编教材把《红楼梦》作为教学书籍以来，教师有两种较为常见的观念和做法：一种认为不必通读全书，择要组织几次“专题学习”即可；另一种主张把通读作为首要目标，拿出相对完整的时间，通过布置读写任务指导学生读完整本书——这里姑且称之为“通读指导”。两种教法孰优孰劣？有什么需要共同注意的问题？是否有结合起来的可能呢？

一、专题学习与通读指导的比较

《红楼梦》篇幅很长，但教学时间有限，而且后四十回的叙事艺术、语言质量比前八十回逊色不少。因此，主张专题学习的教师往往指导学生精读前五回和前八十回中脍炙人口的章节，如“黛玉葬花”“刘姥姥进大观园”“宝玉挨打”等，然后让学生在人物形象鉴赏、叙事艺术探究、主题思想解读等方面提出问题，再阅读文献材料，开展专题研究。教师在学生自主研究的过程中会拿出一些课时，指导学生分析和解决研究问题、撰写并展示研究成果。

譬如研究“贾宝玉的性格特点”。这些特点在前五回已现端倪。冷子兴的“演说”是俗世中人作为旁观者给出的表层介绍，贾雨村的“两赋之论”则是在人物禀赋层面点醒读者的断语，这些都是在宝玉正式出场前写的。至第三回，随着林黛玉进贾府，又用黛玉视角写出了宝玉的相貌、性情、行事和在贾府的特殊地位，“纵然生得好皮囊”“于国于家无望”的公子形象跃然纸上。至第五回，警幻仙子“意淫”之说，进一步写出了贾宝玉对闺阁女子的温柔体贴，把他作为“情痴情种”与纨绔子弟在对待男女之情上的区别写了出来。第五回以后的故事，凡有宝玉直接或间接参与者，所展示出的性格特点都以前五回这些基本面为纲，这里不再一一列举。

宝玉生于钟鸣鼎食之家，有良好的教养和超出同侪的聪明才智，但价值观是非主流的：既毫无经国治世的志向，又与沉湎女色、滥淫的浮浪子弟迥异，独对美和自由痴情向往，专在钟灵毓秀的女孩身上用心、用情、用功。这样一来，封建世家子弟便有了“第三种人”：他既不是好学上进的，也不是享乐堕落的，而是超拔和自主的。好学上进的，可以功名笼络之；享乐堕落的，可以欲望操控之；唯独超拔和自主的，乃从根本上离经叛道。故贾政、王夫人不能教育，宝钗、袭人不能影响，贾琏、薛蟠不能同化。在他自己，因为放弃了对家族和社会的责任，在现实人生中得过且过，注定梦醒后无路可走，唯有被一僧一道度化出家了事。这样的人物，这样消极的人生态度，本就不太值得肯定，更不是身世普通、天赋平常的人们学得来的。但由于他所消极对待的事物本身已经腐朽糜烂，故消极之中又含有非同寻常的积极因子：烛照出礼崩乐坏的污浊现实，在传统“家国天下”的宏大叙事里撕开一角，发出了追求人格独立和个性解放的呐喊。①

贾宝玉这种对封建文化的叛逆因何而生？一是富贵娇养。富则闲，闲则有旁逸斜出的情思；贵则骄，骄则有我行我素的习惯；娇养则无人敢管，无人敢管则有越礼行事的特权，这要归因于贾珠之死以及贾母的庇护。二是天性聪敏，独具慧根。鲁钝的人没有超越性。人只有聪慧到一定程度，才能从当下推演将来，从此岸瞻望彼岸，于局部感知整体，立于繁花似锦、烈火烹油之境却悲从

① 郭英德．中国四大名著讲演录[M]．桂林：广西师范大学出版社，2016:316.

中来。因此尽管宝玉的性格在红楼人物乃至今人来看都是异样和夸张的，但曹公写作时一直都在讲道理、讲逻辑，其道理和逻辑就在红楼故事之中，毫无求诸文外的必要。当然，贾宝玉也是人，人是复杂的。作为顽童或贵公子，他少不了“俗”与“劣”的一面，比如贪玩厌学、有断袖之癖、耍主子脾气种种，这就不能刻意为他辩护了。但也恰恰如此，他才是有血有肉、真实可感的“活的人物”，他的人生才是于读者有新异性而又合乎情理的“真的人生”。

假如现在有这样一位高中生，他在教师的指导下精读了前五回和后文一些关键章节，梳理出宝玉故事的大致脉络，把握了宝玉的性格特点及其复杂构成，对其性格成因和作者的写作艺术亦有所感知，而后根据这些阅读发现，有理有据、有章有法地写出一篇赏析文章来，应该说他已达到了“整本书阅读与研讨”学习任务群的要求。当他把研究成果分享给大家时，其他同学也会对此有相对深入的了解。因为人人都要研究，人人都要分享，所以全班学生会从不同视角多次进入《红楼梦》的文学世界——这对“大家彼此”都是有益的。

专题学习有利于解决语文教学少慢差费的问题，实现个性化阅读和深度阅读，并把教学班建成“学习共同体”。[①] 我在中学教《红楼梦》时，用的就是这种方法。特别是对前五回，我要研读历代解读文献，借助这些资料形成自己的认识，而后逐章讲解。这样一来，学生在读法上不至于产生太大偏颇，对全书特点也能有基本认识。之后我给学生时间自由阅读、自主选题，再从学生的选题中抽取典型个案，教给大家研究方法和文章作法，最后组织学生分享研究成果。

虽然我这样教，但我并不反对通读指导。我们知道，整本书阅读的“整”不是追求篇幅完整，更不是追求一字不落地精读，但是如能做到通读，又何尝不是一件好事？特别是对于《红楼梦》这样的奇书，不认真读完，单靠道听途

① 李煜晖 . 课改之路在育人实践中生成——语文专题教学基本问题综论 [J]. 语文教学通讯，2022(19):4—11.

说，怎么知道人物的悲剧命运是怎样一步步形成的？怎么知道后四十回究竟写得好与不好？读书不在多少，而在品质。在文学修养的提高上，花时间、花力气通读《红楼梦》，总比用同样时间读那些内容粗浅、语言低劣的作品划算——这是从作品本身而言的。从教法上看，专题学习重视思维训练，所求的目标是"深"；通读指导重视阅读过程和阅读经验，所求的目标是"全"。两相比较，各有各的好处，也各有各的不足。我曾经假想学生经过专题学习，一定会对《红楼梦》产生浓厚兴趣，将来有时间就会通读全书，甚至从方方面面选题进行研究。事实上这只是我的假想，调查发现，除报考中文系的以外，高考后只有不足三分之一的学生会主动重读。而践行通读指导的，能够毕其功于当下，这又是一个可贵之处。

由此可见，比较两种教法的得失，要看特定情境下的教学目的和对师生的适用性，不能简单地评价孰优孰劣。现在有种教研倾向，支持一种教学方法，非要以否定另一种为前提，结果讨论多时，说的都是些假问题。

二、阅读路向：两种教法应注意的问题

我想，两种教法背后隐含的真问题应该是《红楼梦》的阅读路向是否正确，具体来说，就是把《红楼梦》当成什么书来读，能否一以贯之地把握住这个基本原则并采取有效措施，指导学生建构真正有语文价值的阅读理解。

《红楼梦》研究在学界早已是专门的学问，各家各派的阅读路向迥然不同。客观地说，很多流派的观点其实并不太适用于语文教学。例如"索隐派"，研究者并不把《红楼梦》看成文学作品，而视之为影射某朝、某人、某事的史料，"敲敲打打，求深反惑"。① 再如"考据派"，不管是"曹学"还是"版本学"，

① 俞平伯．索隐与自传说闲评[M]//俞平伯论红楼梦．上海：上海古籍出版社，1988:653.

一些共识性的研究结论固然可以进入语文课作为知识普及或文本分析的佐证，但其研究重心毕竟在文本之外，并不适合高中生，更不是基础教育阶段语文课程之所需。又如“百科派”，把《红楼梦》当成“大百科全书”，研究其中的政治、经济、饮食、服饰或家庭文化等，无非自己先有一套理论，再拿《红楼梦》自圆其说。学生有这套理论吗？即使有，这是社会学研究还是语文学习？还有“题咏派”，一味煽情、慨叹，借人物悲欢浇自己心中块垒，虽则勉强属于文学欣赏，但因忽视梳理与探究，也不太讲究逻辑和理性，让学生写这样的题咏，其习作无非词句优劣不同，思想内容则大多是人尽可发、不教可得的。对于红学本身，不管何种流派、何种观念，它们的存在总有其历史价值和积极作用，但隔行如隔山，如果教师不加甄别，把这些阅读路向盲目引入中学语文教学中，忽视自己的本职是教学生阅读文学作品，是用《红楼梦》这部小说培养学生在语言、思维、审美、文化等方面的语文素养，那就极可能事倍功半了。

这种担心并非多余。我们看到，在很多专题学习的案例中，教师所指导的“专题”，就性质和方向而言，已经超出语言学习和文学审美的边界；推荐阅读的文献材料也大多是索隐、考据等类，有些甚至在红学研究中也早已被指谬或证伪。在某些通读指导的案例中，教师在设计学习任务或评价学习成果时，不注意从文本事实和审美品位上对学习内容加以规约，导致作为语文教学活动的整本书阅读渐渐变成了活动课程中的“读书会”或“读后感”。有教师认为：“语文课程包罗万象，让学生知道各家各派的知识不好吗？很多学生本身对索隐、考据、题咏之类感兴趣，为什么不能顺其兴趣设计教学呢？再者，整本书阅读随便读读就可以了，何必提高质量要求呢？”对此，我想从三个方面给出回应。

第一，语文教学属于严肃规范的学科课程，不是“杂学”，更不是社会上迎合学员旨趣的培训班。语文学科的文本解读是感性、知性和理性相结合的认知活动，在认知目的、对象、层次和方法上都有特定要求。从语言文字出发，细致梳理故事内容，是小说阅读的基础；在虚拟文学世界里与人物对话，在具体语境中体察人物行为与心理，从而对人物性格、观念做出合理阐释和评价，是小说阅读的重点；跳出文意理解的范畴，与作品背后的作家对话，品味小说的叙事艺术即文本的“美”与“好”之所从来，是小说阅读的进阶；站在文艺理论的高度，对小说进行跨文本、跨时代、跨国别或跨文化的比较，以说清其性质、类属和承续关系，是条件允许的情况下可做的尝试。上述各项都以文本内证为主，引导学生借此学语言、用语言，借此发展思维并提高审美品位和文化修养。过去很多大家，如王国维、鲁迅、茅盾、何其芳、俞平伯、李长之等，也包括脂砚斋等评点家，都把审美鉴赏作为《红楼梦》阅读的主要任务，有人因此称其为“鉴赏派”。从阅读路向上说，这是与语文教学渊源最深、关系最密切的一派，也是语文教师要着重吸纳和借鉴的一派。

第二，关于质量要求，被正式列入课程内容和教材书目的整本书阅读，其执行标准与泛泛的推荐阅读或自主阅读有所不同。换言之，读这些书必须强调教师对阅读方向、内容和策略等方面的引领，其教学质量标准不应与教材选篇的有太大差别。另外，语文教学还要讲究“收”“放”艺术。“收”可以理解为专业性、规范性，“放”可以理解为自主性、个性。写作教学要先放后收：先放，学生才敢于表达；后收，才能提高书面表达质量。阅读教学要先收后放：先收，才能建立正确的阅读观念和阅读方法；后放，才能激发出创造性和个性化的意义阐释。如果在高一年级就让学生对《红楼梦》进行索隐、考据或漫无边际的题咏，或者在无意识情况下把这些内容引进课堂，必将制约学生文学欣赏水平的发展。

第三，聚焦《红楼梦》的审美鉴赏，其教学内容已经说不尽了。鲁迅说，自有《红楼梦》出来以后，传统的思想和写法都被打破了。[①] 单是这些被打破的东西中的任何一种，都需要花很长时间、很多精力去品味。从写作内容的来

① 鲁迅．中国小说史略[M]．北京：北京理工大学出版社，2020:288.

源上看,《红楼梦》打破了“历史的”“话本的”或“民间的”种种取材，作者写的是“亲睹亲闻”的故事，可以在心灵的大幕上清楚地还原当时的环境和感受，一点杂质也没有。[①] 从作品的整体构思上看,《红楼梦》打破了“有情人终成眷属”或“善恶到头终有报”的旧套，写的是彻头彻尾的悲剧。悲剧的演成，盖因“人生见地的冲突”“兴亡盛衰的无常”[②],“但由普通之人物、普通之境遇逼之，不得不如是；彼等明知其害，交施之而交受之，各加以力而各不任其咎”[③]。从人物故事的性质上看，作者不去写杳不可知的志怪或遥不可及的传奇，而是着力刻画丰满的人物、复杂的性格和真实的人生。从故事内容的组织上看，与《三国演义》《水浒传》等相比,《红楼梦》远人工而近自然，情节结构由粗犷渐入细密，甚至淡化结构线索，进一步接近了生活的原生态。[④] 从故事表现出的爱情观上看，作者跳出了怜才爱色、密约偷期的窠臼。宝黛之爱不是以门当户对为基础的功利型爱情，也不是以一见钟情为表征的吸引型爱情，而是以心灵相通、精神共鸣为基础的升华型爱情。从文学语言的风格上看，作者采用北方口语写人物话语，把历朝历代很多作家不敢用或不屑用的生活语言拿来就用，三言两语就把人物写得跃然纸上。类似的创新和突破还有很多，已被大量研究文献阐发，甚至成为普通读者的共识。可以说，在语文课程中教学生鉴赏《红楼梦》，极有价值的教学内容比比皆是，又何必舍本逐末呢?

三、专题学习与通读指导的结合

很多教师在教学《红楼梦》整本书阅读时采取了正确的阅读路向，并尝试

① 李长之．李长之李辰冬点评红楼梦[M].北京：团结出版社，2006:25.

② 王兴国．牟宗三卷[M].北京：中国人民大学出版社，2015:546.

③ 王国维．王国维文学论著三种[M].北京：商务印书馆，2010:12.

④ 杨义．中国叙事学[M].北京：商务印书馆，2019:129.

将两种教法结合起来。概括而言，就是以通读指导为教学设计主线，把专题学习作为这条主线上的重要节点。例如，有教师把《红楼梦》按章节划分为若干叙事单元，请学生每周阅读其中之一。在此期间，教师不做过多干预，只给出一些“阅读提示”“重点问题”或“学习任务”，作为学生自主阅读的脚手架。因为这些提示、问题或任务，都有意识地指向文本分析和审美鉴赏，学生在通读过程中自然能够发现一些有语文价值的研究问题。教师定期收集这些问题并筛选、分类，就学生普遍感兴趣的内容择时组织专题研讨，这就在一定程度上兼顾了“全”和“专”两项教学目标。

举例来说，《红楼梦》的叙事特点之一是广泛采用预叙手法，即一边讲故事一边“剧透”，通过隐晦、含蓄的暗示，让读者朦胧地知道故事走向或人物结局，但又知道得不详细、不具体，从而给读者带来非比寻常的阅读体验。例如第三回写“宝黛初会”，两人一见面，林黛玉“吃一大惊”，心想：“好生奇怪，倒像在那里见过一般，何等眼熟到如此！”宝玉见了黛玉，也有这种熟悉的感觉：“这个妹妹我曾见过的。”贾母笑着说：“可又是胡说，你又何曾见过他？”宝玉笑道：“虽然未曾见过他，然我看着面善，心里就算是旧相识，今日只作远别重逢，亦未为不可。”贾母笑道：“更好，更好，若如此，更相和睦了。”很多学生读到这里会产生异样的感觉：好像说的是眼前事，又好像说的不只是眼前事；既为宝黛一见如故而欣喜，又隐隐有些不安和伤感。

学生之所以产生这些复杂难言的感受，与作者预叙的“还泪神话”有关。虽然这个神话是作者虚构的，但从这个凄美故事里，读者还是可以得到某些确定性认识。第一，在现实世界，宝黛两人一定情根深种。第二，他们的爱情肯定是大不幸的。如果有情人终成眷属，黛玉又何必还泪呢？有还泪神话在前，第三回的这段对话就同时指向了两个时空。第一个时空就是贾府，就在眼前。站在这个时空来欣赏，“何等眼熟”“这个妹妹我曾见过”“今日只作远别重逢”等语句，可以被看成少年男女初见时颇有眼缘的一种表现；加上贾母从旁说笑，更给人以强烈的现实感。这正是学生感觉此乃当下之事并为之欣喜的原因。但因为有了对第一回的阅读记忆，学生又不得不回想灵河岸上三生石畔的往事，这时就会觉得两个年轻人懵懂可怜：你们哪里知道，你们真的见过，真的是远别重逢；你们又哪里知道，这重逢的一刻就是还泪的起点，你们要在茫然无知中走向宿命的终点了！作者通过类似的种种预叙，使故事的时间和空间在读者眼里不断发生变形与错位，让读者在瞻前顾后、左顾右盼中体会到悲中喜、喜中悲的情感张力，每一处看似平常的生活叙事也因之给人以怅然若失、烟水迷离的感触。这种美学境界在古今中外的小说中都是罕见的。要达到这样的效果，作者必于动笔前对每人每事成竹在胸，坚信不靠故事结果维系阅读动机亦能博得读者青睐。这又是何等魄力！

假如现在有这样一位教师，他要设计兼顾通读指导和专题学习的整本书阅读教学方案，而又认识到《红楼梦》预叙手法的教学价值，他就可以在阅读提示、重点问题或学习任务设计中，有意识地关注那些发挥了预叙功能的语言片段，如人物命名、判词、诗作等，引导学生思考这些语言片段令读者对人物命运、家族命运提前获得了哪些确定性认识。同时，还要关注那些已经应验或正在应验的语言片段，引导学生反思自己此时产生了怎样的阅读体验，这些阅读体验是因何而生的。经过教师这种合规律、有目的且持续性的引导，学生在通读过程中必然会对“《红楼梦》的预叙及其表达效果”这一专题产生兴趣。这时教师就可以拿出几节课的时间，因势利导地组织专题研讨了。学生因为已经有了真切的阅读体验，也积累了丰富的文本证据，要归纳概括出关于预叙手法的概念性、原理性认识，也就不会费力了。

以上只是以预叙为例，说明专题学习是可以融入通读过程的。至于针对不同专题采用什么具体方法教，教师可以根据实际情况灵活变通。总之，只要阅读路向正确、文本解读功底扎实，并且尊重学生真实的阅读体验，《红楼梦》的两种教法就完全可以实现优势互补。当然，这必将给教师的文学修养和教学设计带来挑战，教师也不可避免地要花费更多的教学时间。当前，很多教师在整本书阅读教学中常因时间不够而感到焦虑。这大可不必，教什么不是教呢？凡是对学生成长真正有益的东西，我们都要敢于坚持。

整本书阅读教学视角下的《红楼梦》人物赏析：观念与方法

小说家的创作旨趣各不相同，人物赏析也应遵循不同观念：在以塑造人物为主要目的的小说中，人物是具有心理可信性或心理实质的“人”，赏析人物应聚焦其性格；在主要靠故事情节来吸引读者并借以表达题旨的小说中，人物作为“行动者”或“行动素”，是从属于情节的，赏析人物应聚焦其叙事功能。只有在将人物与事件有机结合的作品中，“心理性”和“功能性”这两种人物观的互补作用才能得到充分发挥。[①]《红楼梦》正是这样一部将人物刻画与故事演进融合得天衣无缝的作品。作者既能在次第展开的一幕幕故事中塑造大批真实可感的“圆的人物”[②]，又能把人物的悲欢际遇编织成经纬纵横的“生活之网”，使大大小小的叙事单元或情节碎片前后相属、因果相连，给读者带来“事有必至，理有固然”的阅读体验。因此，红楼人物赏析有必要把两种人物观结合起来，在梳理人物行为的基础上，引导学生展开性格探究和功能诠释。

受限于篇幅或课时，很多教师在《红楼梦》节选文教学中缺乏对人物行为的系统梳理；对人物性格的探究也往往只从肖像、语言、心理、动作等局部描写入手，其结论也大多是浅表的、碎片的和静态的，不利于揭示人物性格的复杂性、整体性和发展性；对人物功能的诠释更是囿于一章一节，难以使学生领

① 申丹．叙述学与小说文体学研究[M].北京：北京大学出版社，1998:51—61.

② 福斯特．小说面面观[M].苏炳文，译．广州：花城出版社，1984:59—61.

略全书“牵一发而动全身”的艺术魅力。统编教材把《红楼梦》列入教学书目，为红楼人物赏析拓宽了课程空间，对教学实施也提出了更高挑战。综上，本文以学界公认的“性格复杂、神采独具”[①] 且“体现作者多元写作策略”[②] 的刘姥姥为例，探讨整本书阅读教学视角下红楼人物赏析的观念与方法。

一、《红楼梦》人物行为的梳理

“行为”指人物的行动或作为。和那些人物甫一出场就附带作者“论赞”的古典小说不同，《红楼梦》是“不把个人态度带进小说”的；或者说作者有意地保持着一种认同“主人公的独立性、内在的自由、未完成性和未论定性”的“客观态度”[③]，让人物通过自己的言行举止表现其性格、发挥其作用。因此，尽管红楼人物的种种行为都是虚构的，赏析时却可以视之为最主要和最可靠的文本事实，梳理这些事实是进行人物性格探究和功能诠释的前提。特别是在整本书阅读教学中，学生虽然事先未必读过《红楼梦》，但对红楼人物或多或少都有一些感性认识，这些认识往往来自道听途说或改编的影视作品，与原著内容存在相当大的差别，若缺乏行为的梳理，势必造成分析和评判先入为主甚至将错就错的境况。同时，红楼人物赏析长期受到“索隐派”和“自传说”的影响，或牵强附会地搜罗史料以证红楼人物所影射的历史原型，或考证红楼人物与曹氏宗族的对应关系，这些明知《红楼梦》是小说却非要将它当成史料来研究的做法，犯了缘木求鱼、求深反惑的错误。[④] 很多学生不明就里或受好奇心的驱使，偏偏对此情有独钟。因此，梳理人物行为在分析方向上亦能起到纠偏

① 李希凡，李萌．传神文笔足千秋:《红楼梦》人物论[M]．上海：东方出版中心，2017:463—474.

② 许文荣．从《红楼梦》的书写策略论刘姥姥角色的微妙性[J]．红楼梦学刊，2010(4):273—284.

③ 张洪波．比较诗学视野下的《红楼梦》“人物·人情”观[J]．红楼梦学刊，2008(5):273—287.

④ 俞平伯．索隐与自传说闲评[M]//俞平伯论红楼梦．上海：上海古籍出版社，1988:653.

的作用。

行为梳理要根据小说特点选择适当方法。《三国演义》《水浒传》等长篇小说是粗线条的，作者把主要人物的传奇故事按时间顺序拼合起来，梳理难度不大。《红楼梦》则由粗犷渐入细密，作者着眼于日常生活，“一路有意无意，东拉西扯，便皆叙出”“顺笔便墨，得空便入，间三带四，一支笔做千百支用”[①]。这种并不聚焦核心人物和传奇事件的“去中心化”的写作，使人物与人物、事件与事件常常交织在一起，给梳理工作造成很多障碍。首先，要从赏析的目的出发，把“分析对象”和“关联人物”区别开来。“分析对象”即需要解读的人物形象，他（她）是由赏析者根据研究兴趣确定的；“关联人物”即与分析对象发生直接交往的其他人物形象，取决于文本内容。其次，要把“关键事件”和“典型表现”区别开来。“关键事件”是对人物故事的概括，因为故事总是一环套一环的，这种概括可以根据实际情况分成宏观、中观、微观等不同层面，其价值在于把人物行为收拢起来。“典型表现”是在关键事件中被作者突出、放大或强化的特定行为，从叙事学的意义上说，就是作者本可以不提却偏偏提到、本可以略写却偏偏详写、本可以那样写却偏偏这样写的内容。这些内容有别于那些为推动叙事进程而不得不泛泛交代的东西，是作者专门提点读者留心注意的。据此，梳理工作可以被划分为层次井然、并行不悖的两个部分：一是梳理分析对象的关键事件和典型表现，目的在于聚焦分析对象本身，为其性格探究打好基础；二是梳理关联人物的关键事件和典型表现，目的在于观察分析对象引发了他们怎样的连锁反应，为其功能诠释打好基础。

假定以刘姥姥为分析对象，她的关键事件从宏观上讲就是“三进荣国府”。“一进”在第六回，是来“打抽丰”的。“二进”在第三十九至四十二回，是来送瓜果蔬菜的。“三进”或是曹公之意，但续作写得琐碎了——一次是凤姐病

① 曹雪芹．脂砚斋重评石头记（甲戌本）[M]．北京：作家出版社，2001:190—191.

重托孤（第一一三回）；一次是营救巧姐儿，藏匿于乡下（第一一九回）；一次是送巧姐归府（第一二〇回）；一次是受邀进府，为巧姐儿做媒（第一二〇回）。这样算下来，物理意义上是“六进荣国府”了，但从艺术构思上看，后四次都围绕巧姐儿展开，仍可算成一次。从中观上讲（续作不论），至少对第一次、第二次进荣国府都可以做进一步切分。第一次包括“与女婿狗儿议事”“见周瑞家的”“见平儿”“见凤姐”“与周瑞家的告别”等，第二次包括“见平儿”“与贾母叙谈”“游大观园”“为巧姐儿取名”“辞行”等。微观层面还可以继续切分。以脍炙人口的“游大观园”为例，贾母、刘姥姥一行先后游览了沁芳亭、潇湘馆、紫菱洲、秋爽斋、蘅芜苑、藕香榭、栊翠庵、省亲别墅、怡红院等，每一处或行走，或座谈，或赏景，或宴饮，或行令，或听戏，刘姥姥对景、物、人、事都有“考评”，且在众人面前都有一番“表演”，我们可以择要概括出来，如“满头簪花”“宴前戏谑”“行牙牌令”“醉卧怡红院”等。至此，我们就把握住了分析对象刘姥姥在书中大大小小的事件——它们囊括了人物的行为，构成了梳理的纲目——接下来就可以把“典型表现”填充到微观层面的关键事件中了。典型表现的选取需要读者的慧眼，教师不妨先做示范。例如秋爽斋宴罢，刘姥姥看李纨与凤姐儿对坐着吃饭，叹道：“别的罢了，我只爱你们家这行事。怪道说‘礼出大家’。”话音刚落，凤姐和鸳鸯就赶忙道歉了。刘姥姥发出这样的感叹，反映出她性格的某些侧面。作者不写这段话丝毫不影响故事的进程，但写了这段话，刘姥姥才是刘姥姥，否则真成了黛玉口中的“女篾片儿”了。再如刘姥姥初见凤姐，到了求帮的当口，能说会道的她却突然有口难开，只得推板儿道：“你那爹在家怎么教你来？打发咱们作啥事来？只顾吃果子咧！”这种看似反常的表现准确体现了她此刻的处境和心境。总之，我们以刘姥姥为中心，将她的关键事件和典型表现以文字或图表等形式梳理出来，也就理清了她在整本书中的行动轨迹，占有了性格探究的主要素材。

梳理关联人物的关键事件和典型表现与对分析对象所采取的方法相似。《红楼梦》在人物与人物、人物与事件之间建立了深层次、多维度的复杂关联——这里所谓的“关联”只是与分析对象之间的显性关联。刘姥姥初见凤姐时，贾蓉突然到访，凤姐与贾蓉的交谈在时空上与刘姥姥存在显性关联，可被视为关联人物凤姐儿的关键事件；刘姥姥在贾母面前信口开河而宝玉信以为真，竟派茗烟去荒村破庙祭拜所谓“茗玉小姐”，两事虽不属同一时空，但后者是由分析对象的言行直接引起的，可被视为关联人物宝玉的关键事件；巧姐儿与板儿争佛手，并非由刘姥姥的言行直接引发，但板儿是刘姥姥的外孙，由刘姥姥带进荣国府，有此前提，这件事便可被视为关联人物巧姐儿的关键事件。刘姥姥宴前戏谑，引得贾府夫人、小姐们哄堂大笑，各有各的笑法；刘姥姥游大观园，所到黛玉、探春、宝钗等姑娘的闺房，各房有各房的布置，各人有各人的接待；刘姥姥进贾府，所遇平儿、鸳鸯、袭人等大丫鬟，各有各的身份和谈吐。凡此种种，皆可被视为关联人物的典型表现，一一填充到各自的关键事件中去。一石激起千层浪。我们把分析对象刘姥姥的关联人物摘取出来，把他们的关键事件筛选出来，再将典型表现填充进去，就会赫然发现“千里之外，芥豆之微，小小一个人家”的老妪对整本书竟如此重要，学生诠释人物功能的兴致和素材也就齐备了。

二、《红楼梦》人物性格的探究

“性格”一般指人物的个性和品质，性格探究是“心理性”人物观支配下的人物赏析的主要内容。有学者认为，曹雪芹几乎在全体人物的性格刻画和性格刻画的各个方面，都贯彻了其旨在表现性格的真实、完整、丰满的现实主义的观念与方法。[①] 正因如此，红楼人物的性格呈现出与绝大多数古典小说、现

① 滕云．曹雪芹典型观初探——《红楼梦》人物性格刻划的艺术成就 [J]. 红楼梦学刊，1979(2):63—93.

当代小说乃至外国文学名著迥异的特点。这些特点对人物性格分析提出了很高要求。第一，红楼人物性格具有多种构成要素，这些构成要素在不同故事情境中发展为性格的多个侧面，人物因之露出不同“面相”。简单从道德层面臧否为“好人”或“坏人”，或者单纯用某一种“典型性格”涵盖人物的全部性格[①]，都不能准确揭示人物性格的丰富内涵。第二，红楼人物性格的多个侧面并非生拉硬扯地杂糅在一起，看似矛盾的性格或前后有别的面相都在心理层面具有内在一致性，所表现的恰恰是一个个“真人”和“全人”。解释复杂性格的统一性，追求人物性格评价的整体性，是红楼人物性格探究的重要任务。第三，从呈现方式来说，作者不是机械地用一个情节表现人物性格的一个侧面，也不是一次性地表现出人物性格的全部内容，而是尽可能在一个情节中立体地展现人物性格的多个侧面，并且在全书中有条不紊地呈现出人物性格的发展变化来。所以，从不同维度厘析同一情节以获得对人物性格的多元理解，并有意识地关注人物在整本书中的“性格发展史”，也应引起读者重视。

在中学语文教学中，好的人物分析运用的一定是溯源式的“果因推理”，即从具体可感的文本内容出发，引导学生自下而上、循序渐进地建构人物的整体形象，领会作者塑造人物的匠心；而不是用给定的结论支配学生的探究过程，使其仅仅从事演绎式的因果推理。因此，尽管学术界已经对众多红楼人物的性格做了充分阐释，但这些研究成果只适合被用作帮助学生探究人物性格的材料。教师的着眼点还应该在以学生为主体的探究过程的设计上，而这一过程设计必须找到一条契合红楼人物性格特点及其特殊表现形式的主线，以避免出现支离破碎或浅尝辄止的情况。假定我们已经引导学生完成了对分析对象的关键事件和典型表现的梳理，则探究主线可以由以下连续性的研究问题（任务）构成:1. 这些关键事件及典型表现反映了人物性格的哪些侧面？该研究问题旨

① 李桂奎．中国古代小说人物研究方法的嬗变及其转型之路[J]. 深圳大学学报（人文社会科学版），2010，27(3):125—130.

在激发学生开放思维，表达对人物性格的多元理解。2. 这些性格侧面是否可以归并、整合到一起，或者说它们是否具有兼容性？那些看似不兼容的性格侧面集于人物一身是否具有合理性？这组研究问题旨在引导学生发现矛盾，并通过对矛盾的合理解释，理解人物性格的内在一致性。3. 纵观全书，分析对象的性格是否发生过变化？总的来说，他（她）给你留下了怎样的印象？请描述并给出评价。这组研究问题旨在引导学生观察人物性格的发展过程，表达对人物的整全理解。4. 相比其他作品，《红楼梦》在刻画人物性格方面有哪些突出特点？试举感触最深的几点加以说明。该研究问题旨在引导学生从对人物性格的探究转向对作者写人艺术的探索。

围绕这一探究主线的教学活动可以采取灵活的方法。以刘姥姥为例，对问题 1，我们不必把三进大观园的所有关键事件及典型表现都拿到课上，完全可以让学生选择几件事、几种表现深入讨论，教师则对脱离语境或不能自圆其说的作答给出指导。例如在第四十二回篇首，刘姥姥认为老太太和巧姐儿抱恙是因为“遇见什么神了”，需要看看“祟书本子”，如果学生据此指摘刘姥姥“封建迷信”，显然是脱离了历史的和文本的语境的——在书中无非是借以表现刘姥姥“有年纪的人经历得多（凤姐语）”罢了，后文请她给巧姐儿起名也是由此而起。学生逐渐掌握了概括人物性格侧面的思路和方法后，余者就可以分工完成，最后把各组观点汇总起来。研究问题 2 是关键所在。我们把学生得出的形形色色的观点整合起来，会发现有大量看似矛盾之处：刘姥姥朴实忠厚而又巧滑识趣，见少识寡而又应对得体，求亲靠友而又知羞重义，笨嘴拙舌而又妙语频出，本性自尊而又出乖露丑……凡此种种，归根结底是生存环境和交际环境的冲突造成的，也反映出交际目的和交际对象对人物行为的制约。刘姥姥是乡下人，虽则年轻时见过一点世面，但大多数时候生活在农村，生存环境决定了她性格中的一些侧面，如朴实忠厚、求亲靠友、见少识寡等。当她迈进钟鸣鼎食的贾府，所遇的又皆是高人一等的上流人物时，她必须用“诌谀”的言行达成“打抽丰”的目的，于是她凭借因年齿而得的“洞明世事”“练达人情”演出了一幕幕活剧。可以说，特殊的交际环境和交际目的改变了她固有的行为模式，激发出她性格中的另一些侧面，如夸张做作、滑稽卖弄等。但这些毕竟发生在“不情愿”而又“不得已”的情况下，间或流露出腼腆和尴尬也就在情理之中了。曹雪芹的伟大在于不仅写出了生存环境和交际环境对人的影响，而且展现出特定环境下人物性格“常态”和“异态”共存的面貌。更难能可贵的是，刘姥姥二进荣国府时比第一次更加自然和自如，体现出心智成熟的老人对陌生环境的适应能力。遗憾的是，世人不能得见曹公写刘姥姥三进荣国府的传神之笔，续作又难以为继。但仅这“两进”也足够教师引导学生领略刘姥姥复杂性格的内在一致性了。红楼人物是说不尽的，“横看成岭侧成峰，远近高低各不同”，故对研究问题 3 的处理，教师要尊重学生主观建构的权利。随着人物之间的熟稔和贾府的衰落，刘姥姥与贾府中人的交往方式逐渐“平等”起来，那些供人“取乐”的性格渐渐淡化，知恩重义、老成练达的本色占据主导地位，其整体性格是变中有不变而不变中又有所变化的。学生只要能根据文本信息对其“全人”形象分析成理即可。研究问题 4，可请学生自选古今中外的小说进行比照，教师可推荐研究文献，以帮助学生深入、系统地学习写人策略。

三、《红楼梦》人物功能的诠释

功能分析指的是从行动过程的意义角度定义角色行为。[①] 虽然功能分析也是在讨论写人艺术，但它与性格分析关注的焦点不同。性格分析重视研究作者如何通过“正面描写”“侧面烘托”以及“肖像描写”“动作描写”等具体手法

① 弗拉基米尔·雅可夫列维奇·普罗普．故事形态学 [M]．贾放，译．北京：中华书局，2006:18.

表现人物的内在品质，而功能分析则存在“重事而轻人”的研究倾向[①]，更多关注作者怎么利用人物来讲述故事，或者说人物在故事进程中以及表达效果上发挥了怎样的“作用”[②]。这些作用隐藏在具体描写背后，需要读者有意识地以作者为对话对象，并借助一定的写作理论完成对其创作意图的诠释。因而功能分析比性格分析更加复杂，也更抽象。《红楼梦》对主要人物的命运归宿和彼此的纠葛影响有通盘考虑，对社会各阶层的生活环境和矛盾关系有全景式的审视，对事件的前因后果和故事的进程安排有系统性的思考，从任何单一视角诠释人物功能都有“盲人摸象”之嫌，故有必要把分析对象置于与小说要素的互动关系中研究。

首先，要关注人物与人物之间的互衬功能。《红楼梦》是在“众多的人物关系的网结”[③]中写人的，交往行为一旦发生，参与其中的人物的性格就都得到鲜明表现。既然作者在一个事件中写活了多个人物，使读者有“同台飙戏”的感受，我们就有义务揭示分析对象是如何刺激和表现关联对象的性格特征的。刘姥姥初进荣国府，先后与周瑞家的、平儿、凤姐等人发生交往，特别是在被凤姐接待时，写刘姥姥的笔墨少、写凤姐的笔墨多。作者通过一系列神态、动作和语言描写，写出了凤姐打发很不熟悉又是突然到来的“远亲”时的骄矜、精细和干练，脂砚斋评之为“凤姐正传”是很有眼光的。从功能诠释的角度，我们可以说刘姥姥对凤姐起到了映衬作用；这种作用是相互的，把分析对象转向凤姐，她同样也对刘姥姥起到了映衬作用，只是作用机制不同罢了。刘姥姥二进荣国府如同一次集中“展览”，在“两宴大观园”“醉卧怡红院”等情节中，贾母、王夫人、凤姐、黛玉、宝玉等主子，薛姨妈、宝钗、妙玉等客卿，鸳鸯、

---

① 李桂奎．中国古代小说人物研究方法的嬗变及其转型之路 [J]. 深圳大学学报（人文社会科学版），2010，27(3)：125—130.

② 谭光辉．论小说人物分类法 [J]. 江西师范大学学报（哲学社会科学版），2017(5)：85—91.

③ 滕云．曹雪芹典型观初探——《红楼梦》人物性格刻划的艺术成就 [J]. 红楼梦学刊，1979(2)：63—93.

平儿、袭人等丫鬟，对待刘姥姥的态度和方式各不相同，可谓各有各的身份、各有各的体面、各有各的性情。贾母的风趣幽默、凤姐的见机而作、黛玉的尖酸刻薄、宝玉的温柔痴情、妙玉的清高做作、袭人的顾全大局等，都得到了丰富或强化。

其次，要关注人物对环境的透视功能。和《巴黎圣母院》等外国名著不同，《红楼梦》从不把环境和人的活动分开来写，而是以人的活动为主线，让读者通过人物的眼睛感受和理解环境特点。刘姥姥就是作者精心安插在书中的一双“眼睛”。透过这双眼睛，我们看到了贾府日常生活的奢靡：不论是顶庄稼人一年生活的螃蟹宴、用十几只鸡来配的茄鲞、一两银子一个的鹌鹑蛋，还是各种各样极其考究的服饰和器物，无不使刘姥姥以及我们这些与刘姥姥见识相仿的读者大开眼界。透过这双“眼睛”，我们看到了贾府真实而复杂的人际关系。例如刘姥姥称赞黛玉的房间像公子的书房，贾母不予置评，坐下之后又一直和王夫人、凤姐聊纱窗的颜色，随后“一径离了潇湘馆”。对宝钗则不同，贾母因见岸上清厦旷朗，主动问道：“这是你薛姑娘的屋子不是？”进房之后看见陈设朴素，又感叹“这孩子太老实了”，忙命人把体己器物拿来摆设。两相对比，贾母对钗黛的冷暖好恶不言自明。再如鸳鸯因在贾母生活中有不可替代的作用而获得众人的重视、平儿因为是凤姐的“助手”而获得行权的资格、袭人与宝玉有非同一般的亲密关系等，也都通过刘姥姥的介入而被读者感知。透过这双“眼睛”，我们看到了大观园的全貌。作者第一次写大观园，是贾政带宝玉和众清客游园，彼时大观园只是初具规模；第二次写大观园是元妃省亲，此时大观园修建完成，装饰已毕，但宝玉和“群芳”未曾定居；刘姥姥进大观园恰是在众人搬进不久后，读者正是借着刘姥姥的眼睛，随着贾母等人的脚步，对诸事齐备的大观园熟悉起来的。透过这双“眼睛”，我们还能看到贾府整体的盛衰变化。如果说第一回中甄士隐家族的“小兴衰”是对贾府“大兴衰”的一种隐喻，刘姥姥三进荣国府就是现实层面对贾府不断没落的“活见证”。此外，贾府伦理的败坏也可窥见端倪，如刘姥姥初进荣国府时看到的凤姐与贾蓉的暧昧等。总之，贾府作为一种特定环境，其方方面面都通过刘姥姥的视角被展现给读者了。

再次，要关注人物对情节的推动功能。人们常说某个人物推动了情节发展，这种说法非常笼统。因为只要有新的人物出现，作者就必须给他安排专属情节，这些“分内之事”是情节的组成部分，不是情节的推动力——所谓“推动”，应指人物在本传之外发挥的影响。功能诠释者不仅要看到这些影响，还要揭示影响产生的具体路径。例如在“栊翠庵茶品梅花雪”一节，刘姥姥陪贾母来到妙玉处品茶，凡刘姥姥与诸人的对话都不属于“推动情节”，真正被推动的情节是妙玉借此机会把宝、黛、钗三人拉到耳房内品茶。这段故事又可分成两个部分：一是四人共饮、共论；二是黛玉和宝钗离开后，妙玉和宝玉独处。两个部分既写出了四人各不相同的性格，也集中表现了妙玉对宝玉的特殊感情。这种情况是刘姥姥本传自然触发的关联人物的情节，“触发”即是此影响发生的具体方式。刘姥姥游园，随口大赞景色如画，贾母遂命惜春把园子画出来。刘姥姥走后，惜春果然跟诗社请了一年的假来完成这项工作，还发了不少牢骚。这些是刘姥姥本传引发的后续情节，“引发”即是此影响发生的具体方式。巧姐儿与板儿争佛手，“小儿常情，遂成千里伏线”[①]；刘姥姥为巧姐儿取名，也为其命运埋下伏笔。刘姥姥本传之内这些看似无关紧要的情节没有触发或引发新的故事，但与后文存在若隐若现的联系，这些“伏笔”或叙事学所谓的“预叙”，即是此影响发生的具体方式。

指导学生诠释人物功能，可以请学生在自由讨论的基础上建构“人物互衬”“环境透视”“情节推动”等操作概念，必要的时候也可以直接讲授并举例说明，然后请学生探寻新的例子或别的功能。无论是何种教学路径，最后都要

① 曹雪芹．脂砚斋重评石头记（庚辰本）[M]．上海：上海古籍出版社，2017:943.

归结到一个总的问题上——全书对人物的整体设定，这是作者的构思之源。作者在刘姥姥出场前特别点出，贾府千头万绪不知从何说起，从刘姥姥说起“倒还是头绪”。小人物刘姥姥何以成为“头绪”？作者在随后的介绍中突出了她的五个“人设”。第一，刘姥姥是“穷人”，穷人才要“打抽丰”，这给了她进贾府的动机；穷人没见过世面，才更能暴露贾府之奢，并且引起贾府上下的好奇。第二，刘姥姥是“老人”，久经世故让她有了达成目的的能力，也使她具备了被贾母接待的条件。第三，刘姥姥是“亲人”，亲人才可以一而再再而三地过来；兼是凤姐儿一支的亲人，才有了凤姐托孤的可能。第四，刘姥姥是客人，加上她“亲人”和“老人”的身份，才会有两宴大观园的故事。第五，也是最重要的，刘姥姥是“女人”，唯女人可以深入闺阁——当然，宝玉是例外的。万事万物离不开一个“理”字，正是这种高明的人物设定赋予了刘姥姥等人物发挥多重功能的合理性。

四、结语

本文旨在为教师提供红楼人物赏析的框架思路，在实践层面需要强调三点:《红楼梦》人物众多，不必把每个人物都作为分析对象，择其二三开展专题研究即可；红楼人物有主有次，在行为梳理的基础上，对主要人物宜侧重分析其性格，对次要人物应侧重分析其功能；教学过程不必完全按照“行为—性格—功能”的顺序，可就关键事件和典型表现设计综合性学习任务。总之，鉴于《红楼梦》别开生面、独步古今的艺术成就，可以肯定地说，提高《红楼梦》整本书阅读教学中的人物赏析质量，将给小说阅读教学带来“一览众山小”的效果。

下编

整本书阅读·读法

《绿野仙踪》：令人愉悦的神奇故事

《绿野仙踪》[1] 被誉为美国 20 世纪文学史上第一部值得赞赏的童话，由莱曼・弗兰克・鲍姆（Lyman Frank Baum，1856—1919）创作而成。鲍姆生于一个富裕家庭，他的父亲靠石油生意致富。鲍姆小时候的生活条件非常优渥，长大后从事过记者、摄影师、演员、小农场主、编剧等职业，不过都没有很大成就。但当鲍姆做了父亲后，他的创作才能逐渐显露。他经常给他的四个儿子讲自己编的童话故事。他不仅自编自讲这些故事，还把这些故事写了下来，处女作《鹅妈妈的故事》（1897）就是由此而来。《绿野仙踪》于 1900 年出版，一出版便十分畅销，作者便一鼓作气写了十三本续集。

《绿野仙踪》原名为 *The Wizard of Oz*，直译过来应该叫“奥兹国的巫师”。为什么被译为“绿野仙踪”呢？其中含有深厚的中国文化背景。这本书最初是在抗战期间由我国著名儿童文学作家、翻译家、教育家陈伯吹先生翻译的。译名的灵感来源于清代李百川创作的长篇小说——《绿野仙踪》，它讲述了嘉靖年间士子冷于冰和徒弟们在求仙得道途中，一起降妖伏魔，最终修成正果的故事。但是后来作为童话书的《绿野仙踪》名气越来越大，知道这本古代小说的人反倒是越来越少了。这个译名与故事内容非常贴合：巫师奥兹住在翡翠城——顾名思义，即翡翠色的城邦，望去一片碧绿（“绿野”）；书中有大量魔

① 本篇所引原文来源：莱曼・弗兰克・鲍姆．绿野仙踪［M］．张炽恒，译．北京：北京联合出版公司，2016.

法、巫术（“仙”），且讲述的是旅行故事（“踪”）。从译名中，我们还可以找到阅读方法：首先把握人物之“踪”，通过人物踪迹串联故事情节；其次关注“仙”，即神奇且合理的想象，欣赏其独特的艺术魅力；最后观照主题，探索本书带给我们的启迪。

一、跋涉与历险——美国版的“取经故事”

《绿野仙踪》的故事情节并不复杂。小女孩多萝西和房子一起被龙卷风吹到了神奇的奥兹国。奥兹国是一个有巫师的国家，而多萝西和她的房子从天上掉下来时，恰好压死了邪恶的东方女巫。善良的北方女巫闻讯赶来，多萝西就向她请教如何才能回家，北方女巫告诉她去翡翠城找伟大的奥兹寻求答案。于是多萝西一路前往翡翠城，路上先后遇到了没有大脑的稻草人、没有心的铁皮伐木人和胆小鬼狮子，他们怀揣着各自的心愿组成一个小团队，历经各种磨难终于来到了翡翠城。奥兹大法师接见了他们，但提出了一个条件，就是让他们干掉邪恶的西方女巫，才能满足他们的愿望。接着来到了故事的高潮，也就是小团队和西方女巫的斗争。西方女巫派出手下和“飞猴”拦截并且抓住了多萝西等人，结果阴差阳错，西方女巫被多萝西用水融化了，其他伙伴也被人们救活了。于是他们再次来到翡翠城，却无意中发现奥兹是个大骗子，他根本没有法力，当初只是用了一些小伎俩让自己成名。为了让多萝西回家，一行人再次踏上征途，向南方女巫寻求帮助。在故事结尾，多萝西回到了堪萨斯，铁皮伐木人、稻草人、狮子也都实现了心愿，成了奥兹国不同城邦和森林的统治者。

通过梳理，我们可以将故事内容概括为“走失与回归，跋涉与历险”。多萝西因为神秘力量离开了她的亲人和家乡，来到了神话世界——奥兹国，这就是“走失”；为了回归到堪萨斯的现实世界，多萝西又不断地跋涉、历险，最后通过自己和同伴们的努力，回到了常态生活，这就是“回归”。“走失与回归”

是表层内容，而“跋涉与历险”才是核心。后者的叙事模式与《西游记》相似，我们完全可以把《绿野仙踪》看作美国版的“取经故事”。

首先是“组团模式”，即一行人在踏上冒险之旅的前期就形成了一个团队，并有了明确的团队目标。《西游记》里为了让东土大唐取得并且珍惜真经，仙界、佛界和人间三界总动员，先让观音菩萨物色取经人选，选中了中心人物——唐僧。菩萨在还没见到唐僧之前，就在五行山、鹰愁涧、高老庄、流沙河，给唐僧安排好了三个徒弟和一匹马，等着唐僧在路上一一收服，帮助他取经。而取经故事的高潮部分，也是在四员大将聚齐之后才展开的。《绿野仙踪》里也有一个小团队。多萝西带着小狗托托从奥兹国的东方出发，先后帮助了稻草人和铁皮伐木人，后来这两人都和多萝西一起前往翡翠城。他们后来又遇到了狮子，多萝西勇敢地冲过去把狮子狠狠地批评了一顿，说得狮子非常羞愧，也加入团队中。西游团队的主目标由唐僧决定，那就是取经;《绿野仙踪》团队的主目标则由多萝西决定，那就是回家。

其次是“闯关模式”。《西游记》中唐僧一共经历了九九八十一难，实际上沿路除了收服三个徒弟和白龙马之外，只遇到了28处大妖怪。这里的“28处”并不等于“28个”，这里的“处”是指大妖怪所在的地点，而大妖怪手下还有很多小妖怪。我们可以把这28处大妖怪看作游戏的28关，只有通过所有关卡才能成功。而闯每一关的大致经过都是先产生冲突，如果打不过，就去搬救兵，让救兵过来化解险境，然后继续上路。《绿野仙踪》大致也是这样：多萝西他们去翡翠城，一路上斗大怪物卡力大、经过致命的罂粟花田，这些都是“关”；去南方，被吃人树袭击、路过瓷器国、遇到奇特的大蜘蛛、飞过阔德林人的野蛮世界，也都是“关”。这种闯关模式，能让读者感到惊险和刺激。

再次是“植入模式”，意思是在主线故事中，根据人物出场的先后，插叙每一个人物相对独立的小故事。《西游记》里的猪八戒、沙和尚和白龙马被贬的原因，都是他们自己讲述的。比如，猪八戒怎么就跑到人间当妖怪了？是因为他酒后调戏嫦娥。这是属于他个人的小故事。唐僧师徒一路上经过车迟国、朱紫国、乌鸡国、比丘国等国家，国王们遇到的灵异事情和烦恼，也都是通过插叙的方式告诉读者的。《绿野仙踪》也先后插叙了稻草人、铁皮伐木人、胆小的狮子、飞猴、巫师奥兹的故事。比如铁皮伐木人是怎么被邪恶女巫诅咒伤害的、奥兹为何来到了翡翠城，都是作者通过植入一个个小故事告诉读者的。如果说“回家”是故事的主线，把它看作一朵大花的话，那么这些各自的小故事就像星星点点的小花，一花引出百花开。

最后是“团圆模式”，也就是愿望的达成。《西游记》和另外三本名著都不一样，另外三本是悲剧。是非成败转头空，是《三国演义》的悲剧，再伟大的人物也斗不过时间；杀人放火受招安是《水浒传》的悲剧，再厉害的好汉也斗不过朝廷；落一片白茫茫大地真干净，是《红楼梦》的悲剧，再多情的儿女也免不了成为大厦将倾的牺牲品；只有《西游记》是积极浪漫的英雄传奇，取经人都修成了正果。《绿野仙踪》也是皆大欢喜的团圆结局。鲍姆反对儿童读物呈现说教、训诫的样貌，认为童话只需让孩子读得高兴、满足。所以他给故事设定的结局是多萝西回到家；稻草人接替奥兹，成了翡翠城城主；铁皮人接替西方女巫，成了温基人；狮子成了真正的百兽之王——整个奥兹国被交到两位善女巫和故事主人公的手里，一切皆大欢喜。

《绿野仙踪》作为以跋涉和历险为主线的神奇故事，和我国古典小说《西游记》在结构上的相似之处，或许是因为鲍姆借鉴了《西游记》的构思；也有可能是西方文化下的自觉行为，因为团队合作、冒险精神一直是美国文化的重要组成部分。但是，《绿野仙踪》也有自己独创的叙事模式，那就是“反转模式”。多萝西一行人在杀死西方女巫之后，发现奥兹国大法师就是个骗子，这样一来，前面的希望一下落空，他们还要重新出发，去寻找南方女巫。这是侦探小说常见的写法，大起大落，富有悬念。

二、神奇与合理——超一流的文学想象

《绿野仙踪》是充满想象力的书，本书对儿童的最大价值，就是在轻松愉快的气氛中培养想象力。但是必须强调一点，想象力不是胡思乱想，它必须符合一定的逻辑，遵守一定的原则。这些逻辑和原则沟通了想象世界和现实世界，我称之为“文学想象的边界”，也可以把它看作一种艺术真实。所以，阅读《绿野仙踪》等童话故事，不要仅仅沉浸在想象里，还要注意观察作者的写法，关注作者使用了哪些常识作为支点来把故事写得真实可信。

首先，事件设定要以常识为基础，这样就可以和读者的心理预期有一致性。还是先来看《西游记》。孙悟空被压在五行山下之前，如来佛祖和他打赌说，若是他能逃出自己的手掌心，便把天宫让给他住。孙悟空一路翻了几个筋斗，以为早已逃出如来佛祖的手掌心，这时他看到了五根肉红柱子。为什么是五根？为什么是肉红色？这就是手指的真实形态，这样才能突显出孙悟空最终都没能逃出如来佛祖的手掌心，换成其他形态则不行。再比如，七个蜘蛛精各收了一个干儿子，分别是蜜、蚂、蠦（螳螂）、班（瓢虫）、蜢（蚂蚱）、蜡（白蜡虫）、蜻（蜻蜓），为什么对这些我们也不觉得突兀呢？因为这些都与蜘蛛有食物链上的关联。有可能成为蜘蛛的食物。如果说蜘蛛收犀牛做干儿子，读者就会觉得莫名其妙。

同理，《绿野仙踪》中的事件设定也符合一定的物理常识。比如故事一开始，龙卷风连房带人把多萝西和她的房子一起吹到了奥兹国。大家注意，这座房子到了奥兹国都还是完好无损的，多萝西也毫发无损，而且房子还意外地砸死了东方女巫。为什么能这样呢？作者特意安排了五个合理条件。

第一个条件是作者写的“小木屋”结构结实，又不太重。如果房子摇摇欲坠，那么风一刮它就倒了；如果房子太重，都是钢筋水泥，风就很难把它吹跑。

同时，作者还很巧妙地把这个场景安排在一个总是刮龙卷风的草原上，龙卷风的出现以及当地居民为了适应环境而建造的房屋的特点，都是可信的。

第二个条件是刮的是龙卷风。为什么专门强调是“龙卷风”呢？因为龙卷风有个风眼，风眼里是比较平静的，所以房子才能完好无损地落在奥兹国。作者在书中给出了解释：

> 那南风和北风，在屋子四周会合着，屋子便成了旋风的中心。在旋风的中央，通常是平稳的，但是四周的强大风力压迫着这屋子，使它更高更高地上升起来，直到旋风的最高顶。屋子在空中被带走了好几里，就像带走一根羽毛那么容易。

那么多萝西为什么也和房子一起来到了奥兹国呢？这就是作者安排的第三个条件——多萝西是一个比较单纯、简单的小女孩，她平时就安静地待在房子里，被风刮起来也没有乱动，所以就随着房子来到了神话世界。

第四个条件是房子里的床非常柔软，这让多萝西哪怕落地时受到了猛烈震动，也没有受伤。

最后一个条件是房子从天而降。这样才有可能砸死邪恶的东方女巫；如果从天而降的只有一个小女孩多萝西，女巫很容易就能躲开。同时，这个情节还引发了后续故事：北方女巫闻讯前来感谢多萝西，给了她保护，还告诉她该前往奥兹国。

再来看书中体现出想象合理性的第二个方面——人物设定。神话故事中的人物一般都有不同凡响的才能，如果没有特殊本事，就构不成神话；但如果一个弱点都没有，就显得虚假，读者读起来也会觉得没意思。所以人物设定要用点辩证法，让人物既有才能，又有弱点，这样人物才更具有真实性。

一是利和弊的辩证法。比如书中的稻草人，他全是用稻草做的，所以扛摔、扛打，哪怕被西方女巫拆散掏空了，只要按原样再装好就可以复活；而且稻草人本来就是田野中吓唬鸟类的存在，所以当西方女巫派乌鸦来伤害他们时，他可以抵御并杀死乌鸦。这些都是稻草人的“利”。稻草人的“弊”，也来自他是用稻草做的，致命弱点是怕火。再如书中的铁皮伐木人，他是用铁皮做的，所以擅长砍树和与敌人搏斗，这是“利”。他有怕水的弱点，因为铁遇水会生锈，一旦生锈就难以活动了，这是“弊”。

二是真和假的辩证法，主要体现在奥兹国的巫师身上。在神话世界中，巫师一直是人们口中最伟大、最神秘的人物。刚接见多萝西他们时，他连续假扮成大脑袋、贵妇人、大火球、奇怪可怕的野兽这四种形象，来显示自己的神秘和可怕。但是多萝西他们最后意外地发现，奥兹完全就是一个普通人，根本就不会法术，前面的种种“做作”，都是他为掩人耳目故意伪装出来的。这与现实中那些高高在上、神圣不可侵犯的“大人物”何其相似！

三是强和弱的辩证法，这一点在西方女巫身上很典型。书里的设定是，西方女巫法力非常高，没有人能战胜她，但同时她还有一个致命的弱点——怕水。所以西方女巫看起来是无敌的，但又很容易死去。作者安排了一个非常巧妙的情节让西方女巫战败：西方女巫想得到多萝西的银鞋，于是设法绊倒她；多萝西一气之下顺手把一桶水泼到女巫身上，然后女巫就意外地被溶化了。

除了事件和人物，法宝的设定也能体现出作者想象的合理性。法宝是指有特异功能的宝物。法宝的作用就好像游戏里的装备，武侠小说里的暗器、兵刃一样，装备越高级，武器越先进，法宝越神奇，主人公就越厉害。在童话或者神话故事中，往往会出现很多法宝。如果按照功能来归类，一种是攻击型的，比如孙悟空的金箍棒；一种是许愿型的，比如阿拉丁的神灯；一种是惩戒型的，比如唐僧给孙悟空戴的紧箍圈。《绿野仙踪》是写给孩子的童话，不会渲染暴力或惩罚，因此书中的法宝几乎都是许愿型的，它们不仅神奇，还推动了故事发展。

《绿野仙踪》中有两个最重要的法宝——银鞋子和金帽子。

先看银鞋子。它第一次出现是在第二章，原先是东方女巫的鞋子，在她被房子砸死后，鞋子就被多萝西穿到了脚上。但此时作者并没有交代这双银鞋子有何特别之处。它第二次出现是在第十二章，西方女巫知道这件法宝的厉害，于是想要抢走，结果意外地被水溶化而死。但作者依然没有交代银鞋子的功能。一直快到结尾，南方女巫才揭晓银鞋子的威力——只要念咒语并配合一套动作，银鞋子就能带你去任何你想去的地方。这件法宝除了本身的功能，还给整个故事留下悬念，在结构上又推动了故事情节的发展。

再看金帽子。金帽子在第十二章出现，它原先的主人是西方女巫。西方女巫死后，多萝西拿走帽子，又把它给了善良的南方女巫。这件法宝的功能是可以召唤飞猴，命令它们做任何事，而飞猴本身非常强大，几乎无所不能，所以这件法宝威力非常大。从书中可以看到，不同的人利用金帽子做了完全不同的事：西方女巫用它让温基人臣服，还用它抓捕多萝西；多萝西则用它迅速回到奥兹国，飞过阔德林人的野蛮世界；而南方女巫用帽子分别送稻草人、铁皮伐木人和狮子回到他们的去处。我们会发现，金帽子在不同人手中发挥了不同的作用：西方女巫用它来作恶，多萝西把它当作历险的工具，南方女巫则用它行善。这启示我们，善良的人用法宝能发挥善的作用，恶人用法宝则会有恶的作用。

《绿野仙踪》是一本想象丰富的杰作，作者在事件、人物和法宝的设定中增添了物理、情理和事理的成分，让故事更加真实可信。任何优秀童话都离不开神奇的想象，我们陶醉在奇幻世界里的时候，也要多想想作者构思的用心。

三、快乐与深思——给儿童的成长启迪

鲍姆非常反感以往童话中的说教，以及那些会给孩子带去恐惧的惊悚画面，他认为童话应该给孩子带去欢乐，所以他在序言中说这本书有望成为一部现代童话，其中保留了惊奇与欢乐，告别了悲伤与噩梦。虽然作者没有刻意追

求所谓的“寓意”，但其中还是有很多对儿童成长的启迪，这种启迪比道德训诫更有感染力。

首先，主人公各自的愿望隐喻了人生中最重要的四件事。

多萝西在整个旅途中都坚定不移地要回到家乡，对她来说，所有的美丽景物、地位和荣誉，都没有家人重要。多萝西原来生活的地方叫堪萨斯，书中写到这个地方在大草原的中部，天空总是灰蒙蒙的，土地荒芜，生活单调，还经常刮大风。而多萝西被龙卷风带到奥兹国以后，看到那里有着奇特美丽的风景，有绿色的草地、高大的树林、甜美的果子，还有流水淙淙——那里的生活条件是她的家乡完全无法比拟的。多萝西完全可以选择留在芒奇金人的国土，因为这里的人都很感激她杀死了东方邪恶女巫。但是她还是很想念自己的家，于是她毅然决然地踏上了未知的冒险旅途。当她第二次回到奥兹国时，稻草人已经接替奥兹成了翡翠城的统治者，可是她还是坚定地要回家。从这些都能看出，“家”才是多萝西最珍惜的东西，哪怕那个“家”看起来并不是那么完美。

稻草人的愿望是拥有一个真正的头脑，所以他一直在百折不回地追求头脑。这里的头脑其实就是智慧的象征。他在第一次遇到多萝西时，就流露出想要获得头脑的强烈愿望。他说因为自己完全是用稻草做的，所以没有脑子；只要有了真正的脑子，他就会思考，变得聪明。因此对稻草人来说，“智慧”才是最重要的东西。

铁皮伐木人的愿望是有一颗真正的心，所以一路上他都在锲而不舍地寻找心灵。书中说铁皮伐木人原来是有心的，他爱上了一个姑娘，但是邪恶的东方女巫损坏了他原来的肉体，包括他的心。之后他因为失去了心，不再爱那个姑娘了。其实，“心”不仅仅代表爱情，它的本质是爱与被爱的能力，而铁皮伐木人也一直在追寻着“有心人”的情感体验。

狮子的愿望是获得胆量。狮子作为百兽之王，本该是非常勇敢威猛的。可书中的狮子恰恰相反，他胆小懦弱，虽然用庞大的身躯、恐怖的吼声依然能够威慑其他人，但是他的内心还是感到害怕、恐惧。所以他最大的愿望就是获得胆量，让自己勇敢起来。“勇气”就是他最需要也是最重要的东西。

多萝西他们在路上一直追求着各自最重要的东西——家人、智慧、心灵和勇气，这些东西对于任何一个人来说都是不可或缺的。这也反映出一种价值观：家庭作为社会关系的基础，是每一个人背后的精神力量；智慧、爱心和勇气则是自我人格发展的基础。伟大的孔子曾经说过“智者不惑，仁者不忧，勇者不惧”，就很好地说明了自我发展需要这三样东西。

这本书带给我们的第二个思考就是：人都是在经历中不断成长的，有了信念和经验，人就会慢慢地变成自己最初想要成为的样子。书中多萝西他们一直盼望着伟大的奥兹能给他们想要的东西，但实际上作者一直在暗示我们，智慧、心灵和勇气不是靠别人赋予的，而是在不断的历练中慢慢形成的。

多萝西一行人在旅途中遇到一道横在他们面前的非常宽的壕沟，大家想到可以让狮子背着大家跳过去。胆小的狮子虽然很害怕，但还是勇敢地尝试了，最后也成功了。书中这样写道：

> “就是我自己，也担心会掉下去，”胆小的狮子说，“但是，我想来想去，除了尝试一下以外，没有别的办法，所以你骑上我的背吧，我们试着跳一次。”

在去往奥兹国的路上，在去找西方女巫的征途中，出主意的总是稻草人，他因为知道自己没有大脑，所以特别爱想办法；总是流泪感动的恰恰是铁皮伐木人，他没有心，但总是为他人考虑，因他人而感动；而遇到危险时，明明非常害怕却一直鼓起勇气去搏斗的，则是胆小鬼狮子。这说明：在困难和挑战中，他们认识到了自己的弱点，并且已经逐渐克服了，只是因为一直以来心里贴着“我不行”的标签，所以还没有确认自己的人格得到了完善。

于是，颇为戏剧性的一幕出现了：他们在得知奥兹是个骗子以后，还要让奥兹帮他们实现自己的心愿。于是，奥兹给狮子一瓶药水，告诉他只要喝下去就可以获得胆量：

> 奥兹回答说："唔，如果你把它喝下去，它就变成了你的胆量。你应该明白，那胆量是潜藏在身体里面的，所以在你把它喝进去以前，它不能变成你自身的胆量。因此，我奉劝你，还是喝了它。"
>
> 狮子不再犹豫了，立刻把瓶子里的怪药水喝得一干二净。
>
> "你有什么感觉？"奥兹问。
>
> "我觉得浑身是胆了！"狮子答道……

奥兹并没有法力，他故弄玄虚的过程，只是帮助稻草人、铁皮伐木人和狮子完成了某种"确认仪式"。其实智慧、爱心和勇气，早就在众人的历险过程中形成了，是他们一次次克服困难并且百折不回的经历，赋予了他们想要的东西。

《绿野仙踪》还启示我们，要学会珍惜人与人之间的美好情感。家人、智慧、爱心和勇气，这些都是个人发展所需要的东西；而人与人之间的情感，如友情、对他人的感恩之心，还有对他人许下的承诺，也是人生中不可缺少的东西。

书中很多地方都表现出这些情感。多萝西一行人，无论遇到多大的困难，都没有把朋友丢下，他们一直互相帮助、共同成长，最后大家都得到了自己渴望的东西，这就是真正的友情。田鼠女王因为得到了铁皮伐木人的帮助，就给多萝西一个哨子，说如果需要帮助，只要吹响哨子就行，这就是她的报恩。奥兹虽然是一个大骗子，但是他曾经向多萝西他们承诺，会实现他们的愿望，于是他也在认真思考如何兑现诺言，甚至还做出热气球，想要带多萝西回家。由此可见，奥兹本质上也是一个信守承诺的好人。

人的成长离不开自我认识，离不开与他人的交往。《绿野仙踪》告诉我们应该追求什么、应该怎么去追求；同时也告诉我们在这个过程中要尊重友情、懂得感恩、信守承诺，这些都是能够引起全人类共鸣的价值观。作者不是通过说教完成的，而是把它融到了这个神奇的童话故事里，让我们在愉快的体验中感受到精神的启迪和心灵的共鸣。

《汤姆·索亚历险记》：“坏孩子们”的冒险之旅

《汤姆·索亚历险记》[①] 是美国作家马克·吐温（Mark Twain，1835—1910）最负盛名的一部长篇小说。马克·吐温本名叫萨缪尔·兰亨·克莱门（Samuel Langhorne Clemens），马克·吐温这个笔名则来源于他早年的水手经历。“马克·吐温”原是水手术语，意思是“水深两㖊”（约 3.7 米，1 㖊约 1.852 米），这是轮船安全行驶、不触礁的必要条件。另外，在他做水手的时候，他的老船长曾经用过这个笔名，老船长去世后，他便沿用了这个笔名。

马克·吐温出身贫寒，从事过学徒、水手、记者、淘金工人等各种职业，后来才以写作为最主要的谋生手段。马克·吐温因为善于讲故事，语言风趣幽默，同情劳苦大众，对当时的美国社会进行了深刻批判，所以被人们誉为“美国文学中的林肯”，在美国文学史上享有崇高的地位。作者在写完《汤姆·索亚历险记》后，又写了一本续集——《哈克贝利·费恩历险记》。除此之外，他还为后人留下了很多优秀作品，如《王子与贫儿》《百万英镑》《败坏了哈德莱堡的人》等。

本书写的是“坏孩子们”的冒险故事，故事有趣，情节紧凑，读来惊心动魄。但它又是一部完整且具有批判思想的作品。读这本书你也许会遇到几个问题。第一，这部小说有 17 万字，故事情节比较复杂，容易让人读了后面就忘

① 本篇所引原文来源：马克·吐温．汤姆索亚历险记［M］．张友松，译．南京：译林出版社，2023.

了前面，说不清究竟讲了哪些故事，故事之间又是什么关系。第二，书里的人物大多是复杂形象，不像一般儿童读物中的人物形象那样单一，尤其是主人公汤姆。作者是在批判社会风气的背景下展现“坏孩子”的好品质的，该如何客观评价这些复杂形象，又是一个难题。第三，马克·吐温的语言风格是幽默之中带有讽刺，但因为文化背景不同，中国读者很难体会其艺术效果。以下，我们主要就这三个难题展开讨论。

一、梳理故事情节：化整为零和聚零为整

长篇小说就像电视连续剧一样，它的情节发展往往有好几个主要矛盾。这些矛盾交织在一起，在不同环节重点描写其中一个，就构成了相对完整的叙事单元。找到这些主要矛盾以及由此形成的叙事单元，这就是“化整为零”；厘清彼此的关系和结构，把故事连成一片，这就是“聚零为整”。这样一来，读者就能扎实地记住故事发生、发展的过程，形成结构性记忆，并欣赏作者构思的妙处。

首先是“化整为零”。我们以汤姆的经历为主线，以书中各章节标题为抓手，大致可以把全书分成七个叙事单元：“汤姆的日常生活写真”“汤姆的‘恋爱’悲剧”“目睹坟场杀人事件”“离家出走去做海盗”“回归日常生活”“和杀人凶手的拉锯战”以及“大结局”。

第一个叙事单元主要塑造了一个顽劣、聪明又不服管束的“坏孩子”形象。本书的其他主人公，如波利姨妈、席德、哈克贝利、贝奇等相继出场，圣彼得堡小镇的人物关系也在我们面前展现出来。我们可以感受到汤姆和他所生活的环境存在很强的矛盾冲突，但此时的矛盾还不足以让他离家出走。

第二个叙事单元讲述了汤姆遭受的打击。这里的“恋爱”是要加引号的，不是指成年人的恋爱。汤姆只是青春期的少年，他对女孩贝奇产生了懵懂青涩

又纯洁的感情，但两人在相处过程中产生了一些误会，又因为爱面子，谁都不肯先认错。这时，汤姆和环境的矛盾被进一步激化，心灰意冷的他产生了当海盗的想法，但仍没有到达付诸行动的地步。

第三个叙事单元“目睹坟场杀人事件”是全书的一个重大事件，写的是汤姆和哈克贝利夜里到坟场玩耍时无意中撞见一起凶杀案，凶手把罪责嫁祸给他人，知道真相的汤姆良心上受到了巨大的谴责。此时此刻，汤姆再不能忍受环境给他的压力，将原先离家出走的想法付诸了行动。

这就来到第四个叙事单元——“离家出走去做海盗”。为了排解忧愁，汤姆和小伙伴哈克贝利、哈波在小岛上过了不到一周的快活时光。但玩着玩着，大家又开始想家。有一天汤姆偷偷溜回家，无意间发现镇上的人以为他们溺水而亡，正准备给他们筹划葬礼，于是汤姆就和小伙伴们计划在办葬礼那天回家，让所有人大吃一惊。

在他们重回小镇，回归日常生活后，故事就来到了第五个叙事单元。这段故事包含了三对关系的和解。第一对关系是汤姆和波利姨妈，原来一个不服管，一个偏要管，两者之间存在很激烈的矛盾；现在经过短暂离别，他们的关系变得缓和。第二对关系是汤姆和贝奇，汤姆重新获得了贝奇的好感，他们俩也和解了。第三对关系就是汤姆和他的伙伴，他们原先在小岛上闹了很多不愉快，现在恩怨全消，皆大欢喜。但尽管如此，汤姆还是面临着巨大的心理斗争，因为真正的杀人凶手印江·乔埃把罪责嫁祸给哈波，而汤姆知道事情的真相。他看到哈波被押在地窖中过着惨淡的日子时，心里很不是滋味。所以，汤姆最终还是鼓起勇气说出了真相。这时哈波得到了释放，但是真凶逃跑了，汤姆和哈克贝利因此提心吊胆，于是他们又提议一起去挖宝藏来排解焦虑。

在挖宝藏的过程中，他们和印江·乔埃又有了偶遇和冲突，这就是第六个叙事单元——“和杀人凶手的拉锯战”。首先，他们意外发现凶手有一笔宝藏，为了得到这笔宝藏，他们就开始跟踪印江·乔埃。有一天，凶手准备报复他的仇人道格拉斯寡妇，结果被哈克贝利发现了，哈克贝利就给别人通风报信，救下了道格拉斯寡妇。之后汤姆和贝奇在山洞中迷路，结果凶手恰好也逃到山洞中。在汤姆他们得救后，镇上的人直接把洞口给封了，于是凶手就在被封住的山洞中饿死了。

最后，也就是在“大结局”单元，汤姆和哈克贝利获得了凶手的宝藏，成为小富翁，过上了体面的生活，但是哈克贝利仍没有放弃强盗梦，和汤姆约定之后一定要成立一个强盗帮，继续体验这种冒险的经历。这个结尾也给马克·吐温的另外一本作品——《哈克贝利·费恩历险记》埋下了伏笔。

以上是本书的七个主要叙事单元。接着来看作者是如何通过“聚零为整”把这几个叙事单元串成整个故事的。作者先是从日常生活各方面给我们展现了一个真实的汤姆形象，这是一种平面刻画，故事情节并没有向纵向发展。作者通过这种“平叙”展现人物形象，为他之后做的一系列事情做好了性格和环境的铺垫。促使情节往前推动的是第二和第三个叙事单元，“恋爱”和目睹杀人事件，让汤姆与生活环境的矛盾被进一步激化，他最终逃离小镇去做海盗。这就到了故事的第一个高潮。接着故事情节又回落到比较平缓的节奏，即第五个叙事单元——“回归日常生活”，在这个叙事单元中，各种矛盾得到缓解。于是，作者又在第六个叙事单元中增加了崭新而且更紧张的矛盾，真凶印江·乔埃和汤姆他们展开了持久、激烈的拉锯战。

通过上述分析可以发现，本书的故事情节其实是三大矛盾和五次历险。故事一开始，我们就能看出汤姆和与他所处的环境有着矛盾冲突，这是儿童天性和沉闷无聊的家庭管教以及教会学校的矛盾，即第一大矛盾；第二大矛盾是汤姆和贝奇之间青涩的“恋爱”矛盾，两人从互有好感到产生误会再到缓和关系，彼此的关系一直在变化；第三大矛盾则是汤姆和哈克贝利等人与杀人凶手印江·乔埃的矛盾，这一矛盾也构成了本书的高潮。书中还写了五次比较重大的历险。其实，汤姆和那群“坏孩子”的日常生活本身就是冒险，因为要和家长斗，和同学、老师斗。但这都是小打小闹，大不了事后挨顿骂挨顿打，他们压根儿没放在心上。这里的“五次历险”，是指让他们心惊肉跳而且稍不留意就会丢掉小命的历险：目睹坟场杀人事件、逃到岛上做海盗、跟踪凶手救下寡妇、被困山洞、挖掘财宝。他们要么就和杀人凶手于明暗之间拉扯搏斗，要么就身处险境，犹如在悬崖上走钢丝，所以这些才算得上真正的历险。

从三大矛盾和五次历险中，我们可以看到《汤姆·索亚历险记》和那些内容比较单一的儿童文学不一样。有些儿童文学作品只反映一些美好品质，不涉及现实中深刻复杂的问题，故事元素比较单一。这本小说相比而言更为多元，它既包含青少年在家庭、学校中的生活元素；也包含青春期刚刚接触爱情时的一些情感元素，有爱情小说的成分；同时还包含淘小子们的历险元素；甚至包含侦探小说的悬疑元素。所以，我们可以说，这本书是一个由多种元素构成的生动有趣、跌宕起伏的历险小说。

二、欣赏人物形象：情境分析和比较分析

《汤姆·索亚历险记》的主要受众是儿童，但它和一般的儿童读物不同。大多数写给儿童的书里都是些性格单一的人物，他们在整个故事中往往只有一两个最突出的特质，而且一般都是正面、积极的。《汤姆·索亚历险记》则不同，作者在序言中说：“虽然我这部书主要是供青少年儿童阅读欣赏，可是我希望成年人也可以去阅读这本书。因为我的计划里有一部分是要引起成年人回忆他们的童年生活。”这句话有两个意思：第一，这本书的读者对象是青少年，不像有些儿童读物只针对十岁以下的孩子；第二，这本书同时还面向成年人，作者也考虑到了成年读者的感受，因此字里行间流露出成年人的说话口吻和思考方式。这本书是以 19 世纪美国现实生活为背景的，没有强烈的浪漫主义色彩，这就导致书中人物都是社会化的、复杂的，不能对他们做一分为二的简单评判。

对此，我们可以采用情境分析和比较分析的方法。

所谓“情境分析”，是指要以事情发生的背景、成立的条件和所处的时间、空间等具体环境为依据，判断是非、美丑、善恶，而不是只看结果和事实就对人物下定论。比如“闯红灯”，如果只看结果，闯红灯就是错的；但假如有一辆出租车搭载着一位需要紧急救治的病人，司机在确认安全的情况下闯了红灯，能简单地说他的做法是错的吗？再如“撒谎”，如果一个医生为了让病人有比较好的心态，对得了绝症的病人说休息一段时间就好了，这样的谎言能被简单定性为一般意义上的欺骗吗？

第一章“汤姆贪玩好斗，东躲西藏”写了一个典型情节：汤姆逃学去游泳。波利姨妈知道汤姆经常逃学出去玩，在汤姆出门前就把他的衣服领子给缝起来了，防止他脱下衣服去游泳。在汤姆放学回家后，波利姨妈一边试图套话，一边检查衣服领子，结果发现衣服是干的，领子上的线也还在，于是就相信汤姆并没有逃课去游泳。这时汤姆的弟弟提醒波利姨妈：“你今天早上是用白线缝的领子啊，现在怎么变成黑线了？”结果还没等姨妈反应过来，汤姆就撒腿跑了。

这个情节包含一些事实。第一，汤姆逃学去游泳了。第二，汤姆经常逃学，不然波利姨妈为什么要这样防他呢？第三，汤姆为了不让波利姨妈发现，不惜用些小把戏撒谎骗人。对于这样一个经常逃学、反复撒谎、耍心眼骗家长的孩子，我们一般怎么评价？我们肯定会说这是坏孩子，挨骂是应该的。但是，如果运用情境分析法，我们会先思考几个问题：汤姆为什么喜欢逃学呢？他的学校每天上什么课？校长和老师每天是怎么对待学生的？波利姨妈有没有耐心教导他，听听他的心里话呢？这几个问题在书中第一章还不能找到答案。但当我们耐心地往后看，完整的情境慢慢就会浮现出来。

从后续书中对汤姆生活环境的描写来看，学校学习的主要内容就是机械地背《圣经》，学生一旦迟到就会被罚抽鞭子，而那些所谓的校长、老师都是些道貌岸然、虚伪谄媚、冷漠无情的人。整个镇子上的大人们都已经习惯了这种空洞的生活。波利姨妈最喜欢听话、乖顺的孩子，对汤姆这样不服管教的孩子，只有怀疑、讽刺、惩罚和打骂。我们把握了整个情境后，可以发现汤姆生活的圣彼得堡小镇，笼罩在一种僵化、腐朽的宗教思想之下，这里的人们表里不一，生活枯燥乏味；这里的学校每天说些陈词滥调，老师也没有温情、没有见识、没有个性；这里的家庭对孩子只会管束打击，从来不考虑儿童的天性。基于这样的情境，我们再来看逃学和撒谎这两件事：逃学是坏的，但如果学校教育本身已经腐朽僵化，逃学就变成了好的；撒谎也是坏的，但如果是为了摆脱死板、严厉的管教，又是情有可原的。

所以，我们能由汤姆所做之事判定他是个坏小孩吗？不行，这样太表面了。只能说他不是道德模范。他身上那些坏是环境长期压迫造成的，而他表现出的旺盛的生命力和贪玩好动的性格，恰恰是少年儿童的天性。尽管我们不赞成逃学和撒谎，但是我们要透过事实表象去看背后的原因，对汤姆这个人物来说，我们并不能因此说他是坏孩子，反而要说他有点聪明、有点可爱；从他的身上我们能看到作者对儿童天性的赞美，对死板的教会学校和家庭教育的讽刺。

“比较分析”大家比较熟悉。是非、美丑、善恶都是相对而言的，我们既可以在人物之间做横向比较，还可以在同一人物的不同时间节点做纵向比较。

人物之间的横向比较，可以分为性格相反或是性格相近这两类。书中的汤姆和席德就属于性格完全相反的两种人：从家长的角度来看，席德是听话、规矩的模范儿童，而汤姆是不听话又没规矩的问题儿童；但从读者的角度来看，席德总是告密，又坏又蠢，而汤姆则对朋友很讲义气，本性是很善良的。从不同的立场来看，可以把席德看作符合家长期望的、早熟的儿童代表；汤姆很有自己的想法和个性，属于个性化发展的儿童代表。汤姆和哈克贝利性格相近，都是所谓的“坏孩子”，但各有特点。哈克贝利比汤姆更加不羁，名声更坏，他抽烟打架，还没人管教；汤姆则心智更加成熟，更有主见，也更像一个领袖。

揭发凶手、去小岛做海盗、挖掘宝藏、追求爱情等一系列事情的“大主意”都是由汤姆拿定的，哈克贝利只是一个小跟班。

人物自身的纵向比较也很重要。比如汤姆，就在经历中不断地成长。从最开始对所有大人的叛逆到对被诬陷杀人的波特的同情，再到对波利姨妈关心的认识，再到对贝奇所犯之错的承担，以及最后和哈克贝利分享宝藏，他变得更加成熟、更有担当和责任感，也开始学会理解身边的人了。这群“坏孩子”在历险途中逐渐获得丰富的内心世界，心态和性格都有了一些变化。在小说结尾处，汤姆对自由的追求就没有哈克贝利那么强烈了，而这一点恰好说明了他的成长，如果用一个概念来讲，就是人的社会化。有人认为作者写汤姆融入社会就是对庸俗社会反抗不彻底，其实不对。人物不是供读者取乐的，作者不能为了反抗得彻底，就让人物最终也无法融入社会；我们也不能用人物最后是否融入社会来判定这个人是否具有反抗精神。汤姆身上的反抗性是毋庸置疑的，他在反抗的过程中已经让社会感受到了这股力量，社会对汤姆英雄行为的承认，也意味着社会发生了改变。每个封闭、死板的社会，都是由一批批桀骜不驯的“汤姆们”打开一条缝隙后，才有改变的可能的。书中的其他人物也在成长。比如波利姨妈，她最开始保守、严厉、没有人情味、是非不分、偏爱席德，可在汤姆出走回来之后，她明白了孩子比教条重要得多，也知道了汤姆对她的感情，因而态度发生了很大变化，听到席德再说汤姆坏话，她就会批评席德。还有全镇其他人物，在两次救小孩、找小孩的过程中，表现出了一定的同情心和勇气。

《汤姆·索亚历险记》塑造了几十个人物形象，其中固然有一些脸谱化的形象，比如道格拉斯寡妇、酒鬼波特等，也有一些性格单一的人物，比如凶狠的印江·乔埃、模范生席德和姐姐玛丽等，但是，大多数主人公都比较立体，性格比较复杂，尤其是汤姆和哈克贝利。对待这种复杂人物，如果用情境分析法和比较分析法，就能对其行为以及性格的特殊性、发展性做出比较全面和公允的评价。

三、品味艺术魅力：感受共鸣和关注细节

阅读文学名著，除了知道作者讲了什么故事、写了什么人物之外，站在语文学习的角度，还应该深入一步，理解作者写法上的妙处。对《汤姆·索亚历险记》这种外国作品，很多人感到陌生，一是因为外国作品读得少；二是因为对外国小说的美学追求不熟悉。对此，有两种简单实用的办法，一是感受共鸣，二是关注细节。

共鸣，指文学作品中的思想情感触动了读者的思想情感，引发了读者与作者相同或相似的联想和思考。在《汤姆·索亚历险记》中，能够引起读者共鸣的地方非常多。读到让我们会心一笑的地方时，反复读几遍，静心想一想：为什么我会被这段故事吸引？如果能说出其中的缘由，也就找到了作品的魅力。

作者在第二章“光荣的刷墙手”中描绘了汤姆刷墙时的心理活动。汤姆被罚去刷墙，看到别的孩子都在自由自在地玩耍，自己却只能做着无聊的刷墙工作，心里很郁闷。他突然想到可以用玩具去“雇”别的孩子来刷墙，但转念一想，又觉得自己的玩具估计连半个小时都换不来。这时，本·罗杰斯看到汤姆在刷墙，故意高声嘲笑他。但是汤姆不仅不搭理他，还刷得特别投入，看起来很享受这份工作似的。罗杰斯很好奇：为什么刷墙这样的工作汤姆还干得这么开心呢？汤姆就说：“波利姨妈对这面墙是很讲究的，一定要刷得很仔细，或许两千个孩子里都不能挑出一个来担此大任。”这样的话很容易激起小孩的胜负欲，于是罗杰斯蠢蠢欲动，想通过刷墙来表现自己，甚至不惜用大苹果换这份工作。汤姆装作很勉强的样子，拿了苹果，又很不舍地把这份工作交了出去。

这个片段会让读者对汤姆的机智产生共鸣，因为作者把儿童心理描绘得出神入化。儿童手头没有钱，但又想要别人的玩具，怎么办？通常是采用物物交

总的来看，作者为我们刻画的“坏孩子们”恰恰是一群好孩子，他们本性善良，只是带有贪玩的心性。他们勇敢、正义、富有反抗精神，给小镇增添了一丝生机，带来了改变枯燥生活的可能。如何辨别好与坏？如何发现作者真正要传达的信息？这需要读者的火眼金睛。

换这种原始交易方式，所以汤姆想到的第一个主意就是用自己的玩具换点自由时间。另外，儿童还有争强好胜和逆反的心理，越不让他做这件事，他就越想去试一试。所以，后来汤姆就采用欲擒故纵的策略，让本身很无聊的刷墙工作变得很有吸引力。看到汤姆计谋得逞，读者会为他感到高兴，甚至还会想到自己小时候骗人成功的故事。

作者除了把儿童心理真实地呈现给读者，还把这种心理活动写得很有层次，让故事富有戏剧性。读者看这个片段，心情会随着主人公的心境起伏变化。作者写汤姆为了不刷墙动心思时，不是一上来就想到欲擒故纵这个策略——这样一举获胜的情节，读起来没什么意思。作者写汤姆先想通过物物交换来换取时间，但发现自己没什么可换的，于是变得沮丧；然后突然计上心来，想到可以“包装”这份工作。读者的心也随着汤姆的心起起伏伏，最后才拍手称好。

作者擅长细致入微的儿童心理描写和戏剧性的场面描写，这也是全书的艺术特点。汤姆他们一起去小岛当海盗，玩了不到一周，就觉得没意思了，一个个都想回家。这就是典型的儿童心理：越是不让他玩，他越想玩；一旦让他放开了玩，他反而觉得没劲。再如汤姆和贝奇的“爱情”，两人因为一点误会把关系弄得很僵，这时谁都不愿意主动认错，还会故意接近别的异性让对方吃醋，结果误会反而越来越深。这不就是典型的爱面子心理吗？

我们可以用四步法总结一下如何与作品产生共鸣：首先留意并记录自己的阅读发现；然后思考这个部分打动自己的原因；再概括形成一些基本观点；最后不断收集新的证据，检验这个观点在全书中是否具有“普遍性”。

通过关注细节也可以感受到本书的艺术魅力。任何一本名著都是作者花很长时间精心打磨而成的，看似不经意的每一句话，甚至每个字，作者写的时候都是左思右想、反复推敲，最后才确定下来的。对于《汤姆·索亚历险记》这种长篇小说，因为故事情节生动有趣、悬念迭起，所以有些人在阅读时光顾着“追剧”，经常囫囵吞枣。这样很难品出字里行间的好处。解决办法只有一个，就是放慢阅读速度，关注语言文字的细节，从细节中寻找作品的魅力。

马克·吐温是修辞高手，为避免平铺直叙，他的故事大量使用比喻、拟人、引用、夸张、排比、反语等修辞手法。

书中第五章写大家在主日学校听牧师布道，作者这样描写牧师——

> 唱完颂主歌之后，牧师史普拉格先生就变成了一块布告牌，宣布一些集会和团体的通告之类的事情，他一直说个不停，简直就像是他所要宣布的事情会要继续说到世界末日霹雳声响的时候为止似的——这是一种很奇怪的习惯，至今在美国还保持着，即令在这报纸多得很的时代，连城市里都一直没有改。一种传统的习惯每每越是没有存在的理由，反而越不容易去掉它。

作者把牧师比喻成了“布告牌”。“布告牌”不是用来形容人的，它只是贴着一些事项的牌子，作者用这个比喻贴切地写出了牧师的喋喋不休、毫无感情和枯燥无味。底下的听众听着这些“布告”，又是什么样的心情呢？作者略带夸张地用了“世界末日”这个词，侧面反映出听众迫切盼望这个没完没了的讲话赶紧结束的心情。最后一句看似和这个场景无关，像是一句题外话，其实是作者有意安排的，他顺手一击，讽刺了当时美国社会那种空话连篇、装腔作势的社会风气。

第十章“狗吠的不祥之兆”的最后一句是“这根最后的羽毛终于把骆驼背压坏了”。这一比喻和汤姆的心情非常契合。为什么这么说呢？在这一章里，汤姆遭受“恋爱”打击后又目睹了坟场杀人事件，又因为害怕而不敢揭发真凶，一直忍受着良心的谴责，此刻他的心理压力很大。汤姆回到学校，发现桌上放着被退还的定情信物，这件小事终于压垮了汤姆。“压死骆驼的最后一根羽毛”本是西方谚语，这句话只有喻体，没有本体，也就是所谓的“借喻”。作者把汤姆的心理承受能力比作骆驼背非常合适，因为汤姆本就顽劣，早就锻炼出超强的心理素质；但此时非同往日，一件小事就可以随时突破他的心理防线，所以把定情信物被退回这件小事比作“羽毛”，也是非常妥帖的。

作者还非常善于运用讽刺手法，这一手法贯穿他的所有作品——本书也不例外。比如第五章写牧师做的祷告词——

> 这是一篇很好的、内容丰富的祈祷，说得很周到：它替教会向主求福；替教堂里的孩子们求福；替本村别的教堂求福；替全村求福；替全县求福；替全州求福；替州里的官员们求福；替美国各教会求福；替国会求福；替总统求福；……替远在海外岛上的那些异教徒求福；最后牧师祈求天主让他所要说的话能够获得主的恩宠，成为播种在肥沃土地里的种子一样，将来开花结果、造福无穷。亚门。

这段话的开头就是反语，表面上是说“很好的”“内容丰富的”，实际上是在讽刺重复堆砌、煞有介事的祷告词。“反复求福”则运用重复和夸张的手法，讽刺了教会祷告活动的繁缛、空洞和无聊。

叙事称谓的变化可以反映出人物的真实状态、心理活动和作者的情感态度。作者写称谓变化十分灵动，比如在汤姆成立海盗帮乘船出发这章中，作者对他们的称谓就不断地变化：最开始用“小流浪汉”称呼他们，这是上帝视角，写出了孩子们此时真实的状态；再用“血手大盗”“海上霸王”“西班牙黑衣侠盗”称呼他们——这是汤姆他们自己取的封号，写出了孩子们沉醉在自己的幻想世界中不能自拔的感受；最后，当他们迷迷糊糊地睡去时，又写到“良心那家伙”不让他们安然睡去，运用拟人手法，写出了两个孩子内心的不安和自责，说明他们本性并不坏。通过称谓变化，我们既能看到这三个孩子的真实境遇，也能看到他们复杂的心理状态：一方面为自己摆脱成人世界扬扬得意，煞有介事地装扮海盗；另一方面又自责、恋家——为最后的返航埋下了伏笔。

总的来看，作者为我们刻画的“坏孩子们”恰恰是一群好孩子，他们本性善良，只是带有贪玩的心性。他们勇敢、正义、富有反抗精神，给小镇增添了一丝生机，带来了改变枯燥生活的可能。如何辨别好与坏？如何发现作者真正要传达的信息？这需要读者的火眼金睛。

《福尔摩斯探案全集》：从卷宗故事到文学故事

《福尔摩斯探案全集》[①] 的作者是英国作家阿瑟·柯南·道尔，他的最高学历是医学博士。柯南·道尔尝试过很多文学创作，但最成功的只有侦探小说，他也因塑造了福尔摩斯这一形象而成为该领域影响力最大的作家。其作品享誉世界，至今仍为电影、电视、动漫行业青睐，《名侦探柯南》中主人公的名字就来源于他。

柯南·道尔的创作历程非常长，从中年到老年，他一共创作了四部长篇小说和五部短篇小说合集，合称《福尔摩斯探案全集》，共包含长长短短六十个探案故事。1887 年，28 岁的他出版了《血字的研究》，但影响力并不大，直到 1890 年《四签名》出版后他才名声大噪。之后他一鼓作气写了十二个短篇小说，合称《冒险史》。随后三年他又连续写了十二个短篇小说，合称《回忆录》。因为进入创作疲倦期，他在《回忆录》里把福尔摩斯“写死”在《最后一案》中。这引发了读者的强烈不满。八年之后，他精心创作的福尔摩斯前传——《巴斯克维尔的猎犬》，重新唤起了人们对这位神探的热情。随后他陆续出版了长篇小说《空屋》《恐怖谷》以及短篇小说合集《归来记》《最后的致意》《新探案》等，一直写到福尔摩斯退休隐居为止。从语文学习的角度来说，紧张刺激的探案情节并非重点，侦探小说这类文学作品的独特价值才值得仔细品读。

---

① 本篇所引原文来源：阿瑟·柯南·道尔．福尔摩斯探案全集[M]．王云弟，译．乌鲁木齐：新疆人民出版社，2002．

一、总体特点和打开方式

《福尔摩斯探案全集》中的故事相对独立，每个故事都是一个案件、一次侦破、一个真相。故事中的主要人物具有稳定性，尽管案件类型不同，但流水的受害者，铁打的主人公：福尔摩斯不仅智商稳定，品格也同样稳定，面对犯罪分子的名利财色诱惑，始终坚守正义，不为所动；作为刑侦助手，华生医生始终正直善良、头脑敏锐；两人总在一起搭伴破案。这种独立性和稳定性与我国传统的公案小说、侠义小说颇为相似。另外，大多数故事都生动、曲折——柯南·道尔喜欢突出案件的骇人听闻，通过离奇故事使读者产生惊怖心理；线索也扑朔迷离，经常节外生枝，只有经过福尔摩斯抽丝剥茧、冷静睿智的推理分析，才能真相大白。

用什么方式阅读这部作品呢？第一个选择是把它当作休闲读物。读书是很自由的事情，开卷有益，不一定要以学习为目的。侦探小说在文学作品中算是“偏门”，在休闲阅读的过程中我们可以随意选择感兴趣的故事，不需要使用特定方法，只要读得开心就好。第二种选择就是学习型阅读，即把它当作学习和欣赏的对象进行文本分析。这就需要我们在六十个故事中挑出精品，从中探索侦探小说的写法和富有启示的价值观念。

进行学习型阅读时，可能会记不住故事情节，说不出作品好在哪里，对此有三个步骤可供参考。第一步，通读、记录，站在犯罪分子和受害人的立场上，按照时间顺序和因果关系概括故事情节，形成“卷宗故事”。《福尔摩斯探案全集》建立在侦探学和法医学的基础上，它首先有一个事实，就是犯罪分子是怎样一步步实施犯罪的。我们可以从这一角度出发来梳理情节，明确案件的来龙去脉。第二步，站在作者的立场上，看看他是采用了什么手法才把卷宗故事加工成错综复杂的“文学故事”的，从而品味构思艺术。学习型阅读主要是为了完成这一任务。第三步，读过若干故事之后，聚焦福尔摩斯的表现，看看他是怎么破案的，作者借此想表现他怎样的性格特点；想想他为什么会得到那么多读者的喜爱。这样一来，我们也就读懂了故事、构思和人物。

《福尔摩斯探案全集》创作于不同时期，早期作品情节相对简单；后期作品开始"神化"福尔摩斯，有时过于离奇。整体来看，艺术性最高的当属《巴斯克维尔的猎犬》，这是作者在沉寂八年后精心创作的，想以此唤起人们对"死去"的福尔摩斯的热情。我们不妨以此为例具体谈谈该书的读法。

二、读法例说：《巴斯克维尔的猎犬》

（一）作为卷宗故事的"巴斯克维尔家族凶杀案"

故事背景

在英格兰南部德文郡的荒凉郊外，有一座巴斯克维尔庄园。两百多年前，庄园的主人叫作修果·巴斯克维尔，他是一个残暴无耻的酒鬼。在一个深夜，他和狐朋狗友把一位农家少女劫持到庄园别墅，而后喝得烂醉如泥。少女趁着他们在楼下喝酒时跳窗逃跑，她想跨过群山、草地、沼泽，跑回九英里外的家中。修果发现后，率领他的手下带着猎狗，开始了荒野追逐。修果冲在最前面，他的朋友追上去后才发现地下躺着两具尸体：一具是农家少女的，她因为惊吓和疲惫而死；另一具是修果本人的，他的高头大马被吓得口吐白沫，他带去的猎犬也蜷缩在沼泽里一动不敢动——只见一只硕大的、黑漆漆的、像马一样高大的猎犬正在撕咬修果的尸体。尾随而来的朋友看到这一幕后被吓得精神错乱，有的吓死了，有的得了精神病。从此以后，巴斯克维尔家族经常有后人死于非命，家族里流传着关于猎犬的恐怖传说："千万不要在黑夜、罪恶累累时走过沼泽地。"

两百多年过去了，巴斯克维尔庄园现在的主人叫作查尔兹·巴斯克维尔，他是一位独居的老绅士，人品很好，但患有心脏疾病。他和管家百瑞摩夫妇生活在一起。他还有一位朋友兼私人医生叫摩梯末。在庄园周围住着几位经常和他来往的邻居：生物学家斯台普吞和他的妹妹、劳拉女士等。查尔兹有两个弟弟：二弟已经死去，留下一个儿子亨利爵士；三弟人品恶劣，死于美洲，据说他没有子嗣。如果查尔兹死去，那么他百万英镑的遗产和庄园都将由亨利继承。同时，在巴斯克维尔庄园附近的一个小镇上，有一位叫赛尔丹的杀人犯逃走了，就隐藏在庄园外的乱石山和沼泽地中，他是管家百瑞摩太太的亲弟弟。

被害人

第一位被害人是老庄园主查尔兹。人们传言巴斯克维尔的猎犬重现沼泽地，查尔兹自己也听到了猎犬可怕的嚎叫，于是决定离开庄园前往伦敦生活。但在出发前夜，他应约前往离沼泽地很近的一个栅栏门前等人。第二天人们就发现他的尸体躺在栅栏门旁，面目狰狞，但身上没有任何伤痕，明显是极度受惊而死。离尸体不远处还有一串巨大的猎犬脚印。查尔兹死后遗嘱生效，亨利爵士从远方来到庄园继承遗产，成了庄园的新主人。

第二位被害人是逃犯赛尔丹。他杀人后被关在小镇监狱里，后从小镇逃跑，躲进了沼泽地里，平时靠百瑞摩夫妇暗中递送食物为生。在一个夜晚，他穿着亨利爵士送给百瑞摩再由百瑞摩转送给他的旧衣服，想要逃出沼泽地溜到别的国家。半路上，他被一只像牛犊一样黑乎乎的怪兽追赶，吓得大喊大叫，最终跌下山崖摔死。

第三位被害人是庄园的新主人亨利，但他并没有死亡。亨利是一个正直、勇敢的年轻人。在杀人犯赛尔丹死后的第二天晚上，他受邀前往生物学家斯台普吞家做客，他此时已经深深爱上了斯台普吞的妹妹。晚上十点左右，他离开斯台普吞家，在即将穿过沼泽地时，遭到一只黑炭似的、口眼喷火的怪兽袭击。在他被扑倒并且即将被怪兽撕咬时，福尔摩斯和华生等人及时出现并且救下了他；怪兽也被击毙了。

凶手

案件的主犯是生物学家斯台普吞。“斯台普吞”只是一个化名，他的真实身份是老庄园主查尔兹的三弟罗杰·巴斯克维尔的儿子，他的真名也叫罗杰·巴斯克维尔。他继承了他父亲阴险狡诈、无恶不作的天性：先是偷取大批公款，四处行窃作案，而后用假名字办私立学校敛财，学校破产后跑到巴斯克维尔庄园附近。他设计接近老庄园主查尔兹并杀死了他，之后想要公开自己的身份或者派人冒领巨额遗产。但在查尔兹死后他才知道，还有一个合法的第一顺位继承人亨利爵士，所以他又想在伦敦谋杀亨利，失败后故技重施，让自己所谓的妹妹去引诱亨利，以便派猎狗杀死亨利。

案件的从犯是斯台普吞小姐。她的真实身份是斯台普吞的妻子。但斯台普吞让她跟自己伪装成兄妹，并且胁迫她实施作案。查尔兹死后，斯台普吞小姐不想再次害人，于是通过写信、当面告知等方法，想让亨利爵士离开庄园。那天晚上，她因为不肯和丈夫一起谋杀亨利爵士，被斯台普吞暴打后绑在阁楼上，最终被福尔摩斯等人救出。

作案过程

按照时间顺序和因果关系，斯台普吞的作案过程和手法是这样的：

第一步，接近老庄园主查尔兹获取信任，了解其身体状况和行程安排。

第二步，利用生物学知识在沼泽地中心的小岛上饲养体形巨大的杂交猎犬，借助巴斯克维尔家族的猎犬传说来营造神秘恐怖的氛围，避免被怀疑。

第三步，以未婚身份勾引有妇之夫劳拉女士，利用她的经济危机，请她约请查尔兹深夜见面；之后再以情人身份表示不希望劳拉求助于他人，使她放弃赴约。

第四步，在预知查尔兹的到达时间和地点的前提下，在猎犬身上涂抹大量磷火，制造鬼怪的假象，吓死查尔兹。

第五步，买通伦敦酒店的服务员偷走亨利爵士的旧靴子，给猎犬闻味道。

第六步，利用斯台普吞小姐多次引诱亨利来家里做客。斯台普吞曾两次放出猎犬袭杀，第一次误杀了穿着亨利旧衣服的赛尔丹；第二次猎犬被福尔摩斯打死了，杀人未遂。

第七步，听到猎犬被杀死的枪声后，潜逃进沼泽地，最终因失足陷入泥潭而死。

通过梳理卷宗故事的背景、被害者、凶手和作案过程，我们发现：这个卷宗故事太离奇复杂了，不仅有古老的传说、邪恶的人性，而且凶手非常狡猾，死心不改地实施犯罪，且作案工具是一只体形巨大的杂交猎犬。那么，作者又是如何将卷宗故事转化为更加神奇的文学故事的呢？这就需要我们站在作者的立场上品味构思艺术。

（二）从卷宗故事到文学故事的转化

卷宗是案件侦破后的记录，属于公文文本，需要客观陈述作案动机、过程、结果，以便从主观故意和客观影响两方面为犯罪分子定罪量刑。文学故事是用艺术手法吸引读者的注意，让读者随着侦探一起经历跌宕起伏的侦破过程，用自己的智慧去推理判断，找出真相，获得一种豁然开朗的体验；同时，在这一过程中，读者会因为无法猜到结局而对主人公感到敬佩。正因如此，同一个卷宗故事，不同作家写出来的效果才大相径庭。柯南·道尔在这方面是出类拔萃的，他拥有一套体系化的创作方法。

方法一：引人入胜的开篇

福尔摩斯是侦探顾问，也是著名的私家侦探，所以绝大多数的探案故事都是从委托人上门拜访、陈述案情开始的。在短篇故事中，这种陈述往往直奔主题，而在长篇故事中，作者会精心选择由谁来陈述、陈述者如何出场以及陈述什么等问题。

在《巴斯克维尔的猎犬》中，柯南·道尔选择了摩梯末医生作为陈述者。这是因为摩梯末是查尔兹的好友兼私人医生，特别了解查尔兹爵士的状况，案发当天他亲自到过现场，能够给福尔摩斯带来最直接的消息，很多人没有注意到的巨大猎犬爪印就是他发现的。并且他还是遗嘱的执行人，有责任公布遗嘱并且保护好受益人亨利爵士。这样就赋予了福尔摩斯双重使命，一是调查查尔兹死亡的真相，二是保护亨利爵士免遭迫害，从而增加了探案的难度。

针对“陈述者如何出场”这一问题，作者制造了一个悬念。在第一章“粗心的来客”中，作者特意写摩梯末医生遗落了一支拐杖，华生和福尔摩斯围绕拐杖主人的职业、年龄、生平等信息玩起了推理游戏。这在增加趣味性的同时，也让读者对来客感到好奇：究竟福尔摩斯和华生谁说得更准确？达到了开场引人注意的效果。

之后摩梯末医生来寻找丢失的拐杖，也顺便二次拜访福尔摩斯，正式开始了陈述。他总共说了三件事。一是巴斯克维尔家族的邪恶传说。这个传说好像一种古老的宿命在左右着人们的命运，营造了神秘恐怖的氛围。二是查尔兹爵士的离奇死亡。这使读者产生了一种不祥的预感和难以名状的恐惧：他究竟是因为邪恶传说而死，还是有人从中作祟？在引起读者强烈探究兴趣的同时，也促使人们开始思考。三是亨利爵士即将到伦敦中转，前往巴斯克维尔庄园的消息。这就从查尔兹的死亡直接写到了亨利的遭遇，迅速进入故事主线。

方法二：接二连三的怪事

福尔摩斯有句名言：“一件平常无奇的案件是最难侦破的，但是一旦它出乎寻常，让你感到费解，同时也就给你留下了侦破的线索。”所以在探案开始之后会紧跟着发生一些怪事，一方面作为故事发展的线索，另一方面加强了故事的悬念。

第一件怪事是亨利爵士收到一封奇怪的匿名信。这是一封用报纸上的字拼成的信："若你看重你的生命价值或还有理性的话，远离沼泽地。"其中"沼泽地"三个字是用笔写上去的。第二件怪事是亨利先后丢失了两只鞋：第一只是新鞋，第二只是旧鞋，新鞋后来又出现了，旧鞋却无影无踪。第三件怪事是福尔摩斯遇到一驾马车的跟踪，他进行反跟踪却跟丢了，在调查马车中留着大胡子的乘客时被车夫告知，乘客自称为"福尔摩斯"。这意味着罪犯已经知道福尔摩斯在进行侦查了，故意开了一个玩笑。

方法三：错综复杂的"案中案"

"案中案"是指一波不平一波又起，一件事还没解决，另一件事就马上出来。在小说中，它一方面能够引导主人公和读者偏离主要线索，形成误判，从而在误判的基础上对真相产生更强烈的好奇心，推进阅读动机；另一方面能够把人物关系复杂化，通过一系列巧合为后文埋下伏笔。

故事中的"案中案"是关于百瑞摩夫妇和杀人犯赛尔丹的。华生医生受福尔摩斯的委托和亨利爵士一起去到庄园，他的任务就是保护亨利，同时进行调查。他找到了几条线索。第一条是管家百瑞摩的妻子半夜在哭，但第二天早晨百瑞摩并不承认。第二条是百瑞摩夜半三更拿着灯火照向沼泽地，行为鬼鬼祟祟。第三条是伦敦的跟踪者有一副大胡子，而百瑞摩也有一副浓密的大胡子。综合这三条线索，华生加重了对他的怀疑。因此华生和亨利半夜蹲点，正好抓住了百瑞摩用灯火发信号。百瑞摩夫妇这才承认：杀人犯赛尔丹是他们的亲人，他们半夜拿着灯火发信号是为了给他送饭。这就是"案中案"——杀人犯潜逃案。至此，读者的一系列怀疑都消失了，但案件又变得扑朔迷离。第四条线索是亨利和华生潜入沼泽地抓捕赛尔丹但并未成功，百瑞摩得知后指责了亨利，他认为自己是出于忠心才说出了赛尔丹的事情，亨利却背着他们去抓捕赛尔丹，违背了自己的善意。为了表示歉意，亨利把旧衣服送给了百瑞摩表示安慰，后来百瑞摩又把这套旧衣服给了赛尔丹，让他在夜里御寒。之后正是这套衣服引来了猎犬追击赛尔丹，暴露了生物学家斯台普吞的阴谋，从而迫使他加快行动，最终落入福尔摩斯的陷阱。

方法四：时隐时现的神秘人

侦探小说为了增强叙事张力，经常会出现一些“神秘人”，他们有时是侦破案件的助手，有时是罪犯的帮凶，通常都是配角。因为读者和当事人都无法准确判断，所以对神秘人的追踪和调查往往会转移人们的注意力。

以往福尔摩斯探案故事中的神秘人大多是被调查对象，但《巴斯克维尔的猎犬》中的神秘人更加出人意料。华生和亨利爵士半夜追捕杀人犯失败后正要离去，却看见山顶上出现了一个静立不动的男人身影——他不是罪犯，因为他离罪犯逃遁的地方很远，身材也高得多。就在华生想把他指给亨利看的时候，那人突然不见了。这一神秘男人的出场氛围阴森恐怖，不禁让人怀疑他是凶手。华生和亨利爵士回去后问管家是否知道沼泽地里的神秘人，管家说赛尔丹看到过一两次，神秘人好像是个上流人物，住在山坡上的古代人的石头房子里，只有一个小孩给他送食物和日常用品。华生猜想这个神秘人可能就是凶手，因此在一个傍晚躲到石头屋子里，拿着手枪等待他的到来：

> 后来，我终于听到他走过来了，远处传来皮鞋走在石头上所发出的嘚嘚声，一步比一步更接近我……“真是个美丽的黄昏，亲爱的华生，”一个很熟悉的声音传过来，“我觉得你到外面来比待在里面会舒服得多。”

原来在沼泽地神出鬼没的神秘人就是福尔摩斯！他暗中跟踪华生并调查案情，在华生进行正面调查时，他就已经掌握了所有人的背景资料并锁定了真凶。作者在这里通过明暗两条线索叙事，明线是华生的行动，暗线则是福尔摩斯的行动。两条线索交织在一起，不仅表现了福尔摩斯的手段高明，而且给这起案件再添了一层神秘面纱。

方法五：紧张刺激的结局

侦探小说的结局通常是坏人被绳之以法，但读者一般在结束前的一两个章节里就已经猜到罪犯是谁了，因此很难写出高潮。在《巴斯克维尔的猎犬》中，福尔摩斯和华生在沼泽地相会并互通信息，已经确定罪犯就是斯台普吞。随后两人假装要回伦敦，让亨利自己去斯台普吞家赴约。福尔摩斯、华生和他们请来的雷斯垂德探长开始布置天罗地网，准备在斯台普吞下手的时候抓他个现行。此时情节已经没有张力：一方面坏人肯定跑不了，这是所有读者的预期；另一方面，这么多人抓一个罪犯，应该不会再出现什么闪失。

但好的作家必须时刻让读者提心吊胆。柯南·道尔在这里描写了一场人算不如天算的"大雾"：沼泽地里突然出现了像羊毛一样白花花的大雾，并且逐渐浓密，向房子逼近，再过半小时就要让人看不到伸在自己面前的手指了。众人都急得像热锅上的蚂蚁，因为屋里只有亨利和斯台普吞在，一旦行动晚了几秒钟，亨利就会面临死亡的危险。在亨利离开屋子，走出浓雾时，怪物突然出现了：

> 确是一只猎狗，一只黑得像煤炭似的大猎狗，但并不是一只人们平常看到过的那种狗。它那张着的大嘴向外喷着火焰，眼睛里也似乎在冒火，嘴头、颈毛和脖子下面都闪着亮光。这个突然从雾墙里向我们窜过来的黑色的躯体和狰狞的狗脸，比疯子在最怪诞的梦里见到的东西更凶恶、更可怕，并且更像魔鬼……我们看到亨利爵士正回头望着，在月光的照耀下，他恐怖得扬起手来，面如白纸，望着那只对他穷追不舍的可怕的黑东西，眼睛张得几乎迸裂。

不仅是亨利，在场的所有办案人员都被这一幕吓傻了。甚至读者们都被这一段情节吊足了胃口，心中也会跟着故事人物一起紧张、害怕。

方法六：查漏补缺的解说

福尔摩斯探案开创了一种侦探小说的叙事模式，就是在故事结尾用对白的方式，让主角们对故事中来不及交代的内容进行陈述，以形成逻辑闭环。比如在《巴斯克维尔的猎犬》的结尾，福尔摩斯跟探长的谈话就透露了一些信息，这些信息在行文过程中是没有告诉读者的。为了使逻辑严谨，作者就在故事最后让主人公自己交代是怎么找到档案、发现犯罪证据的，目的是解决所有的疑团，让读者们信以为真，久久回味。

三、福尔摩斯的侦查方法和人格魅力

明白作者怎么构思卷宗故事，并将其转化为曲折动人的文学故事之后，还需要探讨两个问题：首先，这位享誉世界的名侦探是怎么办案的？其次，他在这一过程中展现出哪些令人钦佩的人格魅力？

（一）福尔摩斯的侦查方法

第一种侦查方法是“观察”，即留意现场的蛛丝马迹。无论多么狡猾的罪犯，总会在案发现场留下痕迹，但普通人无法发现疑点，尤其是在当时科学技术还不发达的情况下，办案人员必须具备大量的侦查知识。而福尔摩斯对脚印、烟灰、门窗、作案工具、血迹、天气等都很了解，他能够敏锐地捕捉到微不足道的信息，并通过这些蛛丝马迹进行梳理和判断。在《福尔摩斯探案全集》的所有故事里，福尔摩斯最重视的就是使用全息影像式的观察法对案发现场进行实地观察，掌握所有跟案件有关的信息。这是他进行推理判断的第一手材料。

在《巴斯克维尔的猎犬》中，福尔摩斯获得的其实是二手资料。在摩梯末医生陈述案情后他问了很多问题，看似毫无逻辑，但其实每一个问题都在指向某种可能——他在使用“间接观察”的方法提取材料。当事人可能有观察到但没在意的周边信息，他通过提问的方式把这些信息提取出来，作为自己推理判断的依据。

第二种侦查方法是“行动”：一旦有消息，果断调查犯罪线索。犯罪线索一般指两种：一是在案发现场发现的线索，如《血字的研究》中的戒指等；二是在破案过程中出现的异常情况。犯罪线索稍纵即逝，一旦错过时机，罪犯就会竭力弥补、掩盖或者逃跑。福尔摩斯思考全面、手段多样、反应迅速，在跟踪、调查犯罪线索这方面是业界翘楚。

在《巴斯克维尔的猎犬》中，其行动主要有三类。一是团队合作。如在发现警告信上的字是从报纸上剪下来的以后，他立刻安排贝克街小助手们去各个酒店检查垃圾桶，收集物证。二是利用警方和媒体，调取相关人员的生平资料进行分析。如调查亨利所住酒店的住客信息、巴斯克维尔家族传人的情况、斯台普吞夫妻的化名和从业经历等。三是亲自跟踪调查和谈话。如预判到亨利在伦敦会被跟踪后，他就尾随并观察跟踪者，记住马车牌号；跟踪失败后，他让华生在明处调查取证，自己则暗地里住进石头房子中，以上帝视角观察整个庄园里所有人的生活轨迹，让调查对象无处躲藏。

第三种侦查方法是“推断”：寻找事物间的因果关系。科学的推断和分析是一门艺术，只有经过长期反复的钻研才能掌握；即使花费毕生精力，也未必能达到登峰造极的地步，但福尔摩斯做到了。《血字的研究》中写道：

> 一个逻辑学家可以从一滴水上推测出大西洋或尼亚加拉瀑布的存在，尽管他没有亲眼见过。推而言之，整个生活就像一条环环相扣的链条，如果看到其中一环，那么整个生活的情况也就知道了……
>
> 一般很特别的事物，都不会有什么障碍，反而是一条线索。在解决这个问题时，重要的是掌握好推理的方法，采用一层一层地回溯推理……向前推理这种方法在我们的日常生活中比较有用，所以人们就常常忘记了回溯推理这个方法。

第四种侦查方法是“布网”：做好充分的准备，设计圈套抓捕犯罪分子。一般是把犯罪分子引诱到特定的区域，或诱导犯罪分子实施二次犯罪并进行抓捕。《血字的研究》属于第一种，福尔摩斯等人通过雇马车把罪犯引到家中抓捕。《巴斯克维尔的猎犬》是第二种，福尔摩斯等人假装离开，让亨利单独赴宴。这带有一定的冒险性，在现实生活中一般不采用，但文学作品为了营造紧张刺激的氛围经常使用。

第五种侦查方法是“保密”：拒绝透露全部信息。不仅要对犯罪分子和嫌疑人保密，还要对同伴、协助人员保密——每个人只知道自己该做什么，而为什么、接下来怎么做都由福尔摩斯一人操控，他永远不会在破案前向所有人交代自己掌握的全部案情和推理结果。在破案中坚持保密的目的是操控全局，这一来能够使参与人员掌握有限的信息，避免泄露信息或露马脚而被犯罪分子觉察；二来能够塑造福尔摩斯料事如神、算无遗策的神探形象。

（二）福尔摩斯的人格魅力

福尔摩斯的人格魅力，源于其性格中有诸多引人注意或出类拔萃的元素，这些元素交融在一起，构成了这样一个独一无二、无法复制的人物形象。

其一是“专注”。福尔摩斯热爱并全身心地投入侦探工作，他在办案时永远精力充沛，无所事事时则要靠烟草提神。无论遇到多么艰难、持久的斗争，他都锲而不舍，他简直就是为这一职业而生的。

其二是“智慧”。他能够敏锐地观察到细节，对谜团展开缜密推理，书中各个故事情节、小插曲都展现出他的博学多才。他的智慧不仅用来对抗犯罪分子，也用来保护身边的人。

其三是“自信”。他永远都相信自己，相信正义一定会战胜邪恶。这种自信甚至是“自大”，是伟大人物的共同特征。

其四是“勇敢”。他精通格斗、摔跤、击剑，身手敏捷，敢于同最凶狠的犯罪分子正面交锋，每次办案时都冲在最前方。

其五是“正直”。作为私家侦探，他尊重法律的基本精神，尊重同伴、受害者、女性和弱势群体。他扬善除恶、扶危济困，有一种侠义精神，但做事又不死板教条。这是他作为文学形象最重要的品质之一。

其六是“神秘”。他因为职业身份和保密原则，终身独居不婚，并且行踪飘忽不定，做事出人意料，时时处处透露着神秘。人们不知道他什么时候来、什么时候走，他做的每件事看起来都很反常，让人琢磨不透，他是一个神龙见首不见尾的侦探。

以上主要以《巴斯克维尔的猎犬》为例，总结了柯南·道尔将卷宗故事转化为文学故事的手法，也分析了福尔摩斯的侦查方法和人格魅力。指导学生阅读《福尔摩斯探案全集》时，可以让学生任选一个故事，按照以上方法梳理分析，相信学生不仅能获得阅读的快乐，也会在语文学习上受到启发。

《小王子》：非典型童话的主题意蕴

安托万·德·圣–埃克苏佩里（Antoine de Saint-Exupéry）是20世纪上半叶法国著名作家，其作品以独具一格的飞行员视角与诗意深邃的法式哲思闻名于世。1900年，圣–埃克苏佩里生于法国一个没落的贵族家庭。他童年时期在教会学校的中古课程与严苛纪律中度过;21岁时被编入空军，“飞行”自此成了他生命中的重要生活方式。1925年，圣–埃克苏佩里开始了文学创作，并于次年发表了小说《南线邮航》，以现实主义作家的身份登上文坛。二战期间，圣–埃克苏佩里加入了法国空军；得知防线失守，政府签署屈辱的对德停战协定后，他开始流亡美国，侨居纽约。由于现实世界战乱频仍、思想领域争鸣浩繁，圣–埃克苏佩里的写作风格也从早期的朴素简白逐渐向哲学化与抽象化转型，《小王子》[①]便创作于这一时期。1944年，他重返同盟国地中海空军部队，在7月末的一次侦察任务中，消失在了他笔下数次叙写过的湛蓝天空之中。圣–埃克苏佩里的写作生涯仅有20余年，但作为“第一个站在天空上思考大地的作家”，他仍在20世纪的法国文坛上留下了一道独特的鸿影。他的作品处处流露着对生命的体悟与对人类情感的深思，其中最能引起读者共鸣的便是《小王子》。

《小王子》出版于1943年，篇幅不长，中文译本仅有6万字。这本书自问

① 本篇所引原文来源：安托万·德·圣–埃克苏佩里．小王子[M]．周克希，译．上海：上海译文出版社，2009.

世起便受到了全世界读者的喜爱，被誉为“20 世纪全球阅读量最大的童话”，先后被译为百余种语言，中国国家图书馆便藏有 60 多种中文译本。多个国家将其列入青少年儿童的必读书目，我国教育部也将《小王子》列入了“中小学生阅读指导目录”中。这部童话能够获此关注，原因在于其有着与众不同的魅力。从类型上看，常见的童话可分为两种：一是教育类的，即站在成人的立场上假托某种故事对儿童进行道德宣教与社会规训；二是趣味性的，即有意识地满足儿童的心理特点，帮助儿童激发阅读兴趣，《西游记》中便包含着许多趣味性的童话内容，如猪八戒的贪玩好动、馋嘴偷吃、逞能吹牛、贫嘴饶舌等。相较于二者，《小王子》虽属童话，却是一部写给成年人看的童话——用作家自己的话来说，是写给“还是孩子时”的那个大人看的。这部童话有沉重而忧伤的内核，它用小王子的经历隐喻着现代文明的荒唐现实，诉说着对爱情本质的深刻阐释，寄托着对生命意义的叩问与探索。下面我们一起走进这部“非典型”童话，感受圣 – 埃克苏佩里的诗意哲学。

一、唤醒大人：对荒唐现实的嘲讽

《小王子》的第一重主题是对荒诞不经的社会现实的隐喻与嘲讽。

在故事开篇，作者便以第一人称“我”为叙事视角，用一幅名为“蛇吞象”的画分开了儿童与大人的世界，也树立了主人公的两种人格。儿时的“我”在阅读原始森林故事时看到了一幅蟒蛇吞吃野兽的插图，由此展开联想绘出了“蛇吞象平面图”，而这幅画却被大人看成一顶帽子。失望而沮丧的“我”又画出“蛇吞象透视图”，希望能使大人明白，但又被告知应把这些画作放在一边，将兴趣放在地理、历史、算术、语法等事上，“我”的画家梦因此破灭。长大以后，“我”以这幅画“检验”身边的大人，但就画作内容得到的回应往往也是“帽子”。“我”便明白要“迁就他们的水平”，谈论桥牌、高尔夫球、政治、领带等话题。

以这幅画为分野，作者为我们构建了儿童与大人二元对立的假设，由此将充满想象、富于乐趣、勇于创造的儿童世界与功利熏心、乏味无聊、自以为是的大人世界区别开来。同时，作者也塑造了“我”作为叙述者的两个人格内面：一方面，“我”仍在保留童心、渴望童心；另一方面，成年后的“通情达理”也显示出“我”不得不向现实妥协，沾染了大人的习气。在故事内部，这种复杂性为后文“我”同小王子的结交提供了可能：童心未泯让“我”能够获得小王子的信任；对读者而言，这段叙述能够令人感同身受，引起千千万万渴望童年、有着类似经历的读者的共鸣。

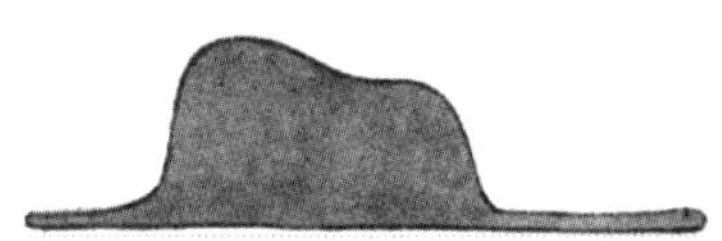

图 1　蛇吞像平面图

图 2　蛇吞像透视图

此外，作者又以小王子的星际旅行见闻讽喻现实世界的迷失与错乱。“我”与小王子在沙漠相识，小王子向“我”诉说了星际穿越的故事：抵达地球之前，他已游历六个星球，见到了六种不同类型的人。在第一颗星球上，小王子见到了一个妄想统治一切的国王。这个国王独居于小星球之上，自封为王，喜欢下达毫无统治能效的命令，希望能够控制全宇宙。例如，他并不希望小王子离开，却无能为力，便只能命令小王子作为使臣离去，以自欺欺人的方式满足内心的权欲。在第二颗星球上，小王子见到了一个极其爱慕虚荣的自负者。此人认为自己是星球上“最英俊、最摩登、最富有、最有学问的人”——这颗星球上只有他一人。每当小王子夸赞他时，他便脱帽答礼，乐此不疲地渴求他人的仰慕。小王子陪他玩了五分钟枯燥的崇拜游戏后，就厌倦地离去了。在第三颗星球上，小王子见到了一个用酗酒忘掉酗酒的酒鬼。酒鬼因想忘却醉酒的羞愧而沉沦在酒精中，永远无法摆脱酒瘾的缠绕。在第四颗星球上，小王子见到了一个用数字“占有”星星的商人。这个商人用为星星标号的方式单方面占据了五亿颗星星，并把标号的纸条放入抽屉，将其视为存入“银行”的财富，他为这般虚幻的敛财愿望终日忙碌。在第五颗星球上，小王子见到了一个遵循指令反复点灯、灭灯的人。此人一丝不苟地执行着星球上很久之前下达的命令，即早上点灯、晚上灭灯；随着星球自转速度的加快，他只能每分钟完成一次点燃与熄灭的动作，这份抽象的责任将他弄得疲惫不堪。在第六颗星球上，小王子见到了一个只会闭门造车的地理学家。这位地理学家热衷于记录探险家的见闻，并为防止探险家说谎而费功夫检验他们的道德，却从不亲自考察山川湖海。

可以看出，六种不同类型的人物设定极富象征意义，将成人世界荒诞无稽的现实隐喻出来：无论是专横跋扈的“权力控”、贪慕虚荣的“自大狂”、执迷不悟的“瘾君子”，还是沉湎敛财的“守财奴”、因循守旧的“教条派”、向壁虚构的“空想家”，都不约而同地在外物的控制下过着荒唐机械的人生，心中充斥着过度且无趣的欲望，迷失了生活的方向与目标。圣－埃克苏佩里以充满幻想色彩的笔调启示着读者：每个人的世界都如同一颗星球，这些褊狭且过度的欲望可能就潜藏在大多数人的心中，并且他们已习以为常、深陷其中、不能自拔。在第十六章中，作者写道：“第七个行星，于是就是地球了。地球可不是一颗普通的行星！它上面有一百一十一个国王，七千个地理学家，九十万个实业家，七百五十万个酒鬼，三亿一千一百万个爱虚荣的人，也就是说，大约有二十亿的大人。”这便坐实了“六个星球六种人”的设定，是对现实世界中成人乏味无聊的内在追求的隐喻。

而后，作者又以小王子的地球之旅揭示了迷失人生目标后的地球人的生存状态，主要表现在小王子在与“我”相识之前与地球上的人、事、物所发生的四组对话中：

首先，小王子在沙漠中遇到了“一个有着三枚花瓣的花朵”，他向花朵询问地球人的下落，花朵回答道：

人吗？我想大约有六七个人，几年前，我瞅见过他们。可是，从来不知道到什么地方去找他们。风吹着他们到处跑。他们没有根，这对他们来说是很不方便的。

这表现出人类的第一种生命状态——漂泊。花朵有根得以安定，人却浪迹在大地之上，居无定所，心无着落。对漂泊感的表达是文学经典中常见的主题，而《小王子》传达的意涵非常独特，这是一种人失去信仰与价值后茫然无助的流离感，人如同浮萍一般不辨来路、不知归处，无处寻觅心灵的家园。

然后，小王子爬上一座高山，他在山顶上开始了呐喊。

小王子自言自语地说道："从这么高的山上，我一眼可以看到整个星球，以及所有的人。"

其实，他看到的只是一些悬崖峭壁。如果有这样一座高山在他的星球上还差不多，但高山太大了，他的小星球根本放不下。

"你好。"小王子试探地向着高山下的"整个星球"说。

"你好……你好……你好……"回音从四面八方传来。

"你们是什么人？"小王子听见了同样礼貌的问候，迫不及待地问。"你们是什么人……什么人……什么人……"回音又在山谷中环绕。

"请你们做我的朋友吧，我很孤独。"小王子说出了自己的真心话，毕竟他来到地球上，还一个人都没有见到呢。

"我很孤独……我很孤独……我很孤独……"回音同样地说着。

小王子不再说话了，只是想："这颗行星真奇怪！它上面到处都是干巴巴的，而且又尖利又干涩，人们一点想象力都没有，他们只是在重复别人对他们说的话……"

这表现出人类的第二种生命状态——孤独。与《边城》所描绘的田园牧歌式生活不同，工业文明社会中，到处都是钢筋混凝土筑成的"堡垒"，每个人都被隔离在一处角落中，只听到礼貌、疏离、同质化的回声，如同身处孤岛一般，难以获得情感体验，无法实现深度交流。敞开心扉的童心童趣与彼此关切的温暖情怀仿佛逐渐消散，现代文明带来的寂寥感如影随形、难以摆脱。

而后，小王子来到火车站，他看着眼前车来车往的情景，与一位扳道工开始聊天：

“他们不满意他们原来所住的地方吗？”

“人们是从来也不会满意自己所在的地方的。”扳道工说。

此时，第三趟灯火明亮的快车又隆隆而过。

“他们是在追随第一批旅客吗？”小王子问道。

“他们什么也不追随。”扳道工说，“他们在里面睡觉，或是在打哈欠。只有孩子们把鼻子贴在玻璃窗上往外看。”

这里表现出人类的第三种生命状态——盲目。行驶的列车象征着人生的旅途，扳道工的观察暗示我们：在快节奏的生活中，人们常常漫无目的地往来奔波，作为手段的“出发”已占据所有的精力与关注，而出发的目的往往被忽视，沿途的风景也被错过。方向的迷失必然导致处境的盲目，结果便是丧失了生活的丰富性，唯余僵硬与挣扎。

最后，小王子遇到了一个商人，发生了如下对话：

“你好。”小王子说。

“你好。”商人说道。

这是一位贩卖能够止渴的精制药丸的商人。每周吞服一丸就不会感觉口渴。

“你为什么卖这玩意儿？”小王子说。

“这就大大地节约了时间。”商人说，“专家们计算过，这样，每周可以节约五十三分钟。”

“那么，用这五十三分钟做什么用？”

“随便怎么用都行……”

小王子自言自语地说："我如果有五十三分钟可支配，我就优哉游哉地向水泉走去……"

此处展现出人类的第四种生命状态——焦虑。对时间功利化的俭省，映射出现代人的焦虑不安；对效率、实用的过度追求仿佛是为了实现生命的"意义"与"价值"，实际上却使自己失去了平和、逍遥的内心与"优哉游哉"的生活状态，难以获得真正的幸福。

以上四组散文诗式的对话，用诗意的方式映射出工业文明下人类孤独、漂泊、盲目和焦虑的生存状态。每个人在童年时都是天真无邪的小王子，关注内心的需求，懂得想象的乐趣，明白幸福的源泉；一旦长大，仿佛便化作六个星球上的六种人一样，被权力、金钱、嗜好、虚荣、命令、工作牢牢束缚住，成了欲望、体制和程序的奴隶，丧失了孩童时期对幸福的感知能力。从这个意义上讲，圣–埃克苏佩里用《小王子》表达了一个重要主题：已经成年的大人们没有权力、也不应该以高高在上的态度强硬地告知孩子应该如何生活，反而应将孩子当作老师，用宝贵的童心唤醒自己沉睡的心灵。当然，这部童话也是写给儿童的，它在警醒大人要虚心反思现实生活的扭曲与异化的同时，也能让儿童树立坚持纯真价值观的信念。

二、建立关系：对爱情本质的揭示

《小王子》的第二重主题便是表达对爱情本质的思考与阐释，这也为作品蒙上了忧伤而浪漫的气息。

首先，小王子体味到了"爱的代价"，这也是他离开自己星球的原因。在同"我"相识后，小王子便断断续续、零零星星地讲述了他所在的 B612 星球的情形：这个星球如一座房子那样大，猴面包树疯长着，也有着简单的花草、有着用来烤火的两座活火山和用以做板凳的死火山——小王子常常坐在上面看日落。这样的生活稳定如常、宁静单纯，直到一朵玫瑰花到来。

> 不知从哪里来了一颗种子，忽然一天这种子发了芽。小王子特别仔细地监视着这棵与众不同的小苗……这小苗不久就不再长了，而且开始孕育着一个花朵。看到在这棵苗上长出了一个很大很大的花蕾，小王子感觉到从这个花苞中一定会出现一个奇迹。

这便暗示着爱情故事的开始。作者通过小王子的回忆，向我们展示了一种由玫瑰花象征着的女性形象。她是爱美丽的，“她精心选择着她将来的颜色，慢慢腾腾地妆饰着，一片片地搭配着她的花瓣，她不愿像虞美人那样一出世就满脸皱纹。她要让自己带着光艳夺目的丽姿来到世间”。精心缜密地梳理了自己的容颜之后，她才绽放在小王子的面前。她是爱虚荣的，当小王子控制不住自己爱慕的心情称赞她美丽时，她悠然地回答：“是吧，我是与太阳同时出生的……”玫瑰花虽然丽姿动人，但自矜于美貌、渴望夸赞，让小王子觉得“不太谦虚”，心中生出一些隔阂。她是爱耍性子的，甚至有些敏感多疑，她向小王子讲起她身上长的四根刺，莫名说着“老虎，让它张着爪子来吧”，暗示小王子应保护她；又谈起讨厌穿堂风，向小王子索要屏风，令他思忖“这朵花儿真不大好伺候”；还编谎话说自己住得并不舒适、需要玻璃罩，意识到谎话并不高明后便用咳嗽来示弱，要使小王子悔悟自己的过失。所有的表现都向我们展露出一个情窦初开的少女形象：柔弱娇小的女生营造着自己独一无二的形象，千方百计地渴望得到赞美、关心和照顾。当时的小王子不能领会，在玫瑰花表达着自己的情绪活动时，小王子却在做着理性的判断；他感到烦闷不快，最终因思维与表达的差异而与玫瑰花发生了争吵，而后毅然离开了 B612，直到在漂流中幡然醒悟。

> “我那时什么也不懂！我应该根据她的行为，而不是根据她的话来判断她。她使我的生活芬芳多彩，我真不该离开她跑出来。我本应该看出在她那令人爱怜的花招后面所隐藏的温情。花是多么自相矛盾！我当时太年

轻，还不懂得爱她。”

玫瑰花在小王子要离去时也感到难过与后悔，她承认了自己的错误，同小王子讲道：“我方才真蠢。请你原谅我。希望你能幸福。”但是，花儿并没有说明自己的感受、解释自己的做法。她怕自己的哭泣被对方被看到，推着小王子离去。小王子感到不知所措，在花儿的催促中，也没有表达自己的感情，匆匆离去。就这样，深深相爱的恋人误解了对方的感情，又为维护各自的尊严与骄傲而没有言明心意，最终只得分开。

其次，小王子经历了“爱的迷失”。在星际穿越的旅程中，他对玫瑰花的情感与态度发生了两个非常重要的变化。一个变化是在离开玫瑰花后，随着距离的拉长、时间的冷静，小王子更为清晰地体会到自己深爱着这朵花儿，他在旅行的过程中一直惦念着、心系着他的花儿。在遨游到第四颗星球时，小王子同商人聊天时讲道：“我有一朵花，天天给她浇水。我拥有三座火山，每个星期都通一通它们。我也通死火山。不知道它会不会再喷发。我拥有火山和花，对它们而言我是有用的。但是你对星星没有用……”小王子以玫瑰花为例向商人说明“拥有”的意思是拥有者对拥有物有益，而非相反的含义。在漫游到第六颗星球时，小王子又向地理学家描述他的玫瑰花，当地理学家告知他花儿因为“转瞬即逝”不能被记录，而这个词便意味着花儿有随即消失的危险时，小王子第一次感到了后悔。到达地球后，小王子对玫瑰花的思念之情愈加强烈。小王子请“我”画绵羊时担心羊会吃掉他的花：“如果有个人喜欢这样一朵花，它只存在于千百万颗繁星中堪称典范的星星上面，当他注视这些星星时，他足以感到幸福。他心想：我的花在某个地方……可是，如果绵羊吃掉花儿，对他来说就像所有的星星突然之间熄灭了！”小王子为此泣不成声。在他的表述中，玫瑰花不仅是一株植物，而且是自身生命存在的一种寄托，让他找到了星星的意义与生命的价值。可以看到，相处未必深厚，离别未必寡淡，恋人的分离有时会让爱情变得更为清晰和深挚。

另一个变化则是迷茫与动摇。小王子对他的感情产生过怀疑和否定。小王子曾到访过一个玫瑰盛开的花园，眼前的景象令他伤心。

> 他的花儿跟他说过，她是整个宇宙中独一无二的花儿。可这儿，在一座花园里就有五千朵，全都一模一样！
>
> ……
>
> 随后他又想："我还以为自己拥有的是独一无二的一朵花儿呢，可我有的只是普普通通的一朵玫瑰花罢了。这朵花儿，加上那三座只到我膝盖的火山，其中有一座还说不定永远不会再喷发，就凭这些，我怎么也成不了一个伟大的王子……"想着想着，他趴在草地上哭了起来。

小王子有着自己的骄傲，他如此热忱地爱着玫瑰花，在很大程度上便是因为这朵玫瑰是宇宙间无双的花儿。他如此思念与爱慕着这朵玫瑰时，突然发现这朵花并没有多么特别，他一下便看到了五千朵！这让他惶惑而痛苦，他独一无二的爱，在千篇一律的花面前，仿佛是错付了。在花园中痛哭的小王子，感受到了巨大的悲伤和委屈，但更多的是一种价值的迷失和情感的失落。

这时，一只狐狸出现在小王子的面前。在狐狸的帮助下，小王子逐渐获得了"爱的领悟"。狐狸发表了第一段演说，启发小王子明白"爱的本质"。狐狸在与小王子的聊天中谈到了一个小王子从未听说过的词——"驯服"。

> "不，"小王子说，"我是来找朋友的。什么叫'驯服'呢？"
>
> "这是已经早就被人遗忘了的事情，"狐狸说，"它的意思就是'建立关系'。"
>
> ……
>
> "对我来说，你还只是一个小男孩，就像其他千万个小男孩一样。我不需要你。你也同样用不着我。对你来说，我也不过是一只狐狸，和其他千万只狐狸一样。但是，如果你驯服了我，我们就互相不可缺少了。对我来说，你就是世界上唯一的了；我对你来说，也是世界上唯一的了。"

狐狸所表达的道理便是：爱的本质，不是去寻找唯一，而是创造唯一。“寻找唯一”本来便是一个伪命题，因为在更大的范围来看，人与人之间无可置疑地存在着大量的共性，如同世界上不会只存在一朵玫瑰花、一朵茉莉花，抑或是一朵丁香花，每个人都是普通而普遍的，客观存在的唯一不可能被寻找到。然而，爱情的意义在于“创造唯一”，通过关系的建立，双方被彼此赋予了独一无二的意义，变得不可或缺、与众不同。或者说，“唯一”体现在彼此的关系上，而非每个本体的特征上。此处对爱情的阐释带有强烈而深刻的浪漫主义色彩。

而后，狐狸又发表了第二段演说，向小王子说明建立关系后，彼此的世界能够发生的改变，这使小王子理解了“爱的力量”。

> “我的生活很单调。我捕捉鸡，而人又捕捉我。所有的鸡全都一样，所有的人也全都一样。因此，我感到有些厌烦了。但是，如果你要是驯服了我，我的生活就一定会是欢快的。我会辨认出一种与众不同的脚步声。其他的脚步声会使我躲到地下去，而你的脚步声就会像音乐一样让我从洞里走出来。再说，你看！你看到那边的麦田没有？我不吃面包，麦子对我来说，一点用也没有，我对麦田无动于衷。而这，真使人扫兴。但是，你有着金黄色的头发。那么，一旦你驯服了我，这就会十分美妙。麦子，是金黄色的，它就会使我想起你。而且，我甚至会喜欢那风吹麦浪的声音……”

建立关系后，整个世界都会因为恋人的足迹、行踪、味道或言语在自己面前呈现出一幅十足生动的、可以期待的图景。狐狸在金黄色的麦浪和小王子金黄色的头发之间建立了一种联系，这种联系是人与世界的联系，而狐狸与小王子之间则属于爱情的联系。这段诗歌一般的话语告诉我们，一旦我们建立了一种爱的关系，我们与整个世界的关系就会因为这层关系而发生改变。世界的面貌因爱的存在而变得不同，万物从无情化作有情，这就是爱的神奇和伟大。

再次，狐狸教会了小王子“爱的方法”。狐狸首先要求小王子“非常耐心”：“开始你就这样坐在草丛中，坐得离我稍微远些。我用眼角瞅着你，你什么也不要说。话语是误会的根源。但是，每天，你坐得靠我更近些……”建立关系需要耐心，耐心的本质是投入时间。相识相知，心照不宣，爱情本是一种缓慢而隐秘的过程。然后，狐狸便告诉小王子要葆有仪式感：“比如说你每天下午四点钟来，那么我从三点的时候，就开始感觉到幸福，因为我知道你要来了。时间越临近，我就越感到幸福。到了四点钟的时候，我就会坐立不安，我就会发现幸福的代价。但是如果你随便什么时候都来，我就不知道该在什么时候准备好我的心情，我不知道什么时候该去准备、去体验那种焦灼的等待，所以你应该有一定的仪式。”追求爱情要创造仪式，仪式的本质是控制时间。在特定的时间、特定的地点向对方表达爱意，彼此之间的感受便会日渐强烈，直至成为彼此的“唯一”。

最后，狐狸向小王子陈述了“爱的责任”，小王子也将这段话记在心中：

> “正因为你为你的玫瑰花费了时间……人们已经忘了这个道理，”狐狸说，“可是，你不应该忘记它。你现在要对你驯服过的一切负责到底。你要对你的玫瑰负责……”

狐狸宁可忍受分别的痛苦，也要用驯服自己的方式使得小王子获得对爱的新领悟。最后，小王子走到花园中，对那里的玫瑰说了这样一段话：

> “你们很美，但你们是空虚的。”小王子仍然在对她们说，“没有人能为你们去死。当然啰，我的那朵玫瑰花，一个普通的过路人以为她和你们一样。可是，她单独一朵就比你们全体更重要，因为她是我浇灌的。因为她是我放在花罩中的。因为她是我用屏风保护起来的。因为她身上的毛虫（除了留下两三只为了变蝴蝶而外）是我除灭的。因为我倾听过她的怨艾和自诩，甚至有时我聆听着她的沉默。因为她是我的玫瑰。

三、回归本真：对生命意义的探寻

《小王子》的第三重主题是对生命意义的探寻与追索，这是通过三种“回归”来表现的。

首先是小王子的“回归”。如前所述，小王子体悟到了爱的真谛，对玫瑰花的负责便是回到她的身边。小王子是否回归星球、是否有机会为心中的玫瑰负起责任呢？作者没有明确说明，但我们可以采用叙事研究的方法，从三处文本细节进行分析。

第一处是在小王子降临地球之初，作者便为他的回归埋下了伏笔。小王子刚刚到达地球时便遇上了一条蛇。

> “我可以把你带到很远的地方去，比一艘船能去的地方还要远。”蛇说道。
>
> 说着，它缠绕在小王子的脚腕上，像一个金镯子。
>
> “被我碰触的人，我就把他送回老家去。”蛇还说，“可是你是纯洁的，而且是从另一个星球来的……”
>
> 小王子什么也没有回答。
>
> “在这个花岗石的地球上，你这么弱小，我很可怜你。如果你非常怀念你的星球，那时我可以帮助你。我可以……”

省略号仿佛在告诉小王子，被蛇咬死后就可以回去，这为小王子的返航创造了可能。

第二处是小王子与“我”的一场对话。当小王子理解了狐狸所传达的道理之后，他就已经开始准备回归他的星球，此后和“我”的交往只是一场偶遇。

> 我按照他的要求，用铅笔勾画了一个嘴套。当我把它递给小王子时，我因为有某种预感而心里很难受，对他说：

“你一定有些什么计划没让我知道，还瞒着我呢……”

但是，他不回答我，他对我说：

“你知道吗？我降落在地球上……到明天就一周年啦……”

接着，沉默了一会儿，他又说道：

“我就落在这附近……”说完，他有点脸红，不好意思。

这时，我不知为什么，又感到一阵莫名其妙的心酸。但我又想到了一个问题：

“这么说，一星期以前，我认识你的那天早上，你单独一个人在这荒无人烟的地方走着，这并不是偶然的了？你是要回到你降落的地方去，是吗？”

小王子不好意思地脸又红了。

在这场对话中，小王子的脸红了两次，这暗示着小王子一直在沙漠中徘徊，在曾经的降落点附近寻找那条曾说过能够帮助他的蛇，他确实想要回到玫瑰身旁，想到这里便有些害羞。

第三处则是小王子在水井边的旧石墙上找到蛇后与“我”的一连串对话：

“到今天夜里，正好是一年了。我的星球将正好处于我去年降落的那个地方的上空……”

……

“我将会像是很痛苦的样子……我有点像要死去似的。就是这么回事，你就别来看这些了，没有必要。”

……

“你不该这样。你会难受的。我会像是死去的样子，但这不会是真的……”

……

“你明白，路很远。我不能带着这副身躯走。它太重了。”

……

“但是，这就好像剥落的旧树皮一样。旧树皮，并没有什么可悲的。”

……

“就是这儿。让我自个儿走一步吧。”

他这时坐下来，因为他害怕了。他却仍然说道：

“你知道……我的花……我是要对她负责的！而她又是那么弱小！她又是那么天真。她只有四根微不足道的刺，保护自己，抵抗外敌……”

……

在他的脚踝子骨附近，一道黄光闪了一下。刹那间他一动也不动了。他没有叫喊。他轻轻地像一棵树一样倒在地上，大概由于沙地的缘故，连一点响声都没有。

……我知道他已经回到了他的星球上。因为那天黎明，我没有再见到他的身躯。他的身躯并不那么重……

小王子对玫瑰花的爱充盈到顶点，这份牵挂使他克服了恐惧，毅然决然地承担起回到她身边的使命。圣–埃克苏佩里对结局的描写十分朦胧，这些细节也为我们提供了两种可能的解释：其一，文中所说的是“文学事实”，地球恰好运行在B612星球的正下方，小王子被蛇咬后抛下了他的躯壳，灵魂在这样特殊的时间节点回到了他的星球，又和他的玫瑰在一起了。其二，小王子是借着大鸟的迁徙来的，他知道自己回不去了，因此明知被蛇咬便会死亡也要尝试，毕竟这是他唯一的机会了；至于他对“我”说的话，是对“我”的安慰，“我”的判断也仅仅是一种希冀。可以看出，第一种结局是写给儿童的，这是一个美丽圆满的童话，让孩子们相信小王子永远活着，与玫瑰花相依相伴，以美好与温馨为终；第二种结局是写给大人的，故事则是一曲凄美的爱情悲歌，告诉人们错过了，便永远无法再回到从前，直到生命的终结。两种结局都能成立，读后都能使人感到一种深切的伤感，并对小王子这个纯真形象产生共情与迷恋。

这正是本书的艺术魅力所在。

其次，在小王子的影响下，“我”也回归了童心。可从“初遇”“交往”“别离”三个阶段来观察这一变化过程。与小王子初遇时，“我”身上还保留着大人的习气，在小王子要求“我”画画和讨论问题时十分不耐烦，急于检修飞机的发动机；被小王子批评后羞愧难当，赶紧将他抱起来沟通。此时的“我”虽然仍葆有对童心的渴望，内心却始终有两种力量在制衡，最后往往是大人的一面占据上风。与小王子交往一段时间后，“我”便发生了重要变化。“我”抱着睡着的小王子在沙漠中寻找水源时，感到“就像捧着一件易碎的宝贝”，并对自己说：“在这个熟睡的小王子身上，最让我感动的，是他对一朵花儿的忠贞，这朵玫瑰的影像，即使在他睡着时，仍然在他身上发出光芒，就像一盏灯的火焰一样……”“我”的心境、人生观与世界观在此时发生了重要变化，儿童一面的人格在“我”的身上占据了支配地位，“我”的心灵已经完全与小王子融为一体，尘世间的凡俗杂念已经烟消云散。与小王子分别后，“我”被小王子完全驯服了，“我”开始珍视那些真正重要的东西：

> ……从此，我就喜欢在夜间倾听着星星，好像是倾听着五亿个铃铛……
>
> ……“他的星球上发生了什么事呢？大概小羊把花吃掉了吧……”
>
> 有时我又对自己说：“绝对不会的！小王子每天夜里都用玻璃罩子罩住他的花，而且他会把羊看管好的……”想到这里，我就非常高兴。这时，所有的星星都在柔情地轻声笑着。
>
> 有时我又对自己说：“……某一天晚上他忘了玻璃罩子，或者小羊夜里不声不响地跑出来……”想到这里，小铃铛都变成泪珠了！
>
> 这真是一个很大的奥秘。……无论什么地方，凡是某处，如果一只羊（尽管我们并不认识它），吃了一朵玫瑰花，或是没有吃掉一朵玫瑰花，那么宇宙的面貌就全然不同。

你们望着天空。你们想一想：羊究竟是吃了还是没有吃掉花？那么你们就会看到一切都变了样……

任何一个大人将永远不会明白这个问题竟如此重要！

这段话称得上文学史上罕见的动人言语："我"在小王子的影响下彻底回归了童心。参照前文，狐狸心甘情愿地被小王子驯服，小王子离开后，狐狸便会沉浸在对小王子的想念之中。但这样的情绪也有积极意义，那便是狐狸的生命会因此而变得与众不同。"我"同小王子建立关系后，小王子的离开也为"我"留下了痛切的思念，而这样的思念也有着无可替代的价值——"我"明白了生命的真谛，从此不会在儿童和大人的生命观中纠结不前，而是永远选择"我"热爱的生活。这样的"驯服"，也发生在这本书和它的无数读者之间，可以说，圣－埃克苏佩里用他的童话"驯服"了不同肤色和种族的人们，让大家懂得了人生的真正意义。

第三个回归，便是作者圣－埃克苏佩里的回归。圣－埃克苏佩里经历了传奇的一生，他有着多重的身份，包括作家、飞行员、发明家、军人、战地记者、哲学家、冒险家，等等，其中与本书最相关的便是飞行员。圣－埃克苏佩里生前经历了两次空难，1935 年，在飞往西贡（即今天的胡志明市）的途中，飞机发生故障，迫降在开罗附近荒无人烟的沙漠中，他跋涉了五天五夜，小王子的故事背景便来源于此；1938 年从危地马拉起飞时，飞机栽到机场附近，他不幸脑震荡，全身八处骨折。1944 年 7 月 31 日早 8 时 30 分，圣－埃克苏佩里起飞执行他的第八次空中侦察任务，便再也没有回来，他像小王子一样离奇地失踪了。因被打捞出的飞机残骸显示圣－埃克苏佩里驾驶的侦察机没有任何问题，于是人们纷纷猜测他的死因。最为常见的解释有两种：其一，圣－埃克苏佩里是被敌机击落的，但是没有确凿证据；其二，圣－埃克苏佩里是自杀，有迹象表明他在死前一年有交代后事的倾向，同时他也有赴死的动机。首先，圣－埃克苏佩里的身体状况越来越差，如果失去这次被他强烈争取而来的侦察机会，他或许再也不能飞行在蓝天里，而苟且生活对他没有意义，于是他便选择了这种最适合自己的死亡方式，在坠机前便告诉朋友“我已经做好了死亡的准备”。其次，圣–埃克苏佩里的爱情错综复杂，他的一生历经了三段感情。他与法国贵族遗孀康素爱萝缔结婚姻，二人经常言语不和却又彼此深爱，极富艺术气质的康素爱萝也被看作故事中玫瑰花的原型。1943 年 4 月，圣–埃克苏佩里同妻子发生争执，对她说：“我想没有我你会过得比较快乐，我只能借死亡找到最后的平静。”西尔维娅是圣–埃克苏佩里在纽约的情人，她对圣–埃克苏佩里展开主动追求，圣–埃克苏佩里也把《小王子》的手稿给了她，一说，故事中的狐狸就隐喻着西尔维娅。此外，他还有红颜知己奈莉，她是一位富商之女，在圣–埃克苏佩里死后为他作传。故而有人猜测，他是为心中纯美的、理想的爱情殉道的。纵观圣–埃克苏佩里短暂的一生，他仿佛是故事中两种人物的结合：沙漠中的“我”是他现实生活中的身份——一位童心未泯的浪漫主义飞行员，而小王子则象征着他内心深处的理想人格。他敏感、细腻、简单、直接、追求完美，许多文学研究者因此把他的离世看作其本人自主的选择。

小王子究竟有没有回到他的星球呢？圣–埃克苏佩里究竟为什么消失在蓝天里呢？此处可以用《小王子》中的一句话来回应——这是狐狸临别时作为赠言告知小王子的“秘密”，也是小王子的口头禅，文中最后抛开大人世界的习气、懂得了生命本质的“我”也在反复诉说它；或许，这也是圣–埃克苏佩里在临近去世前写作《小王子》时，最想同读者讲的一句话：

人只能用心去观察。因为真正重要的东西，眼睛是看不到的。

《水浒传》：英雄传奇的当代价值

《水浒传》[①]是施耐庵所著长篇小说，书名出自《诗经·大雅·绵》："古公亶父，来朝走马。率西水浒，至于岐下。"公亶父是周太王姬亶，周文王的祖父。他是当时周部落领袖，因受到戎狄侵袭，率部迁往岐山之阳的周原。这里水草丰美、土地肥沃，周部落因之得以发展、强盛，为后来灭商建国奠定了基础。作者援引此典，有隐括全书的意味。"水浒"本义是"水边"，而江湖好汉的存身地，也是他们政治、军事活动的大本营水泊梁山（今山东济宁梁山县境内），正是这样一个山重水叠、物产富饶的所在。书中写道："山东济州管下一个水乡，地名梁山泊，方圆八百余里，中间是宛子城、蓼儿洼。"山中筵宴，有"自酝的好酒，水泊里出的新鲜莲藕，山南树上自有时新的桃、杏、梅、李、枇杷、山枣、柿、栗之类，鱼、肉、鹅、鸡品物"。这样的地理环境不唯易守难攻，方便水陆两线作战，亦可帮助好汉们在生活资料上自给自足，一如《西游记》里的花果山、《红楼梦》中的大观园，可以使主人公暂得安稳。而江湖好汉之所以落草，又与周部落迁徙相似，都是受外力的影响，并非完全主动的行为。进一步说，周部落迁居虽未动摇商朝统治，但到武王伐纣时，则给了主政者致命的打击，这又与江湖好汉的起义有了隐微的关联。

水浒故事发生在北宋徽宗年间，有历史事实为依凭。但不论是元代修撰的

① 本篇所引原文来源：施耐庵．水浒传[M].北京：人民文学出版社，1997.

正史《宋史》，还是南宋王偁的《东都事略》、徐梦莘的《三朝北盟会编》等书，对宋江起义的交代都非常简略。讲史话本《大宋宣和遗事》较详，但远达不到丰富生动的程度。聂绀弩先生认为，从宋江起义到《水浒传》成书中间的两三百年的时间里，是人民大众的口头传说和民间话本艺人的讲述和记录，才逐渐把非水浒人物说成水浒人物，把非水浒人物故事说成水浒人物故事，最终由施耐庵完成“临门一脚”，整合、创作成了这样一部大书的。《水浒传》不是一人写成的，也不是在一个时期内完成的，这种成书过程影响了《水浒传》的结构，也影响到它的思想倾向。从结构上看，它由大大小小的故事单元拼接而成，每个单元都是有机整体，可以独立成章而不影响阅读；故事和故事之间虽然也有整体上的构思和安排，但作者把思考的重点放在了叙事先后和详略上，黏合、接榫的方法往往是粗线条的。从思想上看，水浒故事和历史没有太大关系，只借用了宋江、关胜、杨志这些人物的名号以及时代背景。如果说《三国演义》“七实三虚”，《水浒传》恐怕连“一实”都没有。这些虚构故事是作者人生观、价值观的反映，也倾注着成书历程中人民大众的爱憎之情，代表了他们对是非、善恶、美丑的鲜明态度。

一、《水浒传》：农民起义还是英雄传奇？

语文课上，我们通常把《水浒传》定性为中国第一部描写农民起义的长篇章回小说。真实的宋江起义或可被归为农民起义；小说中以晁盖、宋江为首的梁山军事集团的确也杀人越货、冲州破府，与北宋朝廷公然对抗，但就文本内容看，作者立意的初衷和描写的重点似乎都不在农民起义上。正如陈学泰老师所言，考察历史上公认的大规模农民起义，如陈胜吴广起义、绿林赤眉起义、黄巾军起义、黄巢起义、太平天国运动等，不难发现农民起义至少要满足三个条件：第一，发生在农民阶级和地主阶级之间；第二，起义军和统治者你死我活、水火不容；第三，起义者有建立政权的野心和占有土地的诉求。

梁山众头领绝少以务农为业，他们不是朝廷出身的官吏，就是庄园主、市民或游民。晁盖、宋江、卢俊义、吴用、公孙胜、关胜、林冲、秦明、花荣、李应、柴进等辈固然不是农民利益的代言人，就连刘唐、阮氏三雄、李逵、时迁这些底层人物也不能说是农民出身。我们固然可以认为梁山上为数众多的马步军兵来自农民阶级，但他们不是作者描写的重点，在情节发展中起不了任何决定性作用，只是一串串无谓的数字罢了。以宋江为首的好汉们尽管做出许多“大逆不道”之事，但正统观念非常深厚，他们并没有从内心深处和现存的社会制度以及主流价值观决裂，甚至自己都认为落草“点污了父母清白遗体”。他们不得已而上梁山，要反的是为非作歹的奸臣权贵，而不是天子，更不是封建制度。正如鲁迅所说：“一部《水浒》，说得很分明：因为不反对天子，所以大军一到，便受招安，替国家打别的强盗——不‘替天行道’的强盗去了。”从心态上讲，梁山好汉对朝廷没有“彼可取而代也”的野心，更多的是“望美人兮天一方”的失落。他们始终以“义士”自称，从没有想过僭号称王；他们攻打祝家庄、高唐州、青州府、华州府、大名府、曾头市、东平府、东昌府，杀完、抢完就收兵回山，从没有占领土地的打算；他们与官军作战，如七十回之后与童贯、高俅的战斗，总是点到即止，从不赶尽杀绝；他们不断招降武将，寻找门路，进言天子，只为重新回到体制内的轨道上。

种种迹象表明，作者没把《水浒传》当成严肃、决绝的农民起义来写，甚至他头脑里压根儿就没有农民起义的概念。作者追求的是儒家正统思想规划好的蓝图：上有明君圣主选贤任能，下有孝子节妇昌明伦理。为此，作者把笔墨集中在一批具有英雄气质和英雄本领的好汉身上，着重写他们生存之路的丧失、发展之路的阻隔和价值之路的幻灭，以抒愤懑、浇块垒，表达对社会现实的愤慨和对清明政治的渴慕。对书中人物来说，起义造反不过是清明政治遭到破坏之后，流落社会边缘的智勇之士反抗现实，以开辟生存空间的尝试；接受招安，也不过是借造反之势重新融入正统社会，以实现个人价值的方法。从始至终，个体的英雄主义色彩都远远浓厚于意识形态下的阶级斗争。可以说，《水浒传》不过借了农民起义的“壳”，骨子里还是受传统文化观支配的英雄传奇。这里的传统文化观以儒家的仁、义、忠、孝为主，间杂墨家的兼爱和释道两家的出世思想，在不同人物身上和不同故事之中各有侧重。抛开“农民起义”“革命斗争”的主题不谈，不但无损于《水浒传》的伟大，反而可以拓宽读者认知的边界，帮助读者发现其独特价值。

二、《水浒传》中值得继承的精神

首先是批判精神。《水浒传》揭露和批判了社会黑暗，其范围之广、力度之大，古今少有。作品开篇就把矛头指向了最高统治者宋徽宗，通过高俅发迹前后的经历，刻画了一个昏庸无道、任人唯亲的风流天子形象。正是在他的治下，高俅、蔡京等权臣奸党才得以贪赃枉法、陷害忠良。王进出走、林冲落草、杨志卖刀都直接拜高俅所赐，梁山好汉最后的悲剧结局也是奸臣们一手酿成的。奸臣在位必然大搞裙带关系：高唐州太守高廉是高俅的叔伯兄弟，青州知府慕容彦达是慕容贵妃的哥哥，大名府梁中书是蔡京的女婿，江州知府蔡九是蔡京的儿子，强夺民女玉娇枝的贺太守是蔡太师门人。水浒主要人物都受到这些权奸及其党羽或直接或间接的迫害，“智取生辰纲”“江州劫法场”“三山打青州”“智取大名府”等关键事件也都因他们而起。上有所好，下必甚焉。州城府县大大小小的官吏都有自己的害民之法、谋财之道。不必说阳谷县县令袒护西门庆、张都监受贿谋害武松，也不必说郓城县县令为娼妓折辱雷横、登州知府徇私枉法加害解珍、解宝，就连牢城营的管营、差拨以及押解配军的公人，都可以为了几两银子杀人害命。昏君临朝，奸臣当道，恶霸横行无忌；妻子杀夫，刁奴欺主，僧侣好色贪淫，整个社会的选官制度、司法公正、伦理道德就这样自上而下被破坏掉了。这何止是北宋末年“民疲、财匮、兵弱、士大夫无耻”的社会缩影，简直可称得上人民群众对历朝历代昏聩政治的高度概括。更可贵的是，作者连他所钟情的江湖世界也没有轻易放过。这里有揽权固位、嫉贤妒能的白衣秀士王伦，有亵渎禅林、杀人越货的崔道成，有仗势欺人的蒋门神，有恩将仇报的假“黑旋风”李鬼……即使是梁山好汉，他们的人品行事也是良莠不齐。小霸王周通强抢民女，矮脚虎王英好色无厌，双枪将董平杀死东昌府太守而夺其女，这些行为与一般意义上的强盗已经没有本质区别。而宋江、吴用等为招降人才或驾驭下属所用的手段也极尽“厚黑学”之能事，比狡狯、奸诈的朝廷官吏不遑多让。

其次，《水浒传》热情歌颂了江湖好汉的抗暴精神，鼓舞了一代代受欺凌、受压迫的人们。在一个恶之花遍地开放的社会，人们随时都有可能成为权贵、恶棍砧板上的鱼肉。大多数人只能像金翠莲、武大郎一样逆来顺受，而梁山好汉则不同，他们身负惊人的勇力和智慧，能够依靠自己的力量讨还公道。因为性格、身份不同，遇横逆之来，他们的抗击方式也各不相同。武松是“文来文对，武来武对”“一双拳头，只要打天下硬汉，不明道德的人”，通奸杀人的西门庆、潘金莲，狼狈为奸设计陷害他的张都监、张团练、蒋门神，都如景阳冈上的大虫一样被他干净利落地打杀。林冲“算得到，熬得住，把得牢，做得彻”，从白虎节堂到野猪林，从沧州牢城到大军草料场，一再退避、忍让，走投无路之际才挺枪便杀。李逵天真质朴，管不了那么许多，一双板斧排头劈将下去。不论是何种方式，作者在书写江湖好汉的抗暴精神时，都突出了“快意恩仇，除恶务尽”这八个字，这也恰恰是水浒故事鼓舞人心的力量源泉。林冲把陆谦、富安、差拨的头割下来，摆在山神庙的供桌前；“拿住王伦，又骂了一顿，去心窝里只一刀，肐察地搠倒在亭上”；武松在鸳鸯楼只杀得“血溅画楼，尸横灯影”；李逵“拿殷天锡提起来，拳头脚尖一发上”……这都是作者的得意文章，也正搔到读者的痒处。可以说，《水浒传》不仅是文人士大夫的书，也是人民大众的书，更是让历朝历代的镇关西、高衙内、西门庆、梁中书甚至宋徽宗们心惊胆寒的书。

最后，《水浒传》大书特书的侠义精神在任何时代都有传承价值。侠、义在内涵上既有区别又有联系。在水浒世界里，义多指兄弟、朋友之间的交往准则，而侠则是对陌生人的救助。义是双方面的，侠是强势一方的输出。电视连续剧《水浒传》的主题曲有两句歌词，一句是“路见不平一声吼，该出手时就出手”，这是对“侠”的诠释；另一句是“（生死之交一碗酒）说走咱就走，你有我有全都有”，这是对“义”的解读。义是侠的基础，侠是义的发扬：无义之人不能行侠，譬如王伦、崔道成之流；守义的客观结果有时也就是任侠，如武松醉打蒋门神等。具体来说，水浒之侠有三种表现。一是仗义疏财，为他人提供经济上的援助。宋江号称“及时雨”，他以县城小吏的身份得享大名，与善使银子的个性分不开。二是招贤养士，为江湖亡命之徒提供栖身之所。“缓急，人之所时有”，江湖好汉投奔晁盖、柴进，正是因为他们大开方便之门。三是路见不平，拔刀相助，为人排难解纷，这是水浒之侠最可宝贵的品质，也是布衣闾巷之侠深受百姓爱戴的原因。鲁达本是小种经略相公帐下提辖官，因救助金氏父女打死镇关西，遂去五台山落发当了和尚。他又帮助刘太公退亲，拳打了小霸王周通。在救人性命、拯救危难时，他想得周全，做得彻底，而且最无私，事后并不居功卖名，可谓“英雄手段，菩萨心肠”。水浒之义的表现形式就更丰富了。正如在鲁达传里赵员外所言：“四海之内，皆兄弟也。”他们有的是情同手足的知己故交，如宋江与花荣；有的是慕名而交、倾盖如故，因为双方有好汉的名头，便结成兄弟；还有的因事而交，不打不相识，如史进与少华山三位寨主。关于兄弟之义，《水浒传》中动人心魄的描写有很多。野猪林里，鲁达对林冲言道：“‘杀人须见血，救人须救彻。’洒家放你不下，直送兄弟到沧州。”金圣叹批道：“天雨血，鬼夜哭，尽此二十一字。”武松被张都监陷害入狱，施恩倾囊解救，又冒着危险三入死牢，这种交情大大超过了恩主与门客的关系。江州法场之上，李逵脱得赤条条，半空中跳下来，要救哥哥宋江；而揭阳岭、揭阳镇、浔阳江上，李俊、童威、童猛、张横、张顺、穆弘、穆春等众豪杰也带着庄客伙家沿江而下。他们何尝不知道以卵击石的风险，但义字当前，便不顾性命地赶来了。

揭批丑恶、反抗强暴、鼓吹侠义，是这部英雄传奇之于当代读者最重要、最独特的三大精神。要想真正追求真善美、拥抱真善美，必须学会认识丑恶，防范丑恶，抵制丑恶。饱含爱憎之情的《水浒传》，是帮助人们明是非、知善恶、识美丑的好素材。中国人自古有骨气，有勇气，有血性，只是在长期的专制集权统治中被镇压和消磨了。但有人间不平事，便将水浒置案头，或可增添人们的精神勇力。现今人们多信奉“各人自扫门前雪，不管他人瓦上霜”的市侩法则，人情淡薄、世态炎凉已是社会的常态。在这样的文化土壤里，多读读水浒故事，对社会多一点热血、多一分关心，对朋友讲一点义气、多一分担当，何尝不是重拾社会温情、完善自身人格的好方法？当然，我们也要看到，水浒人物、事件以及其中蕴含的思想精神，是用文学手段处理后的夸张和变形，不是生活的常态，我们不能依样画葫芦。初读《水浒传》的青少年朋友更需要理性思考、辩证看待。我们主张批判丑恶，但不主张轻易牺牲；我们主张见义勇为，但不主张以暴制暴；我们主张道义之交，但不主张唯义气是从。此外，《水浒传》还有一些显而易见的问题，例如宣扬封建迷信和果报思想，有些地方无节制地渲染暴力，存在对女性人物简化、物化甚至丑化的情况，等等，相信读者自有明辨。

三、《水浒传》中的“文法”

金圣叹说：“吾最恨人家子弟，凡遇读书，都不理会文字，只记得若干事迹，便算读过一部书了。”又说：“《水浒传》到底只是小说，子弟极要看，及至看了时，却凭空使他胸中添了若干文法。”

从情节结构上看，《水浒传》中仅梁山好汉就有一百零八位，有名有姓的人物多达数百，如何组织这些人物和故事，使之成为有序的整体，极大地考验着作者的创作才华。相比之下，梁山聚义之前的故事更紧凑，虽然鲁达、林冲、杨志、武松等主要人物的本传可以独立存在，但人物与人物之间衔接、过渡得比较自然。作者又以“智取生辰纲”“白龙庙小聚义”“三山聚义打青州”“石碣受天文”等大事件为节点，分期分批地把各州郡好汉集合到梁山，把各山寨兵马会聚到梁山，形成了群龙共舞、多头并进、万流归宗的叙事格局。这种点面结合的整体安排，把英雄的个人经历和梁山事业的发展结合起来，展现了梁山从弱政治性到强政治性、从被动防御到主动出击、从领袖更替到组织变革的发展历程。

在重大节点之间，作者聚合人物也煞费苦心。常见的有三种。一是以一人带一人，如让王进带出史进，王进则抛开不写；用林冲带出杨志，林冲则先按下不表。二是以一人带多人，在武松传里穿插张清夫妇、施恩的故事，是天罡带地煞；宋江的青州之行和江州之行，会聚了四十余位英雄好汉，是领袖带群雄。三是以一事带多人，如智取生辰纲、三打祝家庄等。在人物的出场顺序上，作者也做了精心设计。先写高俅发迹，再写王进出走，突出“乱自上作”。先写林冲故事，再写晁盖上山，埋下“火并”伏笔。宋江延至第十八回出场，到第四十一回方才入伙，使梁山先有其主，以发展壮大；令宋江奔走各地，打造班底：如此双线并行，待宋江落草便可有所作为。

作为包罗万象的大著，《水浒传》因为人物太多，故事情节也难免重复。金圣叹概括出两种情况：一是“正犯”，即故事梗概相同。如写武松打虎后，又写李逵杀虎，又写二解争虎；写潘金莲偷汉后，又写潘巧云偷汉；写江州劫法场后，又写大名府劫法场。二是“略犯”，即故事要素相似，过程差别较大。如“林冲买刀”与“杨志卖刀”，“虔婆醉打唐牛儿”与“郓哥不忿闹茶肆”，“瓦官寺试禅杖”与“蜈蚣岭试戒刀”等。作者“正是要故意把题目犯了，却有本事出落得无一点一画相借，以为快乐是也。真是浑身都是办法”。这就涉及避复艺术：在共性之中找个性，在相似之中求差异，让读者耳目一新。

试以潘金莲、潘巧云的故事言之。两者结构大致相似，都以妇女偷情为引线刻画英雄人物，且均构成“兄—嫂—奸夫—小叔”的关系模式，作者写来却处处不同：

1. 淫妇的身份不同：潘金莲是侍女出身，潘巧云是再嫁之身。

2. 偷情的诱因不同：潘金莲因武大矮丑，加之王婆引诱；潘巧云纯为情欲。

3. 奸夫的身份不同：西门庆是当地恶霸，可买通官府；海阇黎势力有限，死后无人深究。

4. 参与者的作用不同：王婆是通奸谋主；胡道人、迎儿只串通消息。

5. 叔嫂的关系不同：潘金莲对武松有意，勾引不成便找借口遮羞；潘巧云也曾勾引石秀，但用情甚浅，最后还诬蔑石秀以自保。

6. 兄弟的关系不同：潘金莲诬蔑武松，武大不信；潘巧云嫁祸石秀，杨雄相信。

7. 奸情传播的范围不同：潘金莲偷情人尽皆知；潘巧云偷情只有石秀察觉。

8. 淫妇的罪过不同：潘金莲毒杀亲夫，罪大恶极；潘巧云暂无谋害杨雄之心。

9. 奸夫淫妇的结局不同：武松杀死奸夫淫妇，替兄报仇；石秀杀男（海阇黎、胡道），杨雄杀女（潘巧云、迎儿）。

因为这些不同，主要人物的性格特征也就区别开了。潘金莲有可耻处、可恶处，也有可怜处；潘巧云只是生性淫荡、不守妇道，前者的复杂性远超后者。武松能拒绝女色诱惑，又能杀死奸夫淫妇为兄复仇，是顶天立地的大丈夫；石秀一面替人出力，一面处处自证清白，是心思缜密、下手狠毒的亡命之徒。武大和杨雄的差别就更加明显：武大可以告饶、可以冤死，杨雄必须手刃淫妇方显“英雄身份”。

《水浒传》刻画了众多人物，金圣叹评为“人有其性情、人有其气质、人有其形状、人有其声口，任凭提起一个，都是旧相识”。就全体而论，这种评价有失实之处；就主要人物来说则大体不谬。前人对此多有论述，这里只说语文教学应特别重视的两个方面。

一是作者善写人物的语言。语言是人物心理和性格的透视镜，水浒主要人物一出场，作者就能通过三言两语表现他最突出的性格特点，以杨志、鲁达、吴用、宋江、李逵等最为明显。更难得的是，尽管人物故事有大量断弦再续的地方，但无论何时何地，人物只要一开口，读者就能识得此人。在性格相似的人物之间，作者能写出他们的个性。只是写人粗鲁处，便有许多写法，如鲁达粗鲁是性急，史进粗鲁是少年任气，李逵粗鲁是蛮，武松粗鲁是豪杰不受羁绊，阮小七粗鲁是悲愤无说处，焦挺粗鲁是气质不好。这些不同主要是通过人物语言表现出来的。即使是写阎婆惜、唐牛儿、王婆、西门庆、乔郓哥、牛二这样的过场人物，作者的语言描写也一丝不苟，写淫妇便是淫妇，写泼皮便是泼皮，写虔婆便是虔婆。《水浒传》中还有大量精彩的对话描写，作者能把人物的行为、动作、神态和语言勾连起来，给读者以强烈的在场感。鲁达之于林冲、杨志之于牛二、武松之于潘氏、宋江之于花荣、戴宗之于李逵，是其中尤为传神者。人物对话一旦发生，就有可能被窃听、偷听，这样写可以使情节波澜起伏，而听者和被听者的形象也越发丰满。

二是作者善写人物的心理。心理活动是内部语言，用以表现人物思想和情感的变化，往往是由外界环境刺激造成的。作者的高明之处在于能通过超常心理塑造非凡人物。武松酒后上山看到榜文，作者写道：“欲待发步再回酒店里来，寻思道：‘我回去时，须吃他耻笑，不是好汉，难以转去。’存想了一回，说道：‘怕甚么鸟！且只顾上去，看怎地！’”武松并非不怕虎，但更怕人耻笑，便明知山有虎，偏向虎山行了。倘若没有这处心理描写，武松的英雄气概必将失色不少。《水浒传》也善于塑造普通人的正常心理，通过神态、动作和心理活动，写出人物心理变化的层次，吴用说三阮撞筹、林冲火并王伦、王婆说风情等都有这样的特点。对那些道德败坏、破坏公序良俗的反面人物，作者能极生动地写出坏人不可告人的隐微心理，如高太尉欲害林冲、王婆欲使西门大官人上钩等。“世事洞明皆学问，人情练达即文章”，没有丰富的人生阅历和细致的社会观察，不可能写到如此通透的程度。

《水浒传》的环境描写也颇具特色。因为写作对象是绿林好汉，所以作品的自然环境以山岭、丛林、江湖为主。前七十一回之中，著名地点有少华山、桃花山、赤松林、野猪林、黄泥冈、梁山泊、景阳冈、飞云浦、蜈蚣岭、清风山、白虎山、二龙山、揭阳岭、浔阳江、沂岭、翠屏山、二仙山、华山、金沙渡等二十多处。这些地方偏僻、险峻、荒凉、冷清、人烟稀少，是英雄聚义之地、落难之地、剪径之地或扬威之地。不同性质的故事又分别突出环境的不同特征，譬如写梁山泊，喜庆筵宴则突出物产之丰富、景色之壮美；官军来犯则突出山势之险峻、水港之错杂。作者还善于把这些凶险之地和大冷大热的极端天气结合起来写，从而推动情节发展，塑造人物形象。写雪天，则有林教头风雪山神庙、雪天三限、宋公明雪天擒索超；写热天，则有野猪林林冲遇险、黄泥冈杨志失盗。作者还擅长描写夜色。夜走华阴县、月夜走刘唐、醉入销金帐、雪夜上梁山、怒杀阎婆惜、药鸩武大郎、血溅鸳鸯楼、夜走蜈蚣岭、夜看小鳌山、夜走瓦砾场、夜闹金沙渡、夜盗唐猊甲，等等，时有月色点缀，既符合江湖人物夜间行事的习惯，又渲染了或紧张、或凶险、或悲壮、或滑稽的气氛。

《水浒传》的社会环境描写涉及面极广，通过宫殿、官府、居家、集市、街道、酒楼、茶肆、旅馆、妓馆、庄园、山寨、庙宇、道观、监狱、法场、战场等形形色色的场所，为读者展示了上自王孙贵胄、下至平民百姓的生活画卷。以《王教头私走延安府　九纹龙大闹史家村》一回为例，作者先写高俅发迹，至端王府则写奢华享乐，至殿帅府则写威严排场；次写王进出走，先交代他的家庭环境，再叙述岳庙还愿一事；再写史进出世，先铺叙史家庄的田园山色，再描摹少华山的山寨规模，中间则是信使往来的松林。只一回书，便从天子脚下的宫殿官府直写到绿林山寨，全景式地勾勒了不同阶层的生活样貌，运笔之速，令人目不暇接。从效果上看，作者写城市面貌、乡村生活、平民居家都非常生动，能够和风俗人情结合起来；对法场、战场、古庙、荒山、绿林山寨的想象也基本合理；尤为可贵的是，作者能将环境与人物性格和情节发展匹配起来，写出同类环境的不同氛围。梁山好汉无酒不欢，以酒店而论：鲁达请客在潘家酒楼，写其阔大热闹，引出歌女卖唱；武松打虎，路过题有“三碗不过冈”的酒肆，以壮英雄气概；宋江题反诗在“浔阳江正库”，“世上无比酒，天下有名楼”，一副对联撩动枭雄心事……

此外，《水浒传》的随文诗词、悬念设计、打斗场面也可圈可点，值得细细赏读。当然，叙事也有瑕疵：前半部分从卢俊义故事开始就写得草率，后半部分受招安、征辽寇、擒方腊，平铺直叙，语言质量也大不如前。教学过程中既可以通过专题研读，让学生欣赏其高超的叙事艺术，也可以通过前后文的比较对照，提高学生的鉴别能力。

《骆驼祥子》：城市贫民的悲剧图式

老舍，原名舒庆春，字舍予，是新中国第一位获得“人民艺术家”称号的作家。1899 年，老舍生于北京西城的一个满族护军家庭，并在大杂院中度过了幼年与少年时代。由于幼时家境贫苦，又住在贫民聚居的小胡同中，老舍对社会底层的市民生活非常熟悉；此外，老舍自小便喜好串书场、看京戏，对市井街巷中流传着的民间艺术和传统艺术具有浓厚的兴趣。这些独特的生活阅历和人生经验凝铸于笔下，便生长出了独属于老舍的文学世界。老舍的作品一向以老北京地域风情为特色，也就是所谓的“京味”风格，有文学研究者评价道：“老舍笔下的市民世界又是最能体现北京文化的人文景观，甚至成为一种文化史的象征，一说到北京文化，就不能不联想到老舍的文学世界。”此外，“平民化”倾向也是老舍作品的重要表征：用幽默诙谐的笔调描写日常风俗，以俗白凝练的语言铺写种种世态，在对城市贫民生活状态的全景式叙写中表达他对转型时期中国俗文化的审视、对城市文明的批判与对人性的反思。这些共同构成了老舍独到的文学风格，使其作品在中国现代文学中有着十分突出的地位。

老舍的创作成果颇丰，他一生撰写了上千篇（部）文学作品，称得上一位多产作家。20 世纪 30 年代，老舍结束了英国旅居生活后回国，进入写作的鼎盛时期，撰写于 1936 年至 1937 年间的《骆驼祥子》[①] 则被看作这个时期最出

① 本篇所引原文来源：老舍．骆驼祥子[M].北京：作家出版社，2017.

色的作品，在老舍的全部创作中也同样拔从出类。《骆驼祥子》是老舍描写社会底层贫民悲剧命运的代表作，讲述了军阀混战的背景下，北平社会最底层的人力车夫“祥子”如何奋斗、如何遭受重重打击，又如何放弃梦想而走上了一条沉沦和毁灭的道路的故事，以对典型人物形象的塑造与对真实生活情状的描绘，深刻揭示了旧中国城市底层人民的苦难。《骆驼祥子》对师生而言并不陌生，除去被接连改编为影视剧、戏剧外，全国范围内大多数中学都将其纳入必读书目。这部小说语言纯净通俗，故事情节也不复杂，阅读难度并不高，考虑到人物赏析是阅读重点，这里就以主人公祥子人生历程中的三个阶段为分野，展开分析与解读。

一、人力车夫的一股清流——祥子的出场人设

要理解祥子的出场人设，首先要了解什么是人力车夫，毕竟这一职业在我们如今的生活中已渐渐销声匿迹了。人力车是一种用人力拖拉的双轮客运与货运工具，有两个别名：第一个叫作“黄包车”，这是因为在中国传统文化中，黄色往往象征着权威与贵气，为使客人感到气派，人力车便以黄漆涂制车身，使用黄色顶盖；第二个叫作“东洋车”，这是因为人力车于 19 世纪 70 年代由日本传入，从民国初年风行至新中国成立。祥子的故事发生在 20 世纪 20 年代，正是京津沪人力车最为流行之时。

每个行业都有其独特的运作机制，可以称得上是一门“学问”。拉人力车也有讲究。首先是乘客选车的规矩：乘客往往要挑拣车子的新旧；车夫的老少；车夫衣着的好坏，也就是装束是否得体整洁。其次是车夫拉车的讲究。揽客要有规矩，不能抢同行的生意。跑步也有方法，有的车夫高抬腿、轻落步，看起来努力，但实际上并不费力；有的车夫以小碎步慢跑，暴露出体力不足的问题；而祥子一类的车夫，跑起来轻松自如，步幅较大但落地悄无声息，又能把车牢

牢固定在自己身上，使其平稳运行，如同在水上飞，这便是个中翘楚。道路亦有远近，有经验的车夫熟悉路况，懂得抄近道，更加省力。砍价还有技巧，人力车没有固定的费用规则，同客人讲价钱时也需要采用一定的方法，客人才会多给小费。待客要分好坏，心肠好的人力车夫往往把客人的安全、舒适放在第一位，而有些车夫则不管颠簸、不避危险。此外，如若车夫自己没有足够的资金购置人力车，又想做此行当，就需要向租车公司去租，故事前部的祥子便属此类。租车也要遵循一定的办法：首先是上班的类型不同，按时间分为白班、黑班，按客源分为包月和散座；其次是租车公司能够有限地提供生活方面的条件——只负责住宿，不负责吃食，如祥子便睡在车行老板刘四爷提供的大通铺上，吃饭要自己想办法；最后是必须按时上交份子钱，交不上便会被扫地出门。可以看到，老舍与下层人民有着深刻的精神联系，能够深入城市贫民的生活，在《骆驼祥子》中把人力车夫讨生活的经验和行业特点写得具体清晰、活灵活现。

人力车夫这一行当并不高端，甚至可以称得上“贱役”，原因有三。其一，人力车夫没有尊严。车夫结束辛苦的工作后往往落下一身臭汗，遭人白眼，如虎妞便因此对祥子嫌弃不已，婚后希望祥子不要再去拉车；如果承担了包月的活计，便也免不了被东家使唤去做些其他打杂跑腿的事情，且不会收到额外的费用；有时还会因这一身份受窝囊气，如刘四爷过寿时，车夫先吃些粗劣的饭菜后便被赶去干活，不能打扰到其他客人赴宴。如此种种，体现出人力车夫所遭遇的极端工具化的困境——车夫与车在别人眼里无非是跑腿的工具。其二，人力车夫没有保障。无论技能多好、经验多丰富，人力车夫工作时还是免不了遇到风险，如果不幸发生意外，就只能自己承受后果。遇上大风大雨等极端天气，也须按照客人的要求将车拉到目的地，不然便无法获取酬劳；生病了需要到医院问诊买药，但以车夫的收入很难负担得起；年老的车夫体力下降，无法继续拉车，只能沿街乞讨。其三，人力车夫没有“出息”。投身于拉车营生的车夫基本是赤贫出身；大多数车夫穷其一生都无法拥有属于自己的人力车，只能给人打工，又因收入微薄与不稳定，不敢娶亲，无儿无女。

在这样的现实条件下，老舍用他极为擅长的细节描写和白描手法，勾勒出当时北平大多数人力车夫的生活状态，可以将其概括为以下三点：首先是缺乏职业精神，人力车夫大多偷懒、耍横、不讲道义；其次是具有不良生活嗜好，拉车之余，车夫们总是抽烟、喝酒、赌博、逛窑子，甚至因此染病；最后是陷入畸形的家庭关系，由于拉车不顺、嗜好低劣，车夫们自然也无法经营好家庭，常出现打老婆、卖孩子的现象。二强子便是典型人物：二强子喜好吃喝嫖赌，但又不愿付出劳动拉车挣钱，便把女儿小福子以二百元的价格卖给一个军官做妾；此后手中有了余钱，便更爱喝酒，醉后甚至将自己的老婆殴打致死。小福子被军官抛弃后回到家中，二强子又逼迫她卖身养活两个弟弟。经由老舍的笔触，我们得以看到，当时人力车夫的普遍生活状态便是得过且过、恶性循环，可以说是毫无追求、缺乏感情、不讲道义、不顾体面。

与众不同的是，主人公祥子出场时如同“一股清流”。首先，就出身而言，祥子没有父母妻儿的累赘，又无甚田产，十八岁便“带着乡间小伙子的足壮与诚实”进城打工，多方尝试后选择以拉车为业。这一行当也非常适合年轻力壮、无牵无挂的祥子。

其次，就年龄、长相来说，祥子比较讨喜。老舍在小说中如此描写祥子的外貌：

> 头不很大，圆眼，肉鼻子，两条眉很短很粗，头上永远剃得发亮。腮上没有多余的肉，脖子可是几乎与头一边儿粗；脸上永远红扑扑的……结实硬棒……到城里以后，他还能头朝下，倒着立半天。这样立着，他觉得，他就很像一棵树，上下没有一个地方不挺脱的。

祥子满面红光、身材挺拔，显示出饱满的精神面貌。而顾客们也乐意选择这样的车夫，长相为他的工作加分不少。

再看专业技术。祥子经过一段时间的训练便练就了纯熟的技术：

> 他的腿长步大，腰里非常的稳，跑起来没有多少响声，步步都有些伸缩，车把不动，使座儿觉到安全，舒服。说站住，不论在跑得多么快的时候，大脚在地上轻蹭两蹭，就站住了；他的力气似乎能达到车的各部分。脊背微俯，双手松松拢住车把，他活动，利落，准确；看不出急促而跑得很快，快而没有危险。就是在拉包车的里面，这也得算很名贵的。

可以看到，祥子拉车时十分稳当，停车时也非常利落，动作标准，会使力气，技术称得上“名贵”二字。

最后看性格习惯。与生活混乱、品行不端的车夫不同，出场时的祥子表现出自苦、自律、自强的精神气质，体现为“七不”：不放假，无论天气如何恶劣，祥子只要吃饱睡好，便在街上拉车；不撒谎，祥子拉车时并不多话，对客人坦诚相待，不要坏心思；不贫嘴，祥子忙着劳动，闲时不多，不爱论人长短，也未交到多少朋友弟兄；不抽烟、不喝酒、不嫖妓，祥子没有沾染这些低俗的嗜好；不治病，无论大病小病，祥子都自己挨过去，不肯轻易花钱。

祥子之所以能严格要求自己，主要是因为此时的祥子有梦想——对梦想的坚持是“清流”的核心特点。祥子的梦想并不复杂：

> 在他赁人家的车的时候，他从早到晚、由东到西、由南到北，像被人家抽着转的陀螺；他没有自己。可是在这种旋转之中，他的眼并没有花，心并没有乱，他老想着远远的一辆车，可以使他自由、独立，像自己的手脚的那么一辆车。有了自己的车，他可以不再受拴车的人们的气，也无须敷衍别人；有自己的力气与洋车，睁开眼就可以有饭吃。

他把买一辆属于自己的人力车作为首要的生活目标，希望凭借自身的勤劳而丰衣足食，过上安稳的生活。为此，祥子不辞辛劳、朝夕不倦，终于攒够了买车的资金：

> 整整的三年，他凑足了一百块钱！

……

自从有了这辆车，他的生活过得越来越起劲了。拉包月也好，拉散座也好，他天天用不着为“车份儿”着急，拉多少钱全是自己的。心里舒服，对人就更和气，买卖也就更顺心。拉了半年，他的希望更大了：照这样下去，干上两年，至多两年，他就又可以买辆车，一辆、两辆……他也可以开车厂子了！

祥子并没有停下奋斗的脚步，而是更加热忱地规划着自己的未来，希望能够通过诚实劳动与合法经营，使自己进一步改善生活。总之，刚从农村来到城市的祥子，抱着对稳固生活的幻想，踏上了人生旅途的下一程。

二、阴差阳错的天灾人祸——祥子的惨淡人生

如前所述，年轻力壮、自苦自强的祥子终于拥有了一辆属于他自己的黄包车。接下来故事的发展便有两种可能性：第一种是“励志”模式，即主角经历奋斗、失败、挣扎、再失败与再奋斗，最终取得成功；第二种是“苦难”模式，即主角经历奋斗、失败、挣扎、再失败、再奋斗与再挣扎，最终仍然走向失败。《骆驼祥子》的故事属于第二种模式，祥子的惨淡人生在读者面前徐徐铺展开来，历经“七难”后，祥子“作一个独立的劳动者”的善良愿望彻底毁灭，最终走向了沉沦。

第一难为“新车被抢”。经过三年的艰辛劳动，祥子攒钱买下一辆新车。然而军阀混战的阴云笼罩了北平，祥子为拉车而出城，车被匪兵抢去，人也被抓作壮丁。他抓住机会虎口逃生，还牵走了三匹骆驼，卖了三十五元，以做重新买车的资金。经此一事，祥子虽然没有放弃买车的梦想，但遭受了精神打击：“一想起来，他心中就觉得发堵，不由得想到，要强又怎样呢，这个世界并不因为自己要强而公道一些，凭着什么把他的车白白抢去呢？即使马上再弄来一

辆，焉知不再遇上那样的事呢？”祥子的心中惶惑不已，拉车的目标变得功利。从前他不肯仗着年轻力壮抢老弱同行的买卖，如今却只管抢活、闷头挣钱，还因此遭人冷眼，“骆驼祥子的名誉远不及单是祥子的时候了”。

第二难为“被诱失身”。为了尽快攒钱重新买车，祥子又去杨宅拉包月的工作。然而杨宅一众人等蛮横无理，对仆人敲骨吸髓，祥子不能忍受，与雇主闹掰，于夜深人静时垂头丧气地回到车厂。车厂主刘四爷的女儿虎妞四十岁左右，强悍、丑陋、作风不正，趁祥子心中苦闷，将其诱骗失身。回过神来的祥子愈加萎靡，他感到“不但身上好像粘上了点什么，心中也仿佛多了一个黑点儿，永远不能再洗去”，乡间带来的清凉劲儿无影无踪。这层缠绕也使他对婚姻没了盼头。祥子的自信开始瓦解，他不知该如何应对，逐渐开始喝酒。

第三难为“虎妞骗婚”。在祥子困苦之际，为人和善的曹先生又雇用祥子去拉包月。曹宅善气迎人，不论是主家还是帮佣高妈，都和颜悦色，祥子心中“一切的希望又重新发了芽”。然而，虎妞十分喜爱身材精壮、性格老实、吃苦耐劳的祥子，于是找上门来，谎称怀孕，并为祥子制订了周密的入赘计划，要祥子先认刘四爷为干爹，进而再做女婿，由此成家立业；又把祥子存在刘四爷处、卖骆驼所得的现金还给了祥子。泼辣的虎妞对祥子无甚坏心，但她对祥子的好充斥着占有欲和控制欲，并不是健康的爱意。祥子对幸福生活的期待又一次被冲散，他走也不是，留也不是，分不清应该自力更生还是卖身投靠，人生观逐渐动摇。

第四难为“物伤其类”。一天晚上，祥子在电影院外的茶馆候着曹先生用车，听着车夫们的抱怨与控诉，头一次感受到大家并不是贫嘴恶舌，而是“说出他与一切车夫的苦处”。这时，天寒地冻中，一位老车夫进入大家的视线，他被冻得几乎僵硬，在店家与一众车夫的帮助下才缓过气来后，又招呼自己可怜的孙子来吃祥子买来的包子。祥子的心中更不平静了：“在小马儿身上，他似乎看见了自己的过去；在老者身上，似乎看到了自己的将来！”这一老一少打破了祥子的希望，祥子为了买车这个愿望的苦奔仿佛是徒劳，因为老车夫也有着属于自己的人力车，但年迈时境况仍如此凄惨。想到此处，祥子尽力绷着的弦松了下来："对虎妞的要胁，似乎不必反抗了；反正自己跳不出圈儿去，什么样的娘们不可以要呢？况且她还许带过几辆车来呢，干吗不享几天现成的福！看透了自己，便无须小看别人，虎妞就是虎妞吧，什么也甭说了！"他终于从一个有着赤诚理想的青年变成了一个功利青年。

第五难为"敲诈破产"。日子没过多久，祥子的雇主曹先生便因得罪学生而被诬告。为躲避侦探的恐吓，曹先生躲往更有名望的左宅，并让祥子为家人送信。祥子因此被孙侦探——曾经遭遇的匪兵中的孙排长——跟踪并敲诈，最终卖骆驼所得与这期间攒下的所有家当都被勒索一空。祥子彻底破产，曹先生也逃往外地。靠个人诚实劳动而买车的愿望全然破灭，祥子只得回车厂重新投靠刘四爷与虎妞。老舍带着极富同情的笔调描写祥子此番不幸的遭遇："一个拉车的吞的是粗粮，冒出来的是血；他要卖最大的力气，得最低的报酬；要立在人间的最低处，等着一切人一切法一切困苦的击打。"祥子的精神能量，此时已近乎被掏空。

第六难为"婚姻纠葛"。破产的祥子只得依照虎妞的谋算为刘四爷筹备寿礼，而刘四爷不满将自己的基业交付给祥子这样一个乡下苦力，坚决不同意两人的婚事，在宾客面前与虎妞断绝关系。两人因此被赶出车厂，租住在贫民窟。祥子此时只能依靠虎妞攒下的体己钱生活，被凶悍的老婆牢牢控制着精神与肉体。而刘四爷则典当了车行买卖后离去，祥子与虎妞继承财产的愿望最终落空。虎妞为祥子购置了一辆人力车，他干起了老营生，但因拼命拉车，接连生了两场病，身体日渐衰弱。但祥子"多挣钱的雄心并没完全忘掉"，仍然抱着攒够钱后自己再买一辆车的希望，继续低着头苦奔。

第七难为"虎妞难产"。婚后虎妞怀了孕，但她因贪吃油腻、脾气暴躁，且年纪已长，最终难产而亡，孩子也没能活下来。为请神婆救治虎妞，祥子已花光了积蓄；给虎妞办丧事时别无他法，只好把车卖掉。又一次的打击使祥子不堪重负，他“坐在炕沿上，点着了一支烟；并不爱吸。呆呆的看着烟头上那点蓝烟，忽然泪一串串的流下来，不但想起虎妞，也想起一切。到城里来了几年，这是他努力的结果，就是这样，就是这样！他连哭都哭不出声来！车，车，车是自己的饭碗。买，丢了；再买，卖出去；三起三落，像个鬼影，永远抓不牢，而空受那些辛苦与委屈。没了，什么都没了，连个老婆也没了！”祥子再次破了产，只剩三十元钱，家庭不复存在，身体也垮掉了。小福子的体贴又给了祥子些许安慰，但他此时已狠了心，拒绝了小福子共同生活的央求，烟瘾也越来越重，与从前判若两人。

到“虎妞之死”为止，祥子的奋斗梦想在一个个不幸遭遇的捶打下彻底破灭，而他由梦想所支撑着的人格品质和生活习惯也随之弥散，他从人力车夫中勤劳、坚忍的“清流”变成了精神散漫、浑浑噩噩的“浊物”。

三、精神肉体的双重毁灭——祥子的悲剧结局

故事写至此处，已经具备很强的冲击力，但老舍依然要为这份沉重“加码”。鲁迅说，“真正的悲剧是把美好的东西撕碎了给人看”，老舍也深谙此道，他要继续撕裂祥子的人生，让他彻底被生活打败。在小说的尾声部分，老舍撰写了一系列跌宕起伏的故事，将祥子堕落至人生最低谷的过程展现在读者面前，总体来说可以分为三个单元。

第一个单元是“走向堕落”。虎妞去世后，祥子的心态发生了极大的转变，他几乎完全丧失了人生梦想和职业理想，如同“咸鱼”一般。祥子仍然高大壮实，再次拉起车来也比一般的车夫跑得麻利，但他不再拼命，也不再为了职业尊严与人“赛车”，只低着头默默跑着，“似乎看透了拉车是怎回事，不再想从这里得到任何的光荣与称赞”。夏先生的姨太太是暗娼出身，性格风流，祥子

明知她有意勾引，却并不拒绝，甚至暗暗期待着，顺理成章地被诱惑，而后患上了脏病。此前祥子对同行们混乱的生活方式嗤之以鼻，现在却嬉笑着向大家透露自己得了花柳病，依着大家告诉他的、从前他最为不齿的经验治好了病。此后他“心里松懈，身态与神气便吊儿郎当”，“肩头故意的往前松着些，搭拉着嘴，唇间叼着支烟卷。有时候也把半截烟放在耳朵上夹着，不为那个地方方便，而专为要个飘儿”，整个人一步步滑向颓废的深渊。

第二个单元是“回光返照”。泄了气的祥子也并非一落到底，老舍仍为他安排了峰回路转的一段情节。祥子拉车时碰上了归来的刘四爷，狠狠地报复了他，便觉得洗清了耻辱，拿回了曾经丧失的尊严。这样一来，祥子又燃起了些许生活的热情，便去找从前的雇主曹先生。曹先生待人宽和，答应继续雇用祥子，还愿意为小福子安排一份女佣的活计。祥子又获得了生的希望。于是他去寻找小福子，却发现小福子沦落到最低等的妓院中后不堪受辱上吊自尽了。小福子年轻美丽，性格纯净善良，又有生活经验，是祥子的理想伴侣，也是祥子认真生活的精神支柱，她的离去仿佛压倒骆驼的最后一根稻草，使祥子彻底失去了人生的意义。

第三个单元是“自暴自弃”。祥子走到小树林里的乱葬岗，甚至辨不出哪里是小福子的坟，他感到空前的怅惘与虚无，痛苦地想道：“什么也没有了，连小福子也入了土！他是要强的，小福子是要强的，他只剩下些没有作用的泪，她已作了吊死鬼！一领席，埋在乱死冈子，这就是努力一世的下场头！”祥子努力奋斗的人生观被彻底颠覆，他深刻地感受到了与命运对抗的无力，所有的幻想终究被血淋淋的现实刺破。祥子回去后睡了两天，“他把车拉出去，心中完全是块空白，不再想什么，不再希望什么”，如同行尸走肉，只为填饱肚子行动着，“看着一条瘦得出了棱的狗在白薯挑子旁边等着吃点皮和须子，他明白了他自己就跟这条狗一样，一天的动作只为捡些白薯皮和须子吃。将就着活下去是一切，什么也无须乎想了”。自强者天助之，自弃者天厌之，祥子就此彻底堕落，从原来那个“不放假、不撒谎、不贫嘴、不抽烟、不喝酒、不嫖妓、不治病”的积极劳动者变成了一个抽烟酗酒、典当东西、偷奸耍滑、骗吃骗喝、嫖娼宿妓、出卖他人的恶棍，最终身体垮掉，也不再拉车，做起了红白帮工，靠乞讨度日。至此，祥子的精神与肉体俱灭，被抛入流氓无产者的行列。

《老人与海》同样书写了苦难与毁灭，故事中的桑迪亚哥虽然被毁灭，但没有被打败，由此铸就了硬汉精神和英雄传奇；而祥子的结局则异常惨烈，他的精神与肉体被双重毁灭了。老舍如此着笔，并非只为讲述一个惨绝人寰、令人痛彻心扉的悲剧，其间蕴含着他独有的文学视角与创作动机。

首先，作品体现出老舍的平民立场，透露出作者对下层人民水深火热的生活境遇的深切同情和人道主义关怀。不同于鲁迅“哀其不幸，怒其不争”的批判眼光，老舍在作品中对于普通国民，尤其是下层劳动者，则更多保有着“哀其不幸”的怜悯态度。以“骆驼”作为祥子的外号，具有相当的隐喻和象征意义：骆驼能耐渴、可负重，能够走长途、过沙漠，但仍然是凡间生物，被折磨得太狠也会死去，祥子的故事便是骆驼如何被压垮的故事。老舍叙写祥子的堕落和被毁灭，主要不是为了指责与警示，而是为了表达对像祥子一般的劳动人民的同情。

其次，老舍通过祥子、小福子、老车夫祖孙的悲剧命运，揭露了旧社会的黑暗和不公。祥子的故事发生在军阀横行、文化腐朽、伦理混乱、道德沦丧的背景下，虎妞勾引祥子、父亲逼女儿卖淫等情节，为我们共同展现出一个弱肉强食、寡廉鲜耻的丛林社会。老舍以质朴的笔调描绘出“丑恶的社会”与“纯洁的个人”所构成的二元对立——混乱的环境不容许个人幻想的存在，畸形的制度挤压着下层劳动者的生存空间。老舍描摹着“生活的本来面目”，将批判的矛头直指环境对个体的扭曲，表达了对军阀统治的控诉。

最后，老舍也对社会改革的方法进行了反思，传达了下层人民只有摆脱个人主义的利己的奋斗才能找到出路的观点。在《骆驼祥子》的结尾，老舍写道：

“体面的，要强的，好梦想的，利己的，个人的，健壮的，伟大的，祥子，不知陪着人家送了多少回殡；不知道何时何地会埋起他自己来，埋起这堕落的，自私的，不幸的，社会病胎里的产儿，个人主义的末路鬼！”祥子的奋斗只聚焦于自身，他一心只想着经营好个人的一辆车、一个家，从未想过与同病相怜的苦命人联合起来对抗不公的现实，因此最终只能被社会的洪流所吞没。祥子的失败是个人主义的失败，只有集体的、有组织的、有目标的奋斗，才能为千千万万个底层平民找到摆脱悲惨命运的出路。从这个意义上讲，《骆驼祥子》并非仅仅直陈苦难与批判黑暗，同样也观照着社会进步的可能。

总而言之，《骆驼祥子》是一部以苦难人生为素材的杰出的现实主义小说，故事情节相对简单，思想内涵比较深刻，艺术方面很有风格，适合小学、初中生阅读。新中国成立以后，也有两部描写与苦难人生做斗争的著作发行、流传，主旨却大不相同：一部是路遥所著的《人生》，发表于20世纪80年代；另一部是余华所著的《活着》，发表于20世纪90年代。大家可以围绕这三部小说开展比较阅读，体会对坎坷人世的不同书写，或许能收获别样的感悟与启迪。

《平凡的世界》：用生命铸就的大部头

《平凡的世界》[①] 是路遥以生命铸就的长篇小说，虽然名字叫作《平凡的世界》，但它并不平凡。首先，这部作品的社会影响力极大，从 20 世纪 80 年代开始就被称为中国当代作家创作的最有影响力的长篇小说之一。1988 年在作品第三部还没定稿时，中央人民广播电台就提前对这套书进行了播出，引发了强烈反响。这种反响长盛不衰，鼓舞了一代又一代的读者，从五〇后到〇〇后，从平民百姓到政商要人，都是这本书的粉丝。其次，它在文学史上地位很高，1991 年获得中国第三届茅盾文学奖，2019 年入选“新中国 70 年 70 部长篇小说典藏”。最后，这部作品也入选了中小学生必读书目，21 世纪以来的语文课程标准都将它选为推荐书籍，北京等地甚至一度将其纳入考试范围。

为什么《平凡的世界》有如此崇高的地位呢？一是因为写得好，在长达百万字的篇幅中，刻画了孙少平、孙少安、田晓霞、田润叶等几十个栩栩如生的人物形象，全面反映了从 1975 年到 1985 年长达十年的中国城乡生活变迁。另一个原因就在于这本书的创作过程：别人的书是用才华写的，而路遥这本书是用生命写的，他的写作过程几乎就是主人公孙少平艰苦卓绝的奋斗历程的翻版。我们只有先回顾这段创作经历，才能真正走进路遥和他的《平凡的世界》。

---

① 本篇所引原文来源：路遥．平凡的世界 [M]. 北京：北京十月文艺出版社，2009.

一、《平凡的世界》是怎样诞生的?

路遥出生于陕北农村，是共和国的同龄人。他虽然家境贫寒，但热衷于写作。1982年他出版了《人生》，获得全国优秀中篇小说大奖。这一奖项改变了他的命运，在随笔《早晨从中午开始》中，他回忆道：

> 无数的信件从全国四面八方蜂拥而来，来信的内容五花八门……许多人还把我当成了掌握人生奥妙的“导师”……陌生的登门拜访者接踵而来，要和我讨论或“切磋”各种问题……刊物约稿，许多剧团电视台电影制片厂要改编作品，电报电话接连不断，常常半夜三更把我从被窝里惊醒。一年后，电影上映，全国舆论愈加沸腾，我感到自己完全被淹没了……我已经成了“名人”。

面对《人生》带来的功成名就，路遥面临着一个选择：究竟是躺在功劳簿上坐享其成、追名逐利，还是回到作家艰苦的创作中？他给出了坚定的回答：

> 尽管创造的过程无比艰辛而成功的结果无比荣耀，尽管一切艰辛都是为了成功；但是，人生最大的幸福也许在于创造的过程，而不在于那个结果。
>
> ……作家的劳动绝不仅是为了取悦于当代，而更重要的是给历史一个深厚的交代。如果为微小的收获而沾沾自喜，本身就是一种无价值的表现。最渺小的作家常关注着成绩和荣耀，最伟大的作家常沉浸于创造和劳动……劳动，这是作家义无反顾的唯一选择。

由此可见，路遥决定写《平凡的世界》时，心中怀着崇高的创作动机。他对作家的使命有着高度的自觉，对自己的才华有着极大的自信。他没有将《人生》看作事业的顶点，而是将其看作跳高运动员遇到的一个横杆，他要向更高处发起挑战。

从时代背景来看，路遥写《平凡的世界》也是对艺术信仰的坚持。改革开放初期，很多外国文学作品涌进中国，许多作家争相模仿现代派、意识流，还批评国内的文学过时了。但路遥坚信现实主义手法不过时，写不好是因为没用好这种手法，而不是手法本身的问题。因此他冒着不能发表的危险，坚定不移地用现实主义手法创作《平凡的世界》。他确定了作品框架：三部，六卷，一百万字，时间跨度从 1975 年初到 1985 年初，力求全景式反映中国近十年间城乡社会生活的巨大变迁，故事将涉及近百个人物。

在正式开始写作前，路遥进行了艰苦的创作准备。从 1982 年到 1985 年整整三年里，路遥什么工作也不干，什么活动也不参加，好像突然从社会上消失了。

他只专心做两件事情。一件事就是“大量阅读，补充知识”。创作一部巨著会涉及大量知识，路遥开始大量阅读，他研究、分析古今中外的长篇作品；读不同方面的书籍，如政治、哲学、经济、历史和宗教著作等，还有关于农业、商业、工业、科技的专门著作以及知识性小册子；了解养蜂、造林、税务、气象、历法、民俗甚至 UFO（不明飞行物）等众多方面的知识。同时，他还逐日查阅这十年间的报纸，包括《人民日报》《光明日报》《参考消息》等报纸的合订本，记录每一件有用的内容。

> 我没明没黑开始了这件枯燥而必需的工作，一页一页翻看，并随手在笔记本上记下某年某月某日的大事和一些认为“有用”的东西。工作量太巨大，中间几乎成了一种奴隶般的机械性劳动。眼角糊着眼屎，手指头被纸张磨得露出了毛细血管，搁在纸上，如同搁在刀刃上，只好改用手的后掌（那里肉厚一些）继续翻阅。

另外一件事就是“深入生活，占有材料”。写小说仅靠读书是不够的，还需要深入生活。路遥提着一个装满书籍资料的大箱子开始奔波，从乡村到城镇，从工矿企业、学校机关到集贸市场，上自省委书记下至普通老百姓，他都竭力接触。特别是在农村时，他详细记录作品中可能涉及的所有农作物从播种、出土到结籽、收获的全过程，不同植物在同一时间段的不同状态，全境内家养和野生的飞禽走兽的习性，特定地域环境中的民风民情、婚嫁丧事，等等。他相信“占有的生活越充分，表现生活就越自信，自由度也就会越大”。

在准备充分之后，路遥正式开始了更为艰辛的写作过程：

第一部：从 1985 年秋天到 1986 年夏天，躲在偏远的铜川矿务局里写。

第二部：从 1986 年秋天到 1987 年夏天，换了地方，到黄土高原腹地一个十分偏僻的小县城的县武装部院子里找了一孔小土窑洞往下写。

第三部：从 1987 年秋天到 1988 年夏天，在榆林地方行政长官的关怀下，在新落成不久的榆林宾馆里写。

每部他都写一稿，改一遍，再抄写一遍。在写第一部的过程中，他通常工作到凌晨，每天中午起来，吃完两个馒头后就匆忙地赶回去继续工作；晚上吃完饭要带两个馒头回来，等凌晨工作完毕上床前，用冷馒头配着一杯咖啡充饥，后来他还多带一个馒头来投喂房间里的老鼠。在创作第二部的时候，无节制的工作导致他的身体出现问题，写作力不从心、饭量减少很多、右眼长期发炎，医生建议他停止工作和阅读，但路遥始终没有放弃。在第二部完全结束时，38 岁的路遥身体彻底垮了：

第二部完全结束，我也完全倒下了。身体状况不是一般地失去弹性，而是弹簧整个地被扯断。

其实在最后的阶段，我已经力不从心，抄改稿子时，像个垂危病人半躺在桌面上，斜着身子勉强用笔在写。几乎不是用体力工作，而纯粹靠一种精神力量在苟延残喘。

稿子完成的当天，我感到身上再也没有一点劲了，只有腿、膝盖还稍微有点力量，于是，就跪在地板上把散乱的稿页和材料收拾起来。

终于完全倒下了。

别人的书是用才华写的，而路遥这本书是用生命写的，他的写作过程几乎就是主人公孙少平艰苦卓绝的奋斗历程的翻版。我们只有先回顾这段创作经历，才能真正走进路遥和他的《平凡的世界》。

身体软弱得像一摊泥。最痛苦的是每吸进一口气都特别艰难，要动员身体全部残存的力量。

在任何地方，只要坐一下，就睡着了。有时去门房取报或在院子晒太阳就鼾声如雷地睡了过去。坐在沙发上一边喝水一边打盹，脸被水杯碰开一道血口子。……这是无节制的拼命工作所导致的自然结果。

到第三部的时候，路遥的身体状况已经无法支持他继续写作了。但他在榆林地方行政领导的支持下改善了生活环境，一边写作，一边看病吃药，最终才完成了这部百万字的巨著。

在写作完成后，路遥进行了质朴的创作反思，他并未自傲自满：

在接近六年的时光中，我一直处在漫长而无期的苦役中。就像一个判了徒刑的囚犯，我在激动地走向刑满释放的那一天。

……1988 年 5 月 25 日这个日子我却一直没能忘记——我正是在这一天最后完成了《平凡的世界》的全部创作。

……我在稿纸上的劳动和父亲在土地上的劳动本质上是一致的。

由此，这劳动就是平凡的劳动，而不应该有什么了不起的感觉；由此，你写平凡的世界，你也就是这平凡的世界中的一员，而不是高人一等；由此，1988 年 5 月 25 日就是一个平平常常的日子，而不是一个特殊的日子；由此，像往常的任何一天一样，开始你今天的工作吧！

……最后完稿的一刻：一开始写字手就抖得像筛糠一般。竭力想控制自己的感情，但实际上是徒劳的。为了不让泪水打湿稿纸，我将脸迈向桌面的空处。

可以说，崇高的创作动机、艰苦的创作准备、艰辛的创作过程、质朴的创作反思，共同铸就了这部《平凡的世界》。但路遥此时已经油尽灯枯了，1992 年春天他躺在病房里写下了这篇回忆性散文《早晨从中午开始》。此时，他对未来生活还充满希望：

是的，我刚跨过四十岁，从人生的历程来看，生命还可以说处在“正午”时光，完全应该重新唤起青春的激情，再一次投入到这庄严的劳动之中。

那么，早晨依然从中午开始。

然而不幸的是，半年多后，路遥就因为肝硬化腹水医治无效与世长辞，年仅 42 岁。因此，我们说《平凡的世界》是路遥用生命铸就的大部头。

知人论世是为了更好地读书，路遥的创作过程给我们读书和做人都带来很多启发。

首先，如何给《平凡的世界》定性？这涉及我们对这本著作的阅读态度。严肃的现实主义文学作品是对特定历史时期平凡人真实生活的反映，虽然已经时过境迁，但还需要我们用心体会作者灌注在每个人物身上的人格精神。青少年不能光看动漫、动画和绘本，还要读一本影响一生的大部头，这本用生命写成的大书是最佳选择之一。

其次，文学创作甚至广义上的写作，是一件严肃而又艰苦的事情。作者要有鲜明的立场、崇高的动机，还要有充分的准备，包括知识、经验、方法等多方面的准备，更需要有坚忍不拔的意志支撑写作。超越自己以前跨过的“横杆”，给自己“画地为牢”，用坚忍不拔的意志忍受身心的痛苦，像牛马一样劳作，这是有“创作梦”者应坚持的写作态度。

最后，人究竟应该怎样度过自己的一生？生命的意义不在于长短，而在于为了崇高的理想艰苦奋斗，只有这样才能获得充实感和成就感，受到尊重和敬佩。我们灰心丧气、坚持不住的时候，不妨多读读路遥，从他的身上获取力量。

二、如何破解《平凡的世界》的阅读障碍？

尽管我们都感佩于路遥先生艰苦卓绝的创作历程和坚忍不拔的意志，但是，自从《平凡的世界》被列入中小学生必读书目之后，很多学生都叫苦不迭。

面对摆在面前的三本厚厚的“砖头”，学生们不知道该怎么读，即便耐着性子翻开也读不下去。为避免与好书失之交臂，我们下面具体分析这部作品的阅读障碍及其破解之道。

障碍之一：“老”

《平凡的世界》是于20世纪80年代完成的作品，它和当时的时事政治勾连紧密。从1975年到1985年，是中国社会大变革的时期，作者有意把平民百姓的生活和时代风云结合起来，以反映整个时代和社会的精神面貌。而关于“文化大革命”“反右倾”翻案风、联产承包责任制、包产到户、恢复高考、改革开放等极具年代风格的知识，中小学课本中讲解得又特别少、特别笼统，学生初读时难免一头雾水。

第二章中有这样一个情节——

> 那天班上学习《人民日报》社论《领导干部带头学好》的文章，班主任主持，班长顾养民念报纸。孙少平一句也没听，低着头悄悄在桌子下面看小说。他根本没有发现跛女子给班主任老师示意他的不规行为。直等到老师走到他面前，把书从他手里一把夺过之后，他才猛地惊呆了。全班顿时哄堂大笑。顾养民不念报了，他看来似乎是一副局外人的样子，但孙少平觉得班长分明抱着一种幸灾乐祸的态度，看老师怎样处置他。
>
> 班主任把没收的书放在讲桌上，先没说什么，让顾养民接着往下念。学习完了以后，老师把他叫到宿舍，意外地把书又还给了他，并且说：“《红岩》是一本好书，但以后你不要在课堂上看了。去吧……”
>
> 孙少平怀着感激的心情退出了老师的房子。他从老师的眼睛里没有看出一丝的谴责，反而满含着一种亲切和热情。

读到这里，学生可能会奇怪：高中上课为什么要学《人民日报》啊？看课外书至于这么严重吗，还要老师处置？《红岩》根正苗红，学生为什么不能看？老师既然没收了他的书，为什么又还给他，眼里还带着亲切和热情？

破解这种问题的办法就是勾连前后文，因为作者也不希望他的书只给同时代的人看，所以一定会对那些后人可能看不懂的东西做简单的背景介绍。

有心的同学会看到第二章开头部分的文字：

> 如果整天坐在教室里还勉强能撑得住，可这年头“开门办学”，学生们除过一群一伙东跑西颠学工学农外，在学校里也是半天学习，半天劳动。至于说到学习，其实根本就没有课本，都是地区发的油印教材，课堂上主要是念报纸上的社论。开学这些天来，还没正经地上过什么课，全班天天在教室里学习讨论无产阶级专政理论。当然发言的大部分是城里的学生，乡里来的除过个别胆大的外，还没人敢说话。

在这段文字中，作者对事情发生的背景进行了介绍。当时学生看课外书是会挨批评的，而老师表面上处置孙少平，背后又偷偷把书还给他，是因为老师在内心深处喜欢爱看书的学生，但在这样的时代背景下，他又不得不装模作样地处置看课外书的人。

当然，也会有一些没有背景介绍的内容，因为作者毕竟是写小说，不是写历史。当无法依靠前后文来推断时，我们可以尝试用揣摩、猜想的方法，也叫作随文推断——就是对无关紧要的内容不予深究、观其大略。如第八章中出现的“批斗会”“资本主义倾向”两个词，结合前后文就能推断出来，所谓的“资本主义倾向”无非是指王满银卖老鼠药，对个人进行批判的大会就叫作“批斗会”。还有些专有名词，甚至猜都猜不出来，如第七章中的“农田基建大会战”等。面对这样的词，一种办法就是假装没看见，个别词义的缺失并不影响我们阅读整本书；还有一种办法就是上网查阅，这样我们不但能准确理解词义，还能借此学到很多并不久远却已经十分陌生的历史知识——很多历史就是由这些关键词组成的。

障碍之二：“大”

《平凡的世界》是一部“大书”，有上中下三部，每部有五十四章，一共有一百多万字，出场人物也有一百多个，而且写的全是平凡琐碎的生活细节和情感经历；不像《水浒传》《三国演义》那样的英雄传奇，能够通过典型情节给人留下深刻的印象。所以，读《平凡的世界》很容易读完就忘，记不住故事情节，也厘不清楚人物关系。这里有几种破解方法可以帮助我们克服这一障碍。

第一种破解办法是“抓重点”，把握三个中心人物的故事和心路历程。

第一主人公是孙少平，作者写他是想反映两种差别，分别是城乡差别、脑力劳动与体力劳动的差别。他的人生经历代表了金波、兰香、金秀这些农村青年的命运。他们渴求知识，渴望丰富的精神生活与物质生活，从而以各种方式拼命走出农村，进入城市，作品由此反映了这些由“乡”而“城”的青年在追求现代文明的过程中的矛盾心态，反映了“交叉地带”的社会生活及城乡文化的差别。另外，他和女主人公田晓霞的精神恋爱也是小说的重要内容。因此，阅读时可以以孙少平为主线，归纳和概括叙事单元，以便记忆。

第二个主要人物是孙少平的哥哥孙少安，他以双水村、石屹节、原西县等农村地区为主要活动地点。作者写他主要是为了突出“极左”路线给双水村人带来的贫困，以及十一届三中全会后双水村人奔向富裕之路的艰难历程。更深一层，也揭示了农村经济改革和土地承包对“政治家”田福堂、孙玉亭和孙少安这类普通农民的冲击，以及他们各自的不同表现，从而揭示了农村改革中存在的隐患和危机。

第三个关键人物就是田福军，他先后担任原西县革委会副主任、黄原地区地委书记、陕西省委副书记等官职，是正确路线的代表，还是女主人公田晓霞的父亲。作者通过展示他由村到县、地、省的政治斗争和路线斗争，反映了不同历史时期的政治斗争和路线斗争不仅激烈，而且总是壁垒分明的情况。

第二条破解办法就是“抓关系”：密切关注人物的出场，随着人物出场的先后顺序，耐心绘制人物关系图谱。最好不要用网上现成的图表，不是亲自建构的关系图谱是记不住的。

路遥在谈创作经历时曾说到这一问题：

> 在我看来，在长卷作品中，所有的人物应该尽可能早地出场，以便有足够的长度完成他们。尤其是一些次要人物，如果早一点出现，你随时都可以东鳞西爪地表现他们，尽管在每个局部他们仅仅都能只闪现一下，到全书结束，他们就可能成为丰富而完整的形象。怎样在尽可能少的篇幅中使尽可能多的人物出场呢？……后来，我就是利用王满银贩老鼠药的事件解决了这一难题。大约用了七万字的篇幅，使全部主要的人物和全书近百个人物中的七十多个人物都出现在读者面前。更重要的是，我基本避免了简历式地介绍人物，达到了让人物在运动中出现的目的，并且初步交叉起人物与人物的冲突关系。

既然王满银卖老鼠药的故事是用来解决人物出场问题的，我们就可以围绕这一故事来绘制人物关系图谱。老鼠药的故事出现在第四章，前三章写的是孙少平的高中生活，田润叶、田晓霞等主人公的出场。王满银贩卖老鼠药被抓去劳教，一下子就牵动了双水村所有人的神经，孙玉厚、孙玉婷、金俊武、杨高虎、贺凤英之类的人物都随之出现。我们可以出现一个抓一个，记住名字，熟悉性格，厘清关系。

障碍之三："难"

历史背景、时代环境的"老"，以及鸿篇巨制、卷帙浩繁的"大"，都可以被看成《平凡的世界》的阅读难点，而这里所谓的"难"，是指方言难懂。

故事的主人公生活在陕北农村，书中的黄原地区、双水村等是虚构的地名，人们的衣食住行和今天的现代生活有巨大差别。作者为了原汁原味地展现乡土生活，语言上也特意用方言土语来写，这就给今天的读者带来很多困扰。

摘录几句书中原文：

> 1. 他们把碗筷敲得震天价响，踏泥带水，叫叫嚷嚷地跑过院坝。
>
> 2. 吃力而机械地蠕动着两条打颤的腿一步步在山路上爬蜒。

3. 家里一烂包，怕他抽不开身。

4. 我那苦命的安安啊！我那没吃没喝的安安啊！我那还没活人的安安啊！

5. 这可把玉厚急坏了，好说歪说，就是说不转玉亭。

6. 他哥却死牛顶墙，不给他带这个面子。

这里的“震天价响”就是“震天响”；“爬蜓”是指往前一步一步地蹒跚着走路；“家里一烂包”就是“家里一大堆杂事”；“还没活人的安安”指的是未婚青年；“好说歪说”就是“好说歹说”；“死牛顶墙”就是钻牛角尖；“不给他带这个面子”就是不给他面子。

更有意思的是，《平凡的世界》里的人物很喜欢唱歌，唱的是陕北民歌信天游，里面有些话就更难懂了。比如第二十章：

少安和润叶不由相视一笑，然后便敛声屏气听着万有叔又酸又甜的信天游——

说下个日子呀你不来，硷畔上跑烂我的十眼鞋。

墙头上骑马呀还嫌低，面对面坐下还想你。

山丹丹花儿背洼洼开，有什么心事慢慢价来……

其实《红楼梦》里也有大量方言口语，但因为这些北方话后来成了人人常用的普通话，反而使书更有生活味。陕北方言在这方面就有些吃亏。想克服这一阅读障碍，我们首先在心态上就不要觉得陕北方言“土气”，因而失去阅读兴趣。小说的语言是一种艺术，它必须和所写人物的文化背景、思想性情结合起来才有生命，土话方言恰恰是路遥写得好的地方。如果读不懂，可以尝试两种办法：一是根据语境来推断，这也是学生经常要面对的考试题型；二是使用工具书。当然，初读时主要还是看人物、抓情节，语言理解上不必有压力，因为路遥的讲述语言以普通话为主，不会影响大局。

三、如何把握《平凡的世界》中的艺术菁华？

克服阅读障碍之后，学生们就能够较为顺利地读完全书。但仅此是远远不够的，我们还要把握这部小说的艺术特色。

第一，要学会“看镜头”，把握宏大叙事和微观描写有机结合的叙事艺术。《平凡的世界》处理得很成功的一点就是把国家民族发展的大背景（宏大叙事）和平民百姓的日常生活（微观描写）结合得很好，既没有因为主题宏大而显得空洞说教，也没有因为生活琐事显得格调平庸；既能让读者不断从国家、时代发展看个体命运走向，也能让读者通过个人的生活细部印证时代变迁。为此，路遥采取了“全景式”描写，全方位、立体化地呈现故事内容。我们读书时要学会“看镜头”，看清楚哪些描写呈现的是宏观“远景”，哪些描写呈现的是微观“近景”，二者是怎样由远到近、由近到远地结合起来的。

以开篇第一章为例。仿佛有一个镜头在从远到近地移动着：从象征着1975年的中国大地的“黄土高原”，收缩到县城里的大街小巷，再切换到在半山腰的县立高中大院坝里，写学生们排队打午饭的事情，最后直接推进到校园南墙根下的主人公孙少平身上，描写他的衣着打扮。镜头由远到近，把整个国家、时代和村里一个默默无闻的贫穷乡下少年展现在读者眼前，让我们了解那个时代人们的生活状态。当然，有时路遥的“运镜”也会由近到远或忽远忽近，这就需要我们注意观察怎么切换，以及为什么这样切换。

第二，要学会“抓冲突”，通过抓住典型环境下人物内心的矛盾挣扎来鉴赏人物形象。既然题目是“平凡的世界”，写的又是城乡普通人的日常生活，那就离不开柴米油盐、一粥一饭。尤其是在那个相对贫穷、落后，城乡差别大、体力劳动和脑力劳动差别大的时代，主人公们经常会遇到各种各样尴尬的局面。路遥最擅长从这些生活小事中攫取典型的情境刻画人物内心的挣扎，以此来塑造人物性格或表现人物的成长。读到这些精彩片段的时候，我们要留意：作者是如何表现人物内心世界的，我们能从中看出来什么性格特点和精神气质？

比如写到孙少平和郝红梅的交往时，作者创设了几个场面来表现这种内心的冲突。第一步，通过孙少平的心理活动来写两人因同病相怜而产生的“有意注意”：

他蹲在房檐下，一边往嘴里扒拉饭，一边在心里猜测：她之所以也常常最后来取饭，原因大概和他一样。是的，正是因为贫穷，因为吃不起好饭，因为年轻而敏感的自尊心，才使他们躲避公众的目光来悄然地取走自己那两个不体面的黑家伙，以免遭受许多无言的耻笑！

但他对她的一切毫无所知。因为班上一天点一次名，他现在只知道她的名字叫郝红梅。

她大概也只知道他的名字叫孙少平吧？

第二步，两人从“有意注意”到眼神交流，同样是通过描写孙少平的心理活动来展现的：

孙少平目前还没有到这样的地步。他只是感到，在他如此潦倒的生活中，有一个姑娘用这样亲切而善意的目光在关注他，使他感到无限温暖。她那可怜的、清瘦的脸颊，她那细长的脖项，她那刚能遮住羞丑的破烂衣衫，都在他的内心荡漾起一种春水般的波澜。

第三步则是从眼神到行动，通过借书这一事件写出两人初次对话时的紧张：

他们用眼睛这样“交谈”了一些日子后，终于有一天，她取完那两个黑面馍，迟疑地走到他跟前，小声问他：“那天，老师没收了你的那本书，叫什么名字？”

“《红岩》。我在县文化馆借的。”他拿黑面馍的手微微抖着，回答她。她离他这么近，他再也不敢看她了。他很不自在地把头低下，看着自己手里的那两个黑东西。“那里面有个江姐……”她本来不紧张，但看他这样不自在，声音也有点不自然了。

路遥选取了一个典型的情境，一步步地把两个同样贫穷而且同样优秀的青年男女之间“青涩的感情”写出来了，写得活灵活现。

再如，人的生活离不开穿衣吃饭，书中有很多关于吃饭的描写，也能展现出人物内心的矛盾和冲突。孙少平去田润叶的二伯父家做客吃饭时，润叶拿出猪肉炖粉条和白面馒头招待他，并且让他一个人好好吃，自己故意离开去刷碗。这一段描写既写出了孙少平作为一个穷苦青年的饥饿感、自尊心和感恩之心，同时又写出了田润叶的体贴和善良——她怕孙少平别扭，特地离开，只留他一个人吃。作者仅从吃饭这一个情节中，就刻画了两个鲜活的人物形象。类似的描写比比皆是。路遥是一个爱生活的人，也是一个无比渴望真善美的人，同时也经历了很多的人情世故、冷眼歧视，所以他热烈地讴歌着生活中的每一个小温暖、小感动，将它们汇成一股洪流，让读者感到《平凡的世界》里那些数不清的真诚与美好。

第三，要学会“品格言”，细心品味作者饱含深情的哲理思考。作家写小说，一般有三种情况。第一种是尽可能把自己的感情隐藏起来，不对人物和事件做评价，只是客观地叙述事实，让读者自己体会其中的意义，如《孔乙己》。第二种是通过描写景物、采用第一人称叙述或夹杂一些赞诗等方式间接表达自己的感情，如《荷花淀》《故乡》《三国演义》。第三种是夹叙夹议，作者动不动就“跳”出来，直接表达自己的感受，这在西方小说中很常见。这种写法本质上是叙事者与作品的距离问题，距离有时候远，有时候近，有时候不远不近，但各有各的好处。路遥在创作时受西方小说的影响很深，虽然他的叙述总体来说是上帝视角的，但又是一种无距离的、参与式的上帝视角。路遥经常和读者聊天，借题发挥，写他对人和事的评价，抒发人生感慨。这些鲜明的表态，往往有“格言”的性质，很能打动人，也是全书的艺术特色之一。

比如写孙少安和田润叶的爱情因身份受到阻隔时，路遥就跳脱出来抒发自己的人生感慨：

> 是的，生活就是这样。在我们都是小孩子的时候，一个人和一个人可能有家庭条件的区别，但孩子们本身的差别并不明显。可一旦长大了，每个人的生活道路会有多大的差别呀，有的甚至是天壤之别！

又如写到“四人帮”被粉碎时，路遥也忍不住对这一事件进行评价。包括之后写孙少平高中毕业后回到家乡去教书时，路遥明确总结了孙少平的精神思想所形成的两个系列，这不仅是为了表达作者对人物的观点，更是为了引导读者明白人物的内心矛盾，从而读懂作品。

诸如此类的例子不胜枚举。路遥总是忍不住对他笔下的人物命运、人物关系、时代发展、社会变迁，以及人类一切基本的感情如亲情、友情、爱情，大段大段地抒发他的慨叹和哲思。有人说《平凡的世界》是一部史诗，我们不仅要看到“史”，更要读懂里面的“诗”。

说到诗，艾青有这样一句名言：“为什么我的眼里常含泪水，因为我对这土地爱得深沉！”路遥之所以在书中采用全景式的描写、塑造鲜明的人物性格、大段大段地抒情，原因或在于此。在第一部的扉页上，路遥写下了这样一句深情的话语：

> 谨以此书，献给我生活过的土地和岁月。

在小说结尾，当孙少平痛失爱人田晓霞，又因为矿难被毁掉容貌之后，他回到了矿场，开始了新的生活、新的奋斗。这时路遥又饱含深情地写下了这样一段诗性的文字：

> 他在矿部前下了车，抬头望了望高耸的选煤楼、雄伟的矸石山和黑油油的煤堆，眼里忍不住涌满了泪水。温暖的季风吹过了绿黄相间的山野；蓝天上，是太阳永恒的微笑。
>
> 他依稀听见一支用口哨吹出的充满活力的歌在耳边回响。这是赞美青春和生命的歌。

《巴黎圣母院》：浪漫主义的人性诗篇

《巴黎圣母院》[①] 是法国文学家维克多·雨果（Victor Hugo）的代表作，出版于 1831 年。撰写这部小说时，雨果不足 30 岁。这也是他第一部引起轰动的长篇小说。雨果是法国浪漫主义文学中里程碑式的人物，甚至被文学史研究者评价为“浪漫主义运动中最杰出的天才和当之无愧的精神领袖”。他拥有着过人的洞察力。作家纪德谈及雨果时说：“他的目光探索得比真实世界更远，但是这个真实世界，只要他愿意，他就懂得出色地观察它和描绘它。”将对现实的深刻洞见毫无损伤地转化为艺术创作，是雨果作为文学家的天赋之一。当然，不可或缺的是，雨果也具备丰富的语言才能，色彩浓烈的笔调与生动细致的描写铺洒在雨果的小说中，为读者呈现出恢宏的历史场景与奇崛的故事情节。

雨果之所以能够独立于法国浪漫主义文学浪头，在很大程度上是因为他不满于古典主义文学只表现崇高事物的美学观点，提出了新的浪漫主义美学原则。1827 年，雨果为其创作的五幕韵文剧《克伦威尔》写作序言，阐释了他的美学观念。其一是著名的“对照原则”，他认为文艺创作要表现广阔的社会生活，要用对照、衬托的方法把自然界、社会生活中一切事物和人的特征表现出来。他指出：“滑稽丑怪作为崇高优美的配角和对照，要算是大自然所给予艺术的最丰富的源泉。丑就在美的旁边，畸形靠近着优美，粗俗藏在崇高的背

① 本篇所引原文来源：维克多·雨果．巴黎圣母院 [M]. 陈敬容，译．北京：人民文学出版社，1982.

后，恶与善并存，黑暗与光明相共。”只有通过鲜明对照方可真正反映出崇高与优美。其二是注重对地方色彩的表现，雨果认为应通过有特征的细节展现地理环境特点与历史风貌。他写道：“地方色彩不该在戏剧的表面，而该在作品的内部，甚至在作品的中心，地方色彩生动地从那里自然而均匀地流到外面来，也可以说流布到戏剧的各个部分，好像树液从根茎一直输送到最尖端的树叶。”地理与历史的背景能够赋予画面生活气息，并基于此复活一个时代。雨果的美学观点极大地丰富了文学描写的内容与表现形式，对后世文学创作具有无可替代的启发意义。

《巴黎圣母院》的中文译本有近 40 万字，是典型的大部头。作为高中语文课标推荐阅读的重点书籍，许多学生初读它时经常感到冗长、琐碎、凌乱，不能读完；即使通读一遍，又因为背景陌生、人物众多、故事复杂、中间穿插大量环境描写、与中国长篇小说的风格不同，也很难读出好处。我们可以依据浪漫主义的宣言书《〈克伦威尔〉序言》找到打开雨果作品的方式，即在梳理清楚这部长篇巨作的人物和故事的基础上，分析雨果“美丑对照”原则在小说中的具体表现，并着重欣赏艺术性较强的场面描写。

一、把握人物和故事——以爱斯梅拉达为中心

《巴黎圣母院》以 15 世纪巴黎社会生活为背景，书中出现了数百个人物，包括国王、贵族、僧侣、军人、警察、法官、刽子手、商人、市民、学生、小偷和妓女等，从中不难找出主要人物——副主教克洛德、敲钟人伽西莫多、侍卫队队长弗比斯、诗人甘果瓦、修女居第尔，还有“乞丐王国”众人、巴黎市民等集体形象。这些人物从四面八方聚集在一处，也就是巴黎圣母院周围，围绕吉卜赛姑娘爱斯梅拉达的悲惨遭遇推进故事。爱斯梅拉达是所有人物的中心，全书的故事也是围绕她的悲剧命运展开的。

首先，爱斯梅拉达是人物的中心。爱斯梅拉达是一位美丽善良、能歌善舞、流浪四方、以卖艺为生的吉卜赛姑娘。在小说中，爱斯梅拉达常常翩翩起舞，成为围观者瞩目的焦点。她就是在舞蹈中亮相的，作为叙事主视角的甘果瓦看着她，格雷沃广场上的其他巴黎群众围观着她，隐藏在修道院里的克洛德窥视着她，隐修女也注视着她。年轻的侍卫队队长弗比斯的出场也伴随着爱斯梅拉达的舞蹈，这段场景揭示了爱斯梅拉达对他的迷恋之情；而副主教就站在广场的另一边，呆呆地观察着这一切，充满烦恼与不安。还有一个重要的舞蹈场景，即副主教所讲述的爱斯梅拉达的出现给他的感受："它扰乱了我的沉思，我愤怒地向广场望去""我又惊异，又沉醉，又迷惑""我觉得命运的手已经把我抓住了"。此外，爱斯梅拉达也因为她特殊的民族、职业、容颜和独特的舞姿，与主要人物都产生了紧密的情感联系。诗人甘果瓦是她名义上的丈夫；副主教克洛德是她畸形的爱慕者，因爱而不得生恨；"愚人之王"伽西莫多先前是克洛德的帮凶，后来转变为爱斯梅拉达忠心的卫士；"乞丐王国"的众人与她有着亲密如兄弟姐妹般的感情；隐修女是她的生母，因不知情而对她心怀憎恨；侍卫队队长弗比斯，一个玩弄感情、始乱终弃的花花公子，也曾是爱斯梅拉达的情人。

其次，爱斯梅拉达是故事的中心。如前所述，爱斯梅拉达与全城人都有着若隐若现的社会联系，所有人的命运和选择都与她的经历紧密相关。以爱斯梅拉达的悲剧命运为主线，全书可以分为七个叙事单元。

第一个叙事单元为愚人节的狂欢。1482 年的愚人节，爱斯梅拉达在节日的格雷沃广场中心翩然起舞，观众成百上千，克洛德因此起了占有的淫心，隐修女则因其女儿在 15 年前被吉卜赛人抢走，在荷兰塔内诅咒着她。这揭开了爱斯梅拉达饱受摧残的序幕。

第二个叙事单元为爱斯梅拉达遇险。爱斯梅拉达离开广场行至小巷时，克洛德和伽西莫多窜出欲将她抢走，尾随少女的甘果瓦吓得不敢动弹。危急时刻，侍卫队队长弗比斯救下了她，克洛德趁乱隐去，伽西莫多被擒。深夜，爱斯梅拉达回到“乞丐王国”，救下擅闯该地的甘果瓦，答应做他的“妻子”。故事情节进入一种“激烈的”状态。

第三个叙事单元为伽西莫多受刑。次日，伽西莫多被罚在广场绞台上受刑，围观者嬉戏、凌辱着这形体丑陋的人，人丛中的克洛德袖手旁观。伽西莫多因口渴而吼叫着“给我水喝”，在无动于衷的哄笑声中，爱斯梅拉达取出怀中的水葫芦送到犯人干裂的嘴边，伽西莫多干枯的眼睛里滚出了一大颗眼泪。这段文字描写得非常精彩，语文教材曾将此段选作课文，起名为《一滴眼泪换一滴水》。全体群众为此感动，大声叫好，唯有女修士连声咒骂着爱斯梅拉达。

第四个叙事单元为爱斯梅拉达被陷害。爱斯梅拉达爱上了风度翩翩的侍卫队队长弗比斯，但弗比斯只想玩弄感情。二人幽会时，充满嫉妒心和淫欲的克洛德将弗比斯刺伤，并把罪行嫁祸给了爱斯梅拉达。爱斯梅拉达在酷刑下屈打成招，被判死刑。故事情节就此进入白热化阶段。

第五个叙事单元为爱斯梅拉达在避难所。爱斯梅拉达被押到刑场，弗比斯漠不关心，甘果瓦见死不救，只有丑陋的伽西莫多将爱斯梅拉达救入不能被军队侵入抓人的“圣地”巴黎圣母院。

第六个叙事单元为攻打巴黎圣母院。国会再次宣判爱斯梅拉达死刑，“乞丐王国”众人义愤填膺，又不知伽西莫多的庇护之意，于是深夜攻打巴黎圣母院，营救爱斯梅拉达。不明内情的伽西莫多奋勇抵抗，克洛德趁乱与甘果瓦潜入教堂骗出爱斯梅拉达，并让她在接受死刑和服从求爱间做出最后选择，爱斯梅拉达果断拒绝了克洛德。

第七个叙事单元为大结局。克洛德将至死不屈的爱斯梅拉达交给女修士报复，母女二人因信物终于得以相认。悲喜交集之时，爱斯梅拉达因呼唤正在搜捕的弗比斯暴露了自己，被刽子手们送上绞架，女修士也惨死于绞台下。克洛德在教堂里冷笑着看着这幕惨剧，悲痛的伽西莫多愤怒地把他从教堂顶楼推下摔死，然后去到墓穴，躺在爱斯梅拉达的尸体旁。约两年后，人们在埋葬死刑犯的地穴里发现了两具骷髅，一具是女子的，另一具骨骼歪斜，以奇特的姿态抱着女尸骨。当人们试图将它们分开时，这具歪斜的骷髅刹那间化作了灰尘。除弗比斯最终与贵族小姐结婚，故事的所有主要人物都以死亡为结局。

《巴黎圣母院》是一个浪漫主义的悲剧，以爱斯梅拉达为中心的人物，仿佛被一双命运之手牢牢牵扯着，不约而同、阴差阳错地走向了一个不可避免的归宿。雨果在《巴黎圣母院》开篇的法文序言中如此讲道：

> 几年以前，当本书作者参观，或者不如说去探索圣母院的时候，在那两座钟塔之一的暗角里，发现墙上有这样一个手刻的单词：
>
> ’ANÁΓKH①
>
> 这几个由于年深日久而发黑并且相当深地嵌进石头里的大写希腊字母，它们那种哥特字体的奇怪式样和笔法不知标志着什么，仿佛是叫人明白那是一个中世纪的人的手迹。这些字母所蕴含的悲惨的、宿命的意味，深深地打动了作者。
>
> 他多方寻思，尽力猜测那痛苦的灵魂是谁，他为什么一定要把这个罪恶的或悲惨的印记留在古老教堂的额角上之后才肯离开人世。
>
> 在那以后，人们又粉刷过或者打磨过这堵墙，已经弄不清究竟是哪一种原因，字迹就不见了。因为近两百年来，人们就是如此这般地处置这些卓绝的中世纪教堂的。它们通体都遭受过摧残，内部的残破程度和外表上差不多。神甫粉刷它们，建筑师打磨它们，随后是民众来把它们拆毁。
>
> 因此，关于刻在圣母院幽暗的钟塔角落上的神秘的单词，连同本书作者悲伤地叙述的那个一向无人知晓的不走运的人物，除了作者在这里提供的一点脆弱的回忆之外，再没有留下什么痕迹了。几个世纪以前在墙上写

① 希腊字，意为“命运”。

下这个单词的人已经不在了，永远不在了。也该轮到这个单词从教堂的额角上消失了。这座教堂本身或许也会很快从大地上消失吧。

正是由于这个单词，作者写下了这部著作。

序言为全书笼罩了一层亦真亦幻的色彩，突显了全书的浪漫风格和人物的传奇宿命。序言中的故事是作者为了营造神秘感而虚构的，还是伽西莫多的现实原型在把主教推下教堂后篆刻的？雨果用一种代入式的语言为读者留出了极大的探索空间。

二、美丑对照的创作风格

如前所述，雨果提出了“对照”的美学创作原则，认为文学家不能只歌功颂德，还要通过鲜明的对照反映出真正的崇高与优美。《巴黎圣母院》便是这一原则的具体实践，在这部作品中，美丑强烈对照是自始至终、多方面运用的，包括美美对照、美丑对照、丑丑对照、人我对照、自我对照等。由于小说内容繁复，我们以相对典型且易于分析的人物为代表略加阐述。

第一种是中心人物与主要人物的对照：通过中心人物爱斯梅拉达与其余五位主要人物的对照，表现爱斯梅拉达的性格特点；同时，通过展现人物对她的不同态度，刻画这些主要人物形象。

首先，爱斯梅拉达与克洛德的矛盾是小说中的主要矛盾，他们的对照最重要、最突出。他们是两种对立的力量，一个是善的化身，一个是恶的代表。爱斯梅拉达是一个“纯洁而光辉的人”，她用优美的舞蹈、和谐的歌声抚慰人们的心灵，用仁慈的行动救助人们的危难；克洛德却是一个“阴森可怕的人”，一个披着宗教外衣却卑鄙、虚伪的恶棍。他不断摧残迫害着爱斯梅拉达，占有不成便将她置于死地，用“一个魔鬼的笑”看着她被送上绞架。这种善与恶的对照，使读者既同情爱斯梅拉达的命运，也对克洛德的阴险产生了切齿痛恨。

其次，爱斯梅拉达与伽西莫多在外貌方面形成了对照。二人都是孤儿，外貌方面奇美与奇丑的对照，衬托出二人互相救援的动人情景，增强了艺术感染力。爱斯梅拉达给伽西莫多送水的情景，生动地展现出美丽的心灵可以对丑进行感化；而伽西莫多救援爱斯梅拉达的情景，揭示了伽西莫多心灵的觉醒。此后，伽西莫多丑陋的外貌在读者看来逐渐变得亲切、可敬，令读者感知到外貌之丑可以由心灵之美来弥补。

再次是爱斯梅拉达与弗比斯的对照。这对情人一个忠贞不渝，至死呼唤情人的名字；一个放浪轻浮，初次搭救之后亲吻不成，便凶狠地要对方“见鬼去吧”。爱斯梅拉达因弗比斯而受到刑讯，被判处死刑，弗比斯却冷眼旁观、无动于衷。这一对照，揭示了贫苦少女对爱情的忠贞，以及贵族公子玩弄女性、极端利己的腐坏品质。

从次是爱斯梅拉达与甘果瓦的对照。他们是名义上的夫妻，爱斯梅拉达曾在甘果瓦受绞刑时救了他的命；可是当爱斯梅拉达需要救援时，他却不惜与克洛德合谋陷害。在甘果瓦心里，爱斯梅拉达没有和他成为真正的夫妻，她的地位还不如一只山羊。这一对照，是义重如山的高尚心灵与薄情寡义的卑下品性之间的对照。

最后是爱斯梅拉达与“乞丐王国”众人的对照。这是一组正面对照。“乞丐王国”众人有着明确的活动地域，虽然他们的民族、国籍、宗教信仰不同，但是他们之间深厚的情谊使其打破了一切世俗的界限，紧紧联结在一起，带来了感人至深的攻打巴黎圣母院的场景。

第二种是主要人物之间的相互对照。书中任意一个主要人物与其他主要人物之间都存在着鲜明的对比。例如以伽西莫多为中心，可以看到其与克洛德的对照：他们是义父子，义父表现了人性的异化，义子表现了人性的复苏。克洛德曾以“极大的悲悯”收养弃儿伽西莫多，最后却发展为一个迫害狂。伽西莫多曾对人类充满仇恨，帮助义父抢劫爱斯梅拉达，最后却转变为一个人道主义者。义父对爱斯梅拉达充满占有的淫欲，义子对爱斯梅拉达充满真诚的爱慕。伽西莫多的自我牺牲和克洛德置人于死地的狠辣的对照，表现了两颗心灵的蜕变。再看伽西莫多与弗比斯的对照：伽西莫多容貌丑陋而心灵美好，弗比斯仪表堂堂但心灵丑恶，他们的对照说明心灵美高于外貌美。还可以看到他与甘果瓦的对照：他们都受过爱斯梅拉达的恩惠，但在对待爱斯梅拉达的态度上，文化水平不高的伽西莫多践行着滴水之恩涌泉相报的原则，诗人甘果瓦则认为"好多债是不偿还的"。为救护爱斯梅拉达，伽西莫多勇敢无私，不怕牺牲；甘果瓦却怯懦自私，贪生怕死。二者反映了不同的道德观。以克洛德、甘果瓦或弗比斯为中心，同样可以分析与挖掘出不同层次、不同方面的对照关系。

第三种是人物的自我对照。雨果"美丑对照"的原则不仅发生在中心人物和次要人物之间，也发生在人物的内心之中，其自身的行为同时包含了美与丑两种元素。如以爱斯梅拉达为分析对象，可以看到她虽然是善与美的化身，是外表美和心灵美的结合，做出了许多高尚、感人的善举，但也存在着一系列肤浅、幼稚的问题。

首先是爱斯梅拉达的审美观仍处在浅表层次。书中有三个人物与爱斯梅拉达存在着可能的爱情关系，即克洛德、伽西莫多与弗比斯。爱斯梅拉达无法感受克洛德所具有的深沉魅力，对他说："我爱弗比斯，他长得比你漂亮！而你呢，教士，你太老了，长得又丑！去你的吧！"她也无法理解伽西莫多丰富、善感、细腻的内心世界，不能感受到他深沉、强烈、无私的爱，也未能透过他外表的丑看到他灵魂的美。所以，在"概括一切灵魂和忠诚之美的伽西莫多，概括博学、知识之美的克洛德，概括形体之美的弗比斯"三者之间，她只能选择没有对她付出真情的弗比斯。由此可见，爱斯梅拉达的爱情审美标准还只处于人类最初阶段——外观直觉审美，未进入伦理道德审美。她下意识选择有裂痕的、无法给鲜花供给生命之水的光亮夺目的水晶瓶，而对粗糙平凡却能使花朵新鲜、芬芳的陶罐视而不见，忽略着伽西莫多用沙哑的嗓音为她所唱的"别望着脸型，少女啊，要望那心灵……”这种肤浅的审美观最终也成为悲剧的诱因。外在感性形式有着相对独立的审美价值，外表美，能使人在观照时得到精神愉悦和快感；外表丑，则会使人产生厌恶之感。这种先入之见往往阻碍了人们的审美由外观直觉向伦理道德深入，而以对人的表面印象代替了对人全面的、本质的了解。[①] 从某种意义上说，爱斯梅拉达的悲剧也是人类的悲剧。

其次是爱斯梅拉达有着不成熟的婚恋观，存在自我意识模糊的问题。在今天看来，爱斯梅拉达所追求的虔诚爱情，带有畸形和病态的特质。她甘愿让自己在婚姻中充当配角。当她的求婚被弗比斯拒绝时，她立即自惭形秽地答道：

> “而且，我算什么人呢？我，一个阴沟里的可怜的姑娘，可是你呢，我的弗比斯，你是上等人。真想得好呀，一个跳舞姑娘同一位军官结婚！我发疯啦。不，弗比斯，不，我要做你的情妇，你的玩物，一个供你寻欢作乐的人，只要你愿意，我就是一个属于你的姑娘，我是专门为了这样才出生的。被人轻贱蔑视又有什么关系？只要你爱我，我就会成为最骄傲最快活的女人。到我老了丑了的时候，到我已经不配爱你的时候，大人，请允许我侍候你吧……给你擦亮马刺，刷净铠甲，擦净马靴……”

从这些自轻自贱的语言中可以看到，爱斯梅拉达曾经在甘果瓦面前所表现出来的自尊精神、在克罗德面前所表现出来的反抗精神，到弗比斯面前都化为乌有。

由此可见，我们应辩证地看待小说中的每一个人物，认识到即使是正面人物，也可能存在着缺点与不足。爱斯梅拉达最后被书中描绘的可恶社会扼杀，读者很容易基于心理定式，为她这样一个美丽、善良的少女而感到可惜，所以她在婚恋上所表现出的种种问题便很容易被淡化。这些客观原因往往使我们在认识这个形象的本质时，不得不面对一张需要揭开的，却巨大的、浓密的、遮

① 黄涛梅．人类不幸的象形符号——克洛德与加西莫多[J]．固原师专学报（社会科学版），2002(2):63—65.

盖视线的帐幕。

克洛德的自我对照也同样需要深入分析。雨果在书中把克洛德称作“善良的灵魂”，说他“并不是一个鄙野的人”。确实如此。克洛德幼时便被父母送到神学院做修士，在弥撒书和辞典中度过了自己的童年和少年时期。他勤奋好学、禀赋极高。父母死后，他成为襁褓中小弟弟唯一的亲人，承担起了家长的责任。他还收养了被“好心人”看作怪物准备烧死的伽西莫多。然而，随着宗教地位的日益高升，他逐渐泯灭了善良的人性。正常的情欲本来也无可指责，但是他宣扬的禁欲主义使他的欲望异化为一种邪恶、狠毒的疯狂兽欲。在这种意义上，克洛德既是一个反动教会的代表人物，又是一个被宗教禁欲主义挤压变形的人。

以上三种对照，归纳起来便是真善美与假恶丑的对照，这种对照贯穿了主次人物、人物之间和人物内部，是无处不在的。这些对照在雨果笔下显得尤为夸张、极端，目的是运用强烈的对比，更好地用“丑”衬托“美”，从而体现作者对“美”的正向追求。

三、《巴黎圣母院》的场面描写

场面是以人物活动为中心的大大小小的生活画面。任何一部文学作品的人物，总是在一定的社会环境和自然环境中活动，只有写好了人物活动的场面，才能使人物具有立体感，给读者以强烈的艺术感染。不论大小，场面描写都兼有多种作用：刻画人物的场面描写，兼有渲染气氛的作用；渲染气氛的场面描写，兼有推动故事情节的作用；推动故事情节的场面描写，兼有深化主题的作用。因此，进行场面描写时必须运用多种手法，如白描、动静结合、鸟瞰与特写等。[①] 雨果熟谙场面描写，其笔调与技巧富有独创性。在《巴黎圣母院》中，

① 何军，初旭．基础写作名词例释[M].沈阳：辽宁教育出版社，1987:145—146.

雨果以 15 世纪路易十一统治下的法国巴黎为背景，安排了数百个大大小小的场面，以此揭露贵族、教会残害人民的罪行，表现广大人民群众的反抗情绪。从中归纳出典型场面描写并深入赏析，从而学习写作技巧，是阅读这本名著不可缺少的内容。

任何一部作品中的场面描写都必须有整体布局。小说以《巴黎圣母院》为名，不仅因为爱斯梅拉达在此避难、高潮部分是攻打巴黎圣母院，同样也因为巴黎圣母院从始至终都在全书场面描写的构图中占有中心的位置。书中，作者采用了大量篇幅描写当时巴黎城区、市区和大学区的面貌，专门安排了《圣母院》和《巴黎鸟瞰》两个章节集中描绘故事的场域背景。在巴黎令人错综复杂、令人眼花缭乱的地理环境中，人物的主要活动场所是露天的格雷沃广场和巴赫维广场。格雷沃广场位于塞纳河右岸，一侧是绞台，另一侧是荷兰塔，塔底的小黑屋里住着女修士；广场附近是乞丐广场，住着巴黎下层人民，甘果瓦在附近活动；爱斯梅拉达则常常在格雷沃广场起舞卖艺。巴赫维广场位于塞纳河左岸，广场的一边便是圣母院，克洛德便住在教堂北塔的密室中，伽西莫多则住在教堂的钟楼里；另一边是富丽的哥特式建筑，弗比斯经常出入这里的贵妇住宅区。环绕格雷沃广场的荷兰塔、乞丐广场、圣母院，和环绕巴赫维广场的贵妇露台、圣母院，好似两个相切的圆，切点上的建筑便是圣母院。圣母院便因此构成了两个主要场所的焦点：当爱斯梅拉达在格雷沃广场活动时，广场周围的乞丐、广场上的群众和甘果瓦、荷兰塔内的女修士、隔岸相望的圣母院北塔里的克洛德、钟楼里的伽西莫多都能够参与其中；当爱斯梅拉达在巴赫维广场活动时，周围的贵妇露台上的弗比斯、圣母院中的克洛德和伽西莫多，以及对岸乞丐广场的群众和甘果瓦也有机会参加其活动。[①] 由此可见，巴黎圣母院是整体布局的中心。

① 张世君.《巴黎圣母院》人物形象的圆心结构与描写的多层次对照 [J]. 外国文学研究，1981(4):76—81，144.

与此同时，书中也描绘了许多极具艺术特色的典型场面，包括狂欢与战斗、暗杀与行刑，以及戏剧性场面。首先是狂欢与战斗的场面。雨果笔下的这种场面具有波澜壮阔、条理分明的特点。故事的开篇便为读者呈现了一场狂欢节：节日中一个畸形怪物被选为“愚人之王”，一阵阵惊奇和赞赏的狂叫淹没了大厅，人们簇拥着“愚人之王”像潮水般涌出来，把“怪物”抬在肩上欢呼着到大街上去游行。“乞丐王国”的男女老少唱着跳着，宣泄着胸中的欢愉；巴黎圣母院的副主教藏匿在人群之中，口里喃喃地念着咒语；爱斯梅拉达在她脚下的波斯地毯上如天仙般翩翩起舞，脸上荡漾着迷人的笑容；而“愚人之王”在人们的肩上兴奋地号叫着，那张可怕的脸由于激动更加变形，恰似狰狞的魔鬼。攻打巴黎圣母院也是书中的重要情节：伽西莫多疾速登上钟楼进行顽强抵御，一根又粗又长的梁柱从空中落下，砸死了十二个向巴黎圣母院冲击的流浪汉，一场动人心魄的激战场面由此开始。伽西莫多居高临下，推下一块块巨石、倒下一锅锅熔铅，重伤数百人，但流浪汉们依然前仆后继地向禁地冲锋。国王得知此消息，慌忙下令将平民杀尽、把女巫绞死，并派出皇家卫队前来镇压，致使大批无辜人民倒在血泊之中。伽西莫多在混乱中找到机会去寻爱斯梅拉达时，却发现他拼死保护的少女已不见踪影。在这个激战场面的描写中，作家不仅写出了人民的战斗气势，同样刻画了单个人物的行动，并将人物描写与场面描写结合起来，构成紧张刺激的动态画面。如茅盾所言，“大凡写这种热闹场面，既要写得错综，又要条理分明；既要有全场的鸟瞰图，又要有个别角落及人物的特写”。点面结合，立体多维，这正是《巴黎圣母院》狂欢与战斗场面的艺术特点。

再看暗杀与行刑的场面。这种场面往往惊险刺激、扣人心弦。如当爱斯梅拉达同弗比斯在某旅店小阁楼幽会时，克洛德从阴暗的角落里窜出来，举起明亮的匕首将弗比斯刺伤，然后越窗逃走。这一暗杀场面惊心动魄、出其不意，令人毛骨悚然，也给读者留下了种种悬念：杀人凶手是谁？弗比斯是否能够劫后余生？爱斯梅拉达面对如此横祸会作何反应？等等。又如克洛德利用副主教的权势通过法庭判处了爱斯梅拉达绞刑，千钧一发之际，伽西莫多神速地跑向行刑地点，用拳头打倒刽子手，抱起爱斯梅拉达，将她高举在肩上，闪电似的跑进了巴黎圣母院，成千围观者为他鼓掌欢呼。伽西莫多非凡的壮举同样令读者心潮起伏。书中类似的场面描写不仅使故事跌宕起伏、波谲云诡，也使人物形象更为鲜活。

最后是戏剧性的场面。这种场面巧合、离奇、感染力强，不同于平淡无味的写实场景，体现出雨果“想象、多变、幻想”的特点。例如爱斯梅拉达与女修士居第尔的母女相会：爱斯梅拉达拒绝克洛德的所谓救助，狠毒的克洛德便将爱斯梅拉达交给了女修士居第尔。居第尔因自己的独生女儿被吉卜赛人偷走而十分憎恨这个民族，便要用尽力气将爱斯梅拉达撕碎，以报私仇。突然，少女的胸前掉出一只绣花鞋，正与居第尔收藏的那只是一对。这使母女在危难中相认，却很快又在刑场上永别。这个场面与中国小说中的“信物巧合”相似。在认出绣花鞋后，原结私仇的二人竟成了拥抱在一起的母女，这种急转直下的变化有着非比寻常的感染力。又如伽西莫多之死：在爱斯梅拉达死亡的同天，伽西莫多也突然失踪了。两年或十八个月后，有人在地窖里发现了二人紧紧抱在一起的尸体；在将他们分开的瞬间，伽西莫多的尸骨霎时便化作了灰尘。这一收尾的神奇场面，类似我国传统小说中的“魂聚”，使故事更加曲折和离奇，令人读来怅然若失，显示出了作家丰富的想象力。

总体而言，《巴黎圣母院》中的场面描写十分出色，既放得开，将人物众多的场面描写得波澜壮阔，又收得拢，将局部的小场面描写得细腻入微；有大有小，有点有面，全局与细节结合得十分巧妙。雨果驾驭了复杂的场面，为读者描绘出一幅幅宏伟、惊险、富有戏剧性的画面，对我们欣赏文学作品、尝试文学创作都很有启发。

此外，书中还有大段的城市介绍、建筑描写，以及随时穿插进来的历史事件描写、历史评论、艺术评论等，在一定程度上也造成了阅读障碍。除去中法文学风格的相异之外，雨果的作品本身在这方面也的确存在某些缺憾，如充斥着离题的语言——不顾主线剧情的推进发表个人议论，又在主题表达方面雄心勃勃，希望运用小说的形式将其写成史诗，以至于给人留下了“大而无当”的印象。有文学研究者总结道：“我们只消再从重要作品中撷取例子即可说明问题。他预计《惩罚集》要写 1500 行，却结集成 6000 行；预计《悲惨世界》要写六卷，最后却终结于十卷。”但是，这些故事之外的部分，是雨果努力与同时代人沟通的内容，而传递自己的观点和态度，也是雨果创作这部小说的重要原因。何况，这些叙述也在一定程度上增强了全书的历史纵深感，能够帮助读者了解法国悠久的历史和文化。对此，初读时可以略过，以帮助自己更集中地梳理故事；重读时不妨耐心品味，以开阔视野、增长知识。

“唯有浪漫因素才适应深沉的心灵和真正敏感的需要。”浪漫主义自诞生起便表现出一种恢复想象权力与追求情感共鸣的愿望，拒绝如古典主义一般为人物戴上抹除人性的假面。浪漫主义小说家在空间与时间上拓宽着想象领域，细致勾勒出人格的各个侧面；浪漫主义小说的主人公则总是在故事中踽踽独行，遭受着命运的折磨，于不幸中狂热地生活。雨果以新异的美学追求与丰富的语言矗立于浪漫主义文学的高峰之上，由于对历史的深刻挖掘和他撰写史诗的宏大抱负，他的小说被称为“构成了一种平行的神话学”。读罢《巴黎圣母院》，我们还可以发现更立体的小说家雨果：不仅是复活中世纪的陈迹，以历史的折光预言封建主义的行将崩溃；更在于在崇高与卑微、美好与怪诞的对比中，描绘出活生生的灵魂，闪耀着人道主义的光芒。

《聊斋志异》：集腋成裘录幽冥

蒲松龄，字留仙，号柳泉居士，世称“聊斋先生”，因好志怪而自称“异史氏”。蒲松龄生于农家，饱尝民间疾苦，熟悉社会情态，又逢崇祯末年时局动荡，先后经历了农民起义、清军入关、异族入主。他虽有文章之才，却屡试不第，蹉跎一生，于康熙五十四年去世，终年七十六岁。蒲松龄喜好笔录异闻，自称“才非干宝，雅爱搜神；情类黄州，喜人谈鬼”，意即愿像东晋干宝作《搜神记》一般著书，如苏东坡谪居黄州时一样喜听鬼神故事。他最终将从民间收集到的奇闻轶事与个人创作辑录整合为一部短篇小说集，共计四百九十四篇，便是《聊斋志异》。

《聊斋志异》[①] 是文言短篇小说的高峰，在中国文学史上有非比寻常的影响力。袁枚所著的《子不语》、纪晓岚所著的《阅微草堂笔记》，都受其直接影响；长篇小说如吴敬梓的《儒林外史》、曹雪芹的《红楼梦》，也都受其思想观念和艺术手法的间接影响。不局限于中国，《聊斋志异》同样闻名于儒家文化圈，如日本将其翻译为《艳情异史》，芥川龙之介、尾崎红叶等知名作家都有模仿它或者取材其中的作品。在当代，《聊斋志异》仍然影响着我们的社会生活，其中很多故事被改编为影视剧，如电影《倩女幽魂》《画皮》等；其书也被列入中小学推荐阅读书目。

① 本篇所引原文来源：蒲松龄．聊斋志异[M]．于天池，注，孙通海，等，译．北京：中华书局，2015.

阅读《聊斋志异》，主要着眼于三个方面。首先是语言。我国的古典小说有两大语言传统：一是文言，由魏晋小说、唐传奇接续发展而来，《聊斋志异》便属此类；二是古白话，主要指从宋元话本到长篇章回小说一脉。《聊斋志异》用文言写成，但其思想内容又注入了古白话小说的鲜活精神。阅读《聊斋志异》，感受其中的鲜活精神，首先便须打破语言的“外壳”。其次是思辨。《聊斋志异》既有积极的一面，也不可避免地存在着一定的局限性，需要辩证地把握其主题思想。最后是审美。《聊斋志异》并非每篇皆精，需要择优精读，从情节、人物、环境、叙事语言等方面欣赏其艺术手法。以上既是“读懂”《聊斋志异》的难点，也是整本书阅读的主要内容。接下来，我们结合《聊斋志异》中的典型篇目展开分析。

一、文言小说阅读四字诀

不同于古白话小说的广泛流传、好读好懂，阅读《聊斋志异》这样的文言小说需要读者有一定的文言功底。如果没有，也不必气馁，恰好可以借此训练自己的文言文阅读能力。这样不仅有益于提高文化修养，也能提高语文学业水平。下面我们便以初中语文教科书选篇《狼》为例，说说文言小说阅读的“四字诀”。

第一个字为“补”。古代教育不普及，读书识字的人较少。文言作品，本来就是写给小众读者，也就是有一定阅读基础、知识储备的人看的。为显示自己的语言功力，大多数文言作家都以简为美，能省则省，导致文章成了水墨山水，处处留白，供人遐想。这就是文言文和白话文最大的差别，即前者存在大量省略现象。读《聊斋志异》时，应平心静气，切莫贪快，要一边读一边像猜谜一样把省略处补充完整，尤其要注意主语和宾语的省略，这样就能够大体看懂故事内容。如“一屠晚归，担中肉尽，止有剩骨”，此处省略了状语，意即“担中止有剩骨”；后文“途中两狼，缀行甚远”有三处省略，是“屠夫在途中碰见两狼，两狼缀行甚远”之意，前句省略了主语和谓语，后句省略了主语；再如“屠惧，投以骨”，后句省略了宾语，实为“投狼以骨”或“以骨投狼”。在阅读过程中逐句补出省略的部分，便能够把握文章的大意。

第二个字为“猜”。“补”的方法能够帮助我们大体明白文意，但补充之后，在关键、具体处仍然可能存在理解不清的情况。这时候便需要用到“猜”。“猜”不是误打误撞、胡编乱造，而是根据有限的语境信息做出合理推断。“猜”有三种基本方法。首先是依据字形推断，如“目似瞑”中的“瞑”，以“目”为偏旁，可推断其与眼目有关；结合“冥”有“昏暗模糊”之意，便能够推断出该字的意思为“闭眼”。其次是通过组词推断。如“狼不敢前，眈眈相向”，此处的“眈眈”是一个生词，但可以组词为“虎视眈眈”，由此推断出它有“凶狠注视着”的意味。最后是结合语境推断。如“屠大窘，恐前后受其敌”中的“窘”字，结合下文对屠夫害怕受狼前后夹击的描述，可以猜测此字的含义应是“害怕、困窘”。又如“一狼径去，其一犬坐于前”中的“犬”字，一狼离开，应还剩一狼，由此可以推断出此处并非写“犬”，而是说其中一匹狼“如犬一般”坐在前方；这样不仅能够推断出语义，还能推断出名词作状语的用法。

第三个字为“删”。“猜”是一种能力，同语言积累、整体感知和临场反应息息相关。一旦遇到无法快速、顺利猜出字义的情况，便需要用到“删”的方法。“删”指的是把阻碍原文理解的词语统统删掉。这也许并不妨碍我们把握文章的大意，反而能让故事更清晰，自主阅读期间不妨一试。“删”也存在着两种情形。其一为“半删”。如“禽兽之变诈几何哉”，“变诈”一词或许难以理解，便可以把“变”字删去，此时“诈”字则不难理解，由此便能够推断出句义大体为“禽兽的奸诈狡猾有多少呢”，而“变诈”实际上就是“变化使诈的手段”。其二为“全删”。如“场主积薪其中，苫蔽成丘”一句，“苫蔽”难解，便可全部删去，“成丘”则比较浅易，可以大概理解此句是在讲“场主把柴火堆在场院里，好像山丘一样”；这与此句本义“场主在里面堆柴，覆盖成小山似的”未有较大出入。读书时善用删字法，是为了通顺文章大意，有助于“观其大略”。

第四个字为“查”。读书时的目的不同、自我要求不同，便决定了阅读的层次不同。如果纯粹是为了休闲阅读、开卷有益，采取以上三个方法便已足够。但如果想要验证猜测的正误，或者为积累语言知识、精准训释语义，进行深入的阅读与研究，便有必要借助语文工具书，如《古代汉语常用字字典》等。查阅工具书和读书，尤其是带有学习态度的读书，本来就是相辅相成的。

总而言之，掌握了“补”“猜”“删”“查”四字诀，便可以放心大胆地打开《聊斋志异》，不怕被它的语言外壳“震住”，从而深入阅读这部伟大作品。

二、《聊斋志异》的主题看点

蒲松龄曾在《聊斋志异》自序中写了一副对联，以说明此书的主题：“集腋为裘，妄续幽冥之录；浮白载笔，仅成孤愤之书。”其中有两个关键词：第一个是“幽冥之录”，说明《聊斋志异》记载的是鬼魂的、非人间的故事；第二个是“孤愤之书”，说明作者认为这部作品主要用以表达心中的不平之气、抑郁之感、愤懑之情。与蒲松龄同处一世的文学家王世禛非常喜欢《聊斋志异》，并为此作了一首诗：“姑妄言之姑听之，豆棚瓜架雨如丝。料应厌作人间语，爱听秋坟鬼唱诗。”这首诗中的“厌作人间语”指不愿再写人间之事，其中蕴含的思想倾向便与“孤愤之书”形成了呼应；而“爱听秋坟鬼唱诗”，也对应着“幽冥之录”的情感意味。细而论之，《聊斋志异》主要包含三大类主题思想。

其一是揭盛世疮疤，批社会现实。康熙盛世持续了四十年之久，历来为史学家所称道，但是在当时看似强大的国家中也潜伏着种种危机。《聊斋志异》

通过志怪故事，写出了盛世之下苛捐杂税众多、官场腐败、科举制禁锢和迫害人才等历史真实，具有很强的批判色彩。例如《潞令》一则，讲述了潞城县令宋国英的“贪暴不仁”与“催科尤酷”，深刻揭露了“苛政猛于虎”的社会现实：百姓一旦交不上税，宋国英便下令施以杖刑，被杖毙的百姓“狼藉于庭”。有人问他作为父母官为何这般嚣张，宋国英得意扬扬地回答说，其官虽小，权力却大，任职不足百天便已经打死了五十八个人。又如入选语文教材的经典篇目《促织》，假托明朝宣德年间进贡促织一事，形象地反映出统治者把娱乐建立在百姓的牺牲之上的残酷事实：皇帝喜好斗促织，一位叫作成名的百姓被责令进贡，进贡不成便被残忍责打。一日，成名费尽辛苦抓到一只“巨身修尾，青项金翅”的极佳促织，但促织被儿子踩死。成名正要打骂之时，发现儿子已然因自责投井，半死不活。此后，成名又发现一只体形瘦小的促织，便进贡给皇上，这只小促织神威异常，太守因此受到皇帝赏识，并转而赏赐成名。几年后，儿子竟然复活，并称自己化身为促织。再如《席方平》一则，讲述了席方平为替父申冤，灵魂出窍去阴司告状，被收受当地富绅贿赂的阎王爷残酷折磨；他在小鬼的帮助下准备寻二郎神告状，却被假意退让的阎王爷算计，投胎至穷苦人家，而后再次魂魄离体，终于找到二郎神得以沉冤昭雪的故事，以曲折离奇的阴间怪谈反映了古代社会官绅勾结、官官相护的现象。此外，蒲松龄也假托异闻故事揭示了清政府科举的不公。在故事《叶生》中，一位名叫叶生的读书人颇具文章之才，但久不中举，一次落榜后不幸身染重病，后得蒙大官丁公赏识，被聘为幕僚。叶生感念知遇之恩，便上门报答，将丁公之子教导为进士，衣锦还乡之时却从妻子口中得知自己早已去世多年。学子因科举考试不公而郁郁致死，化为鬼魂仍要报答恩公，这深刻体现了科举制度对人才的迫害。通过这些故事，我们可以看出《聊斋志异》不单是对鬼怪故事的辑录，更是对社会现实的深刻批判。

其二是写人鬼之恋，赞真情挚爱。《聂小倩》是《聊斋志异》中的一个经典故事，曾被改编为电影《倩女幽魂》，也被选入过高中语文教材。故事中，聂小倩于兰若寺中被妖鬼胁迫，不得不勾引客人以供老妖吸食脑髓。一日，她遇到了正直的书生宁采臣，宁采臣不但不被诱惑，还对其大声斥责。聂小倩便把宁采臣看作正人君子，告知自己的遭遇，希望他能救自己脱离苦海。宁采臣与精于仙剑之术的燕赤霞联手重伤老妖，救出小倩。之后，宁采臣便背着聂小倩的骨灰，为她迁葬，聂小倩怀着感恩之情深深爱上了这位英俊、正直又有才华的书生。为了相伴相守，聂小倩化作鬼魂来到宁采臣家，先以兄妹相称赢得他母亲的接纳，后又小心翼翼地伺候宁采臣重病在床的妻子直到她去世。最终，两人如愿以偿，终成眷属，谱写出一曲可歌可泣的爱情颂歌。《小翠》《婴宁》《红玉》《花姑子》《辛十四娘》《翩翩》等数十篇小说都有与聂小倩相类的女性形象，她们要么是狐仙、花朵所化，要么是仙女或魂魄，因为偶遇或报恩而以身相许，帮助丈夫修持家业，表现出美丽、聪慧、活泼、勇敢、重情等美好品格。

其三是借奇闻轶事，感世态炎凉。蒲松龄生于农村，又久不得志，因落魄而饱尝人情冷暖，《聊斋志异》中的许多故事便表达了蒲松龄极具正义感的社会观念。例如《狼》便传达了坏人尽管再狡猾，诈骗之术终究有限，恶人终会有恶报的道理。又如《田七郎》，讲述了一个“士为知己者死”的故事：田七郎虽为猎户，却有英雄肝胆，面对大户武承休的赏识，仍坚持“一钱不轻受”的原则；当武承休遭逢祸事，被人诬陷入狱时，田七郎挺身而出，舍生取义，杀身成仁。可以看出，田七郎的形象与《刺客列传》里的侠义人士具有相似之处。再如《大力将军》一则，讲述了文化名人查伊璜和大力将军吴六奇于雪中破庙相遇，查伊璜资助当时还是乞丐的吴六奇并鼓励他投军，而后吴六奇因为军功卓著，荣任将军，分一半家财与查伊璜报恩的故事——金庸在《鹿鼎记》中也用到了这个知恩图报的传奇故事。

总而言之，在思想内容方面，《聊斋志异》是中国古典小说的“中间物”，其批判精神、反抗精神，对自由和侠义的歌颂，对志怪主题的发扬，超过了历代的文言短篇小说。其后，对科举制弊害的批评在《儒林外史》中被继承并发扬；对女性形象的歌颂与对自由而真挚的爱情的赞许，则被《红楼梦》继承并进一步升华。值得注意的是，蒲松龄的创作并非全然无瑕，许多情节仍落俗套，比较典型的有：在批判贪官污吏时，蒲松龄总抱有清官主持正义的幻想，将希望仍寄托于清政府官僚，这无疑是一种局限；作者经常为故事中受迫害的人物安排团圆、美满的结局，在一定程度上削弱了作品的批判力；在描写男女爱情时，常常陷入“恋才爱色”的浅薄模式，而且少不了读书人“红袖添香夜读书”的幻想，从而流于鄙俗。此外，《聊斋志异》中有几十则短小的志怪故事纯属猎奇，缺乏思想性。以上，都需要我们辩证地看待。

三、《聊斋志异》的艺术风格

《聊斋志异》的价值不仅在于思想性，也在于艺术性。虽然这是一部文言小说集，但写作水平非常高，手法很现代，效果很动人。许多文言小说在历史的风烟中慢慢销声匿迹，独有《聊斋志异》传世，正是因为即使文言水平不高的人，也能够被其艺术魅力感染。不过，书中并非每一个故事都匠心独运，这里推荐相对而言艺术魅力较强的二十四篇，以供参考：《崂山道士》《娇娜》《叶生》《青凤》《画皮》《婴宁》《聂小倩》《红玉》《连城》《狼》《大力将军》《青梅》《田七郎》《促织》《辛十四娘》《鸦头》《花姑子》《席方平》《胭脂》《小翠》《书痴》《八大王》《罗刹海市》《狐谐》。

鲁迅在《中国小说史略》中对《聊斋志异》做出了如下评价：

> 《聊斋志异》虽亦如当时同类之书，不外记神仙狐鬼精魅故事，然描写委曲，叙次井然，用传奇法，而以志怪，变幻之状，如在目前；又或易调改弦，别叙畸人异行，出于幻域，顿入人间；偶述琐闻，亦多简洁，故读者耳目，为之一新……

明末志怪群书，大抵简略，又多荒怪，诞而不情，《聊斋志异》独于详尽之处，示以平常，使花妖狐魅，多具人情，和易可亲，忘为异类，而又偶见鹘突，知复非人。[①]

由中可见《聊斋志异》的艺术特色：第一，“描写委曲，叙次井然”，情节跌宕起伏，富于变化；第二，“变幻之状，如在目前”，对神妖鬼怪惊奇变化的叙写十分精彩；第三，“示以平常”“多具人情”，虽为志怪，但写鬼亦如写人，能够体现出人的性格与特点。

先看故事情节波澜跌宕。以《促织》为例。故事伊始便是困境，成名早出暮归却不得促织，只能忍受酷刑，这为读者营造出“主角是否能够抓得促织上贡”的悬念；而后迎来转机，成名在巫婆的启示下终于抓到极其健壮的促织，家人皆喜，只待限期一到便交付官差；此时情节急转直下、陷于绝境，其子踩死促织，因惧怕责罚而投井自杀，成名化怒为悲，如坠寒窟；低谷中又出现转机，忽有瘦小促织飞来，落入成名襟袖之间，使他再次获得了免于刑罚的机会；而后情节徐徐攀升，瘦小促织与村中少年的小促织、府中的有名促织甚至公鸡相斗都不落下风，直至被进献给皇帝；最终故事达到高潮，走向圆满，因小小促织的神勇，太守与成名都获得了丰厚的嘉赏。故事两起两落，波澜跌宕，表现出深刻的主题，即朝廷尤其是最高统治者皇帝的一时喜好，可以害得百姓倾家荡产，也可以使百姓鸡犬升天，从两个方面展现了“上有所好，下必甚焉”的社会问题。

再看变幻之事极尽想象。鬼怪故事看起来离奇诡诞，但必须遵循一定的逻辑；在不损害艺术真实的基础上将种种变幻场面写得活灵活现、出人意料，便是蒲松龄的创作功力。如《聂小倩》中有一个极具趣味的变幻情节，叫作“剑侠捉妖”，包含四个要素——剑、侠、捉、妖。在这一段中，蒲松龄首先如此

① 鲁迅．中国小说史略[M]// 鲁迅．鲁迅全集．北京：人民文学出版社，2005:216.

写妖："近一更许，窗外隐隐有人影。俄而近窗来窥，目光睒闪。""目光睒闪"四字落下，妖怪的骇人形象便跃然纸上。再看如何写剑："忽有物裂箧而出，耀若匹练，触折窗上石棂，欻然一射，即遽敛入，宛如电灭。"仙剑有所感应而自动飞出，击中妖怪便重回囊中，整个过程只在电光石火间，令人啧啧称奇。最后看剑侠如何捉妖："燕捧箧检征，取一物，对月嗅视，白光晶莹，长可二寸，径韭叶许。已而数重包固，仍置破箧中。自语曰：'何物老魅，直尔大胆，致坏箧子。'"燕赤霞察觉宝剑有变后起身察看，语气随意地抱怨了几句妖怪，活灵活现的捉妖场面便已描绘完毕，燕赤霞的高人形象也尽数得以体现。又如《画皮》中如此描写猛鬼画皮后化身美女："举皮，如振衣状，披于身，遂化为女子。"常人想象可怖的场面，大多想到如何剥皮，而蒲松龄却能想象出像披衣服一般将人皮披于身上，以成化形。再如《崂山道士》中描写术士饮酒，剪纸便可化作月亮，使得月色盈窗；无论如何倾倒酒壶，壶中美酒都不见底；将筷子掷于月中，嫦娥便应召而来，起舞吟歌；最后道士三人甚至飞入月中，在场其他宾客便能看到月亮之中有三人对坐饮酒。时间、空间与人物的变化错综复杂，其想象力不可谓不出奇。

最后看花妖狐魅极富人情。在《小翠》的故事中，性格活泼的狐狸小翠为报王家相救之恩而嫁与王家公子，但玩心不改，每日在家中"着小皮靴"踢蹴鞠，玩闹间踢到了王老爷，因此被婆婆责备。面对责备，小翠则"俯首微笑，以手刓床"，如淘气的孩童般笑呵呵地抠着床板，其纯稚可爱的性格特点与一般的少年儿童非常相似。蒲松龄通过精彩的细节描写，把小翠这个狐妖写得极具人情味，既天真又顽皮，令人感到亲切。又如在《婴宁》中，姿容美丽的婴宁拈一枝梅花走在街上，书生王子服一见痴迷，注目不移。婴宁走过几步后，回头对丫鬟说："个儿郎目灼灼似贼！"便把梅花丢在地上，笑着离去。此处一句笑言、寥寥几笔，便把婴宁纯真爱笑、灵动无邪的个性勾勒而出。再如在《聂小倩》中，貌似中年妇人与老年妇人的妖怪偷偷议论聂小倩常皱着眉头、

“不宜好相识”，话音未落，便见聂小倩突然走来，老年妇人立刻换上笑脸，说果然不能背后论人，幸好没有说聂小倩的坏话，又赶忙夸她漂亮。这与日常生活中说人闲话被撞破时的尴尬场景十分相似。而聂小倩听到夸赞，故作谦卑地说，除了两位没有人夸她长得好。这是因为她没有实力反抗，便只能虚与委蛇。可以看到，兰若寺妖怪出场时的场景也是非常生活化的。

《聊斋志异》有经久不衰的艺术魅力。1987 年改编的电视剧《聊斋》配乐别具风格，充分展现了原书的思想和艺术特色，这里便以片头曲中的一段歌词作结吧。

你也说聊斋，我也说聊斋
喜怒哀乐一起都到心头来
鬼也不是那鬼，怪也不是那怪
牛鬼蛇神它倒比正人君子更可爱
笑中也有泪，乐中也有哀
几分庄严，几分诙谐
几分玩笑，几分感慨
此中滋味，谁能解得开
谁能解得开

《威尼斯商人》：寄寓人文理想的伟大戏剧

莎士比亚（William Shakespeare）是英国最著名的文学家，是真正享有世界声誉的大文豪。莎士比亚出生于1564年，去世于1616年52岁生日当天，这也为他的生命蒙上了一层神秘的色彩。莎士比亚获得过无数伟大人物的赞誉，法国浪漫主义代表作家雨果曾评价道："莎士比亚这种天才的降临，使得艺术、科学、哲学或者整个社会焕然一新，他的光辉照耀着全人类，从时代的这一个尽头到那一个尽头。"对中国读者而言，莎士比亚的作品并不陌生，最著名的便是统称为"四大悲剧"的《哈姆雷特》《奥赛罗》《李尔王》和《麦克白》，以及统称为"四大喜剧"的《威尼斯商人》《仲夏夜之梦》《皆大欢喜》与《第十二夜》。其中，《哈姆雷特》与《威尼斯商人》都以节选的形式入选过语文教科书。

学习莎士比亚戏剧，首先不能被莎士比亚的"威名"吓住。许多学生之所以不愿意阅读世界经典文学名著，主要是因为他们觉得这些作品太过严肃、伟大，似乎不适合自己的年龄和学识，担心无法读懂。事实上，莎士比亚的作品具有一些共通的东西，每位读者都可以从中发现妙处、获得启迪，不必有畏难心理。其次，要掌握阅读与欣赏戏剧剧本的方法。剧本不同于小说，小说通过人物、情节、环境等基本要素直接向读者呈现内容，剧本则是一种"中介物"，是为演员和导演准备的，要通过立体的舞台表演展示给观众。因此，读剧本或许不像读小说一样过瘾，但只要掌握了欣赏剧本的四要素，便能够发现阅读剧本的兴味和乐趣。第一个要素即为“叙事”，剧本必然含有故事和情节。在这一点上，读剧本和读小说的方法是相通的：找到剧中的各色人物，了解人物之间的关系，梳理人物之间发生的事件，从而理清剧本的脉络。第二个要素是“主题”，即剧作家通过戏剧所表达的思想情感。莎士比亚属于欧洲文艺复兴时期的伟大作家，这一时期共同遵循的文学传统是人本主义和人文精神，即把人作为万物的尺度。莎士比亚创作的旨归便是弘扬和歌颂人文精神。分析这一思想在不同剧作中的具体表现，就是对戏剧主题的欣赏。第三个要素是“冲突”，属于艺术欣赏的范畴。小说靠情节取胜，而剧本需要演员来演绎，如果舞台上的演员既不说话，也没有动作，没有情感的碰撞，戏剧便枯燥无味。戏剧需要冲突以获得张力，我们便通过抓住冲突来欣赏这种舞台艺术。最后一个要素是“语言”。剧作家只能通过语言和有限的辅助动作来展现思想，因此伟大的剧作家首先是一位诗人。莎士比亚能够在剧本中写出诗一般的语言，给观众深深的震撼。接下来，我们便以莎士比亚的早期作品《威尼斯商人》[①]为例，从以上方面品味莎翁戏剧的魅力。

一、《威尼斯商人》的人物和故事

面对人物纷繁、情节复杂的剧本，我们可以通过把握“中心人物”的方法对剧中人物及其关系进行梳理。《威尼斯商人》的中心人物是安东尼奥，即所谓的“威尼斯商人”。安东尼奥是一个年轻的贵族公子，以经商为生，拥有许多海上商船，以运载各种货物到世界各地进行交易，然后再回到威尼斯的港口。他属于新兴资产阶级的一员，但没有富家子弟的恶习，而是正直、善良、宽厚，愿意为朋友两肋插刀。安东尼奥有许多好友，最要好的有两位：第一位是巴萨

① 本篇所引原文来源：莎士比亚．威尼斯商人[M]．朱生豪，译．北京：北京联合出版公司，2016.

尼奥，他英俊潇洒，富有才华，在女性面前颇具魅力，但由于家道中落而比较贫穷，故事便由他向安东尼奥借钱而展开；第二位是年纪稍小的罗兰佐，一位彬彬有礼的贵族绅士，他十分专情，爱情是他生命的动力。他们身边还有一些友人以配角的形式出现，包括巴萨尼奥身边的葛莱西安诺、罗兰佐身边的萨莱尼奥和萨拉里诺。这六个人价值观相同，人品和地位都很相似，从而构成了以安东尼奥为中心的“男人帮”。“男人帮”有其追求的“女神”。巴萨尼奥的女神是鲍西娅，一位美貌富有的富家嗣女，住在乌托邦般的神秘岛屿贝尔蒙特。鲍西娅的追求者众多，其中不乏亲王、侯爵等财力丰厚、声名赫赫之人，巴萨尼奥向安东尼奥借款三千元，便是用作求爱鲍西娅的路费和礼金。罗兰佐的女神是杰西亚，她美丽大方，善良正直，性情宽容，其父是刻薄吝啬的反派角色夏洛克——夏洛克通过放高利贷这样不光彩的方式获得了巨额财富，而且十分苛刻，甚至饿跑了家里的仆人。

明确了《威尼斯商人》的主要人物后，便可进一步梳理故事线索。这一剧作包括一条主线和两条副线。故事的主线围绕安东尼奥展开。安东尼奥暂时未有资金回流，为支持巴萨尼奥而不得不向夏洛克借贷，夏洛克为报平日被蔑视之仇刁难安东尼奥，要他签下若三个月后无法还钱便割掉一磅肉的合约。安东尼奥明白一旦无法及时还钱便有性命之忧，但依然为了朋友同意了这个条件。三个月后，安东尼奥的货船未能如期返航，他无法还款，由此引发了一场官司。夏洛克要求执行合约，安东尼奥一方则试图谈判，最终通过巧妙的方式化解了危机。第一条副线聚焦于巴萨尼奥对鲍西娅的追求。巴萨尼奥获得钱款后便前往贝尔蒙特追求鲍西娅，解出了鲍西娅父亲遗嘱中的匣子谜题，与鲍西娅有情人终成眷属，并获得了大量财富。求爱成功的巴萨尼奥得知好友因帮他而入狱后立刻赶来营救；鲍西娅则暗中随行，扮作律师，在法庭上成功解救安东尼奥。第二条副线则聚焦于罗兰佐和杰西亚的私奔。夏洛克决不会允许女儿杰西亚嫁给罗兰佐，二人只能私奔，来到贝尔蒙特。在鲍西娅离开时，他们承担了“看家”的角色。最后，所有人都回到了贝尔蒙特，获得了美好的结局。

《威尼斯商人》的故事具有较强的喜剧特质，具体表现在如下三个方面。首先是“恶有恶报，大快人心”。面对鲍西娅的论辩，夏洛克不得不放弃割肉的做法，违背了契约的规定，因此受到了判罚。最终，夏洛克将财产一半充公，一半赔付给受害人。其次是“善有善报，皆大欢喜”。安东尼奥等人不仅得到了夏洛克的财产，有情人终成眷属，而且安东尼奥的货船在经历风浪后也安然无恙地返航。最后便是“智慧反转，引人入胜”。鲍西娅帮助安东尼奥脱困的方法很巧妙，她允许夏洛克割肉，但要求不能额外取一滴血、一点肉，不然便是杀人罪。夏洛克无法做到，只能放弃，又因此违背了契约，最终自食其果，这令观众拍手称快。

二、《威尼斯商人》的主题意蕴

《威尼斯商人》有着丰富的主题意蕴，不仅通过讲述好人有好报、坏人自取其祸来宣扬因果报应，更主要的是阐释了作者本人的善恶观、美丑观与对人际关系的看法。通俗地说，莎士比亚通过这部剧表达了他内心的道德律和人生观，主要体现在三个方面。

第一个方面是友谊观，在本剧中主要通过“义利之辨”体现。安东尼奥在不确定资金何时回流的情况下，不惜冒着赔上性命的风险，为朋友去向恶人借贷，体现出“义重于利”、坚守朋友道义的风范。巴萨尼奥同样对朋友赤诚以待，同鲍西娅一起回报了安东尼奥：得知朋友有难时，巴萨尼奥不顾新婚便带着数倍于借款的金钱马上启程赶去营救；当夏洛克的诡计被揭穿后，鲍西娅特意考验巴萨尼奥，要他取下手上的指环作为帮他营救朋友的报酬，巴萨尼奥解释称他曾向妻子发誓永不把指环出卖、送人或是遗失，但鲍西娅假装生气，最终巴萨尼奥冒着被妻子责罚的风险将指环赠予她。这一细节体现出巴萨尼奥真正把友情放在了非常重要的地位，为了朋友，付出什么都在所不惜。此外还有巴萨尼奥冒险帮助罗兰佐私奔、鲍西娅接待罗兰佐和杰西亚等情节，这都说明了财富可以在朋友之间共享。反面人物夏洛克则没有朋友，他刻薄对待女儿致使女儿奔逃，盘剥仆人导致仆人投敌，是莎士比亚心中的反面典型。

第二个方面是婚恋观，在本剧中主要通过“内外之分”体现。“内”就是内在美，“外”就是外表美。中世纪以前直至文艺复兴时期，欧洲国家的男女婚恋并不自由。男方可以主动求婚，具有一定的自主选择权，但也要得到女方及其父母的允许。这就是罗兰佐和杰西亚私奔，以及鲍西娅受到父亲的遗嘱制约（金银铅三匣）而为婚事忧心忡忡的原因。在这样的背景下，剧中的两对伴侣缘何相爱，便成了一个值得探讨的话题。以巴萨尼奥与鲍西娅为例，巴萨尼奥倾心于鲍西娅美丽的容貌、高尚的德行与过人的智慧；鲍西娅则反感摩洛哥亲王、阿拉贡亲王等权贵或虚荣自矜、或庸俗不堪、或沉闷无趣的毛病，更愿意嫁给一位虽然财富和地位不及他人，但文武双全、英俊痴情的青年巴萨尼奥。这样的婚恋观在今天看来似乎并无特别，但我们应以历史的眼光辩证地评价文学作品的爱情观。在人类历史上，一般有三种婚恋观：第一种是功利型婚恋观，讲究门当户对、有利可图；第二种是吸引型婚恋观，强调怜才爱色、忠贞不渝，中国古典小说中多有体现；第三种是升华型婚恋观，不在乎利益与外貌，追求心灵相通、精神共鸣，希望寻求精神伴侣和终身伙伴。《威尼斯商人》中的恋爱观介于吸引型和升华型之间，在今天也并不过时，主人公们也身体力行地践行了这种积极的婚恋观。

第三个方面是人我观，在本剧中主要通过“冷暖之别”体现。生活在社会中，不可能只有亲密关系，我们应该怎样对待他人，尤其是那些与我们既无亲故关系，也非伴侣恋人的他人，便成了一个值得思考的问题。是博爱、同情、宽容，或是自私、冷漠、偏执，这些不同的态度造就了人情冷暖、世态炎凉的种种情状，在剧中主要体现于正面角色与反面角色的对比中。在借贷一事上，安东尼奥对朋友和陌生人都慷慨解囊，不收利息——这与我们对资本家唯利是图、利欲熏心的刻板印象不同，莎士比亚笔下早期的资产阶级对道德有着较高的追求；而夏洛克则以借贷获利为生，精于盘剥、冷漠刻薄。夏洛克对仆人朗斯洛特极尽压榨，巴萨尼奥则在朗斯洛特逃跑后收留了他。在安东尼奥入狱后，公爵、葛莱西安诺、萨莱尼奥、萨拉里诺等都恳求夏洛克放弃行刑，但夏洛克一意孤行，坚持要置安东尼奥于死地；最终安东尼奥还为夏洛克求情，免于没收其全部财产，为夏洛克留出了一条生路。

通过以上三个方面，莎士比亚教会了我们如何对待朋友、恋人和他人，表达了人本主义精神的旨归：追求个人的自由与幸福，同时与他人友善互助、共渡难关，这是每个人的权利和义务，对男女来说都是如此。在戏剧的结尾，安东尼奥和三对恋人齐聚在美丽的贝尔蒙特，不仅有情人终成眷属，而且各自都获得了相应的财产，这寄托了莎士比亚乌托邦式的社会理想。此外，莎士比亚在这部剧中还寄寓着对新兴资产阶级的赞美——以安东尼奥和巴萨尼奥为代表的新兴资产阶级，善于经营生意，敢于追求自由、爱情和财富，不仅有朝气蓬勃的生命力，还保留着贵族绅士的优雅作风和高尚人格，是作者心中的理想人物。

当然，《威尼斯商人》的价值观并非全然正确，在一定程度上也隐含种族歧视的思想。威尼斯人（基督教徒）的长期歧视，赋予了夏洛克报复的动机，也反映了犹太人在当时社会的不利处境。文中吸血鬼、魔鬼、恶狗这些不光彩的称呼几乎与异教徒、犹太人是同义词，虽然只是剧中人物的用语，但莎士比亚在剧中对犹太人是否天然该受到此种待遇并无反思，更无批判，内隐着作者的观念与判断。戏剧需要丑角，但丑角之“丑”应在性格心理层面，而不应在种族身份上。在本剧中，莎士比亚将夏洛克的犹太身份夸张到了极致，认为这种身份需要改造，最终迫使夏洛克改信基督教，这实际上是对社会文化习俗的一种顺从。就这一点而言，莎士比亚的人文主义仍局限于基督教下的人文主义，夏洛克的形象也因之有了复杂性，即有值得同情之处。这一点在阅读与分析中值得我们注意。

三、《威尼斯商人》的戏剧冲突

戏剧冲突指戏剧中特意制造的，自我或人我之间的矛盾、对立及其产生、发展与解决的过程。根据主体的不同，戏剧冲突大体可分为两种：第一种是人物自我的内心冲突，往往伴随着极大的情绪波动，例如《哈姆雷特》中的著名台词就体现了这一点："生存还是死亡，这是一个问题。"第二种是人物与人物之间的矛盾。当两个人的目标、方法、手段不一致时，就会发生对立和冲突。戏剧作家非常重视冲突的表现，按照经典戏剧原则，一场戏至少要有一个主要的冲突。在后现代戏剧和先锋戏剧中，也可能会有很多冲突同时发生，或者根本没有冲突，只展现诗歌朗诵或形体表演——这可以被看作冲突的一种内化。

《威尼斯商人》共有五幕剧，每一幕剧都包含了不同的冲突，但从整体上看，不同的冲突之间也存在着一定的结构关系。第一幕共有三场戏，属于开端部分，作者使主要人物全部登场并说明他们的关系，为主要冲突埋下了伏笔。第二幕共有九场戏，是戏剧情节的重要发展阶段，前面提到的三条故事线索都在这部分全面展开，尤其是两条副线开始发展：一方面，鲍西娅的选亲拉开帷幕，巴萨尼奥也整理行装启程求婚；另一方面，罗兰佐在好朋友的帮助下与杰西亚私奔，成功登上巴萨尼奥的船只，前往贝尔蒙特避难。主线则潜伏着，安东尼奥为朋友感到欣喜，但危险已慢慢来临。第三幕共有五场戏，是全剧的转折部分。在这部分中，主线急转直下，安东尼奥的担忧变成现实，商船未能及时返航；夏洛克的新仇旧恨一起发作，对安东尼奥提起诉讼。两条副线的冲突则圆满收束，鲍西娅和巴萨尼奥成亲，罗兰佐和杰西亚暂住在贝尔蒙特幸福生活。主线冲突的化解成为焦点，巴萨尼奥和鲍西娅闻讯后分头救援安东尼奥。第四幕共有两场戏，是全剧的高潮部分。在法庭上，人们纷纷劝说夏洛克放弃指控，但夏洛克油盐不进，下定决心实施报复，场面陷入胶着，冲突进入白热化阶段。此时，鲍西娅假扮律师出场，凭借智慧获得完胜，故事的主要冲突得以解决。在第二场中，作者设置了前文所述的“指环余波”，即巴萨尼奥为了友情不惜违背他和鲍西娅的誓言，交出了订婚指环，为后续情节埋下伏笔。第五幕仅有一场戏，展现了亲朋相聚的场景，核心冲突是鲍西娅对巴萨尼奥的真心的试探，并得到了圆满解决。此时安东尼奥的商船归航的喜讯传来，结局皆大欢喜。《威尼斯商人》每一幕中都有冲突设置，且各有侧重，共同形成了五幕剧跌宕起伏、连绵不断的冲突链条。

莎士比亚主要通过两种手法来表现不同的戏剧冲突。人物内心的自我冲突可以用独白或对话的方式表现。用大段独白表现自我冲突，是戏剧最常用的表现手法，也是莎士比亚最为擅长的表现手法。人物在进行独白时，会假定其他场上人物无法听到，而只对观众言说，展现其内心世界，读者阅读时要有足够的耐心。如在第二幕第七场中，摩洛哥亲王的内心独白表现出其面对匣子难题时的犹豫不决，他内心的冲突来源于对金、银、铅三个匣子的“定价”。他既没有看懂朴实无华的铅，也没有理解牺牲和责任对人生的意义，而是只关注金与银的世俗价值。读者通过这样一番内心独白，不仅能够看到人物的行为结果，还可以理解人物内心的矛盾和碰撞。此外，人物内心的自我冲突也可以通过对话来表达，这有利于故事情节的紧凑。如在第一幕第二场中，鲍西娅以与女仆尼莉莎做对话游戏的形式论及她对纷纷而来的追求者的看法，层次跌宕起伏，展现出她对一众求亲者的不满与不屑。

人我之间的矛盾与冲突是一种社会性的矛盾，处理时需要注意张弛关系，主要包含两个方面。首先是开场时不能写得太快，要引而不发，以待将来，为后文冲突的全面爆发埋伏笔。例如在第一幕中当安东尼奥向夏洛克借款时，剧作便已透露出二人关系不睦，安东尼奥对夏洛克没有尊敬和礼貌，夏洛克因此而抱怨和诉苦；安东尼奥提出支付利息，夏洛克却以开玩笑的方式提出用一磅肉作为代价，迫使安东尼奥签下协议。这里的冲突是敌对的两方表面上笑容可掬，心里却恨透了对方：安东尼奥蔑视夏洛克，却又不得不借钱；夏洛克明明要陷害他，却说得非常温婉。这便是引而不发，以待将来。其次便是蓄势待发，急转直下，即当冲突达到白热化阶段时，突然从极高到极低，产生重大落差，营造反转的效果。这种写作手法在戏剧中常见，能够有效地制造紧张和惊喜。例如当夏洛克在审判中占尽优势时，公爵等人的努力劝说、巴萨尼奥三倍还款的条件都未能使他放弃从安东尼奥的胸口割肉的要求；他同时还宣称，如果不照约处罚，威尼斯城邦的法令便会沦为一纸空文，他的坚持是对法律的维护，以此将自己抬高。当鲍西娅用她的小智慧说出关键点——不准流一滴血，不准多割一点点肉，必须只是一磅肉——时，夏洛克立刻坠入劣势中，气焰消散，面如死灰。他逐步退让而提出的接受三倍还款、只要本钱、放弃官司等条件一一被鲍西娅否决，最后只能接受蓄意谋杀的处罚。在这里，人物所处的优劣地位瞬间逆转，冲突立即凸显而出，也因此达到了无与伦比的戏剧效果。

四、《威尼斯商人》的台词艺术

戏剧冲突能够体现出作家的整体构思和情节设计能力，而台词艺术则反映了作家的语言功底，是一种真正的语言艺术。台词是角色所说的话，它不同于心理活动，是人物在舞台上表演的口语。台词具有展示剧情、刻画人物、体现主题的作用，是戏剧的灵魂所在。从类型上看，台词分为对白、独白与旁白。对白是不同人物间的言来语去，独白是人物对其思想感情与心理活动的自述，旁白则是解释人物的活动和动机的画外音。台词的完成需要遵循“规定动作”。首先便要合乎剧中人物的身份、性格。如虽然都是年轻、漂亮、善良的女孩，鲍西娅和尼莉莎说话的内容和方式却完全不同，鲍西娅的文化修养更高，尼莉莎作为仆人则更为活泼和轻佻。巴萨尼奥和葛莱西安诺这对主仆在说话时也有类似的特点。其次也要合乎人物所处的情境，根据说话时的目的、对象、情绪设置台词。如在本剧中，安东尼奥向夏洛克借钱时，尽管他不喜欢夏洛克，但因为对夏洛克有所求，他的语言便显得柔和而客气。

莎士比亚对“规定动作”的完成度不必多言，我们主要欣赏其“自选动作”，即莎士比亚独特的台词艺术。首先，莎士比亚的语言非常华丽，马克思因此将他称为“人类最伟大的戏剧天才”。如萨拉里诺出场，猜测安东尼奥忧愁的缘故时说道：

> 吹凉我的粥的一口气，也会吹痛我的心，只要我想到海面上的一阵暴风将会造成怎样一场灾祸。我一看见沙漏的时计，就会想起海边的沙滩，仿佛看见我那艘满载货物的商船倒插在沙里，船底朝天，它的高高的桅樯吻着它的葬身之地。要是我到教堂里去，看见那用石块筑成的神圣的殿堂，我怎么会不立刻想起那些危险的礁石，它们只要略微碰一碰我那艘好船的船舷，就会把满船的香料倾泻在水里，让汹涌的波涛披戴着我的绸缎绫罗；方才还是价值连城的，一转瞬间尽归乌有？要是我想到了这种情形，我怎么会不担心这种情形也许会果然发生，从而发起愁来呢？不用对我说，我知道安东尼奥是因为担心他的货物而忧愁。

可以看到，莎士比亚以大量的修辞，包括排比、夸张、想象、类比，等等，将种种与之有关或无关的事物罗列出来，使读者感到个人的忧愁竟然可以如此广大，能够牵扯到万事万物；而一个人拥有财富之后，竟会看到一切事物都触景生情，为他的财富而感到担心。

又如，在安东尼奥被夏洛克逼到绝境，大家纷纷为其求情之时，他在无奈之下如此说道：

> 请你想一想，你现在跟这个犹太人讲理，就像站在海滩上，叫那大海的怒涛减低它的奔腾的威力，责问豺狼为什么害母羊为了失去它的羔羊而哀啼，或是叫那山上的松柏，在受到天风吹拂的时候，不要摇头摆脑，发

出谡谡的声音。要是你能够叫这个犹太人的心变软——世上还有什么东西比它更硬呢？——那么还有什么难事不可以做到？所以我请你不用再跟他商量什么条件，也不用替我想什么办法，让我爽爽快快受到判决，满足这个犹太人的心愿吧。

面对夏洛克的刁难，安东尼奥一连采用了三个比喻句说明与夏洛克辩驳无用，这使观众感受到安东尼奥的优雅境界——即使在面临死亡威胁时，他也无法掩盖内心深处的教养和学识——其人物形象也因此更为鲜明。

此外，莎士比亚的台词富有哲理和诗意。他笔下的戏剧台词同诗歌一样兼具描述与指涉两种功能。例如苏轼在《定风波》中写下“莫听穿林打叶声”，这句诗表面上讲雨打叶子的声音，但结合诗人被贬的情形，读者便能够感知到，这或许也暗示了政治风雨在侵蚀这个不安的生命；后文中“竹杖芒鞋轻胜马”一句，不仅能够描绘出诗人被贬官后贫穷、隐逸的形象，同时也能令读者联想到诗人洒脱和自在的内心世界。莎士比亚的语言也有这种特点，能够在言说具体事物时令读者感悟人生道理。在这一点上，东西方的文学作品是相通的。

举例而言，巴萨尼奥在选择三个匣子时，所说的台词便极富哲理意味：

外观往往和事物的本身完全不符，世人却容易为表面的装饰所欺骗。在法律上，哪一件卑鄙邪恶的陈诉不可以用娓娓动听的言辞掩饰它的罪状？在宗教上，哪一桩罪大恶极的过失不可以引经据典，文过饰非，证明它的确上合天心？任何彰明昭著的罪恶，都可以在外表上装出一副道貌岸然的样子。多少没有胆量的懦夫，他们的心其实软弱得就像下不去脚的流沙，他们的肝如果被剖出来看一看，大概比乳汁还要白，可是他们的颊上却长着天神一样威武的须髯，人家只看着他们的外表，也就居然把他们当作英雄一样看待！再看那些世间所谓美貌吧，那是完全靠着脂粉装点出来的，愈是轻浮的女人，所涂的脂粉也愈重；至于那些随风飘扬像蛇一样的金丝鬈发，看上去果然漂亮，不知道却是从坟墓中死人的骷髅上借来的。

所以装饰不过是一道把船只诱进凶涛险浪的怒海中去的陷人的海岸，又像是遮掩着一个黑丑蛮女的一道美丽的面幕；总而言之，它是狡诈的世人用来欺诱智士的似是而非的真理。所以，你炫目的黄金，米达斯王的坚硬的食物，我不要你；你惨白的银子，在人们手里来来去去的下贱的奴才，我也不要你；可是你，寒伧的铅，你的形状只能使人退走，一点儿没有吸引人的力量，然而你的质朴却比巧妙的言辞更能打动我的心，我就选了你吧，但愿结果美满！

在剧中具体情境里，巴萨尼奥此处只是言说其择选铅匣的理由，而莎士比亚赋予其如此台词，又进一步完成了对社会上名实不符的整体现象的批判。这极大地拓宽了观众在看剧时的人生感悟，勾起了观众的共鸣，使大家体味到戏剧的深度。

此外，莎士比亚戏剧台词的哲理和诗意也经常通过插入文中的诗篇展现。如摩洛哥亲王打开金色匣子时，看到了一张写着哲理诗的纸条，诗中写道：

发闪光的不全是黄金，
古人的说话没有骗人；
多少世人出卖了一生，
不过看到了我的外形，
蛆虫占据着镀金的坟。
你要是又大胆又聪明，
手脚壮健，见识却老成，
就不会得到这样回音：
再见，劝你冷却这片心。
冷却这片心；真的是枉费辛劳！

这首小诗以诗意的语言讽刺打开者为外表所迷惑的浅薄，同时以父亲的口吻告知其不必再妄想求娶鲍西娅，形式婉转，表意却犀利，足以引人深思。

这样的台词特色也能够通过莎士比亚笔下人物的对话体现出来。如鲍西娅在帮助安东尼奥脱困后心情愉快地回到家里，与尼莉莎发生了如下对话：

鲍西娅：那灯光是从我家里发出来的。一支小小的蜡烛，它的光照耀得多么远！一件善事也正像这支蜡烛一样，在这罪恶的世界上发出广大的光辉。

尼莉莎：月光明亮的时候，我们就瞧不见灯光。

鲍西娅：小小的荣耀也正是这样给更大的光荣所掩。国王出巡的时候摄政的威权未尝不就像一个君主，可是一到国王回来，他的威权就归于乌有，正像溪涧中的细流注入大海一样。音乐！听！

尼莉莎：小姐，这是我们家里的音乐。

鲍西娅：没有比较，就显不出长处；我觉得它比在白天好听得多哪。

尼莉莎：小姐，那是因为晚上比白天静寂的缘故。

鲍西娅：如果没有人欣赏，乌鸦的歌声也就和云雀一样；要是夜莺在白天杂在群鹅的聒噪里歌唱，人家决不以为它比鹪鹩唱得更美。多少事情因为逢到有利的环境，才能够达到尽善的境界，博得一声恰当的赞赏！……（音乐停止。）

这段对话充满了哲理，让人既入戏又出戏。入戏是因为主仆二人对自己所做的事感到欣喜和自豪，同时又谦卑地认识到自己所做的一切只是小小的善举。出戏是因为观众能够由此将自己带入戏剧情境中，思考在生活中遇到类似的情况时是否也能保有如此博大的胸怀。

莎士比亚戏剧被誉为西方文学史上独一无二的严肃文学，其所蕴含的丰富意蕴是说不尽的。而莎士比亚在文学史上独树一帜的台词艺术，更需要我们沉静下来朗读和品味。

《老人与海》：对“硬汉精神”的整体性理解

《老人与海》[①]是美国作家欧内斯特·米勒尔·海明威（Ernest Miller Hemingway，1899—1961）的代表作之一。海明威的人生是一个传奇。他1899年生于美国一个中产阶级家庭，酷爱狩猎、打鱼，曾两次到非洲狩猎，多次出海打鱼。他在18岁时成为一名记者，正式开始写作生涯。1918年，他不顾父亲反对，辞去记者工作参加一战，在红十字会医院担任救护车司机。之后他又陆续参与西班牙内战、二战，作为战地记者奔波在前线，屡受重伤却乐此不疲。1941年他曾到访中国，受蒋介石、宋庆龄、宋美龄等政要招待，与周恩来也有一面之缘。晚年他患有抑郁症和狂躁症，于1961年用双管猎枪自杀。

《老人与海》中主人公的原型是海明威的好友——格雷戈里奥·富恩特斯（1898—2003）。他是富有经验的古巴渔民，1930年曾在暴风雨中搭救过海明威。之后海明威购买了一艘游艇，邀请他担任大副，两人一起在海上航行多年。1936年，富恩特斯出海捕到一条巨大的鱼，但在归途时遇到鲨鱼袭击，回到海岸时大鱼只剩下一副骨架。二战期间，两人利用政府经费改装游艇为巡艇，在古巴海域侦察纳粹潜艇，为政府提供情报。二战结束后，富恩特斯继续过着渔民的生活，海明威则继续搞文学创作。海明威此前以战争为背景创作了

① 本篇所引原文来源：海明威.老人与海[M].李育超，译.北京：人民文学出版社，2012.

一系列小说，如《太阳照常升起》《永别了，武器》《丧钟为谁而鸣》等，被视为美国“迷惘的一代”的典范之作。但他 1949 年创作的小说《渡河入林》受到人们的嘲讽，有人说：“这不但是海明威最糟的一部小说，也是集他所有以前著作中坏的一面之大成……”1951 年初，海明威来到古巴瞭望山庄，以老朋友富恩特斯为原型，借用他在海上跟大鱼搏斗的经历，创作了小说《老人与海》。这部作品奠定了海明威在世界文坛的地位，相继获得 1953 年的普利策奖和 1954 年的诺贝尔文学奖。1956 年《老人与海》被翻拍成电影，海明威和富恩特斯还亲自前往秘鲁海域拍摄捕鱼镜头，并捕获了一条重 700 余磅的大马林鱼。

一、《老人与海》的性质与内容

海明威一向以“文坛硬汉”著称。诺奖颁奖词写道：“作家在一篇渔猎故事的框架中，生动地展现出人类的命运，它是对一种即使一无所获仍旧不屈不挠的奋斗精神的讴歌，是对不畏艰险、不惧失败的道义胜利的讴歌。”理解海明威笔下的“硬汉精神”，首先需要了解《老人与海》的性质与内容。

作者塑造圣地亚哥这一形象时除了从现实生活中取材，还从宗教中获取灵感。翻译家吴劳认为，海明威有意把老人圣地亚哥比作耶稣基督及其门徒的化身，还指出文中有多处证据：老人和小船被拖着走，把吊索勒在背上感到疼痛，比喻耶稣扛着十字架；他用一只麻袋垫在吊索下，比喻耶稣身上穿着袍子；紧扣头部的草帽把他的额头勒得好疼，比喻耶稣头上戴着荆冠；他的双手被勒出血，比喻耶稣手上钉着钉子；出海之前小男孩马诺林送吃的给他，比喻耶稣最后的晚餐；出海回来时，老人脸朝下躺在报纸上，两臂伸得笔直，手掌向上——在现实中两臂向上伸出代表着教士领受圣职，而两臂向两旁伸出则是耶稣被钉在十字架上的姿势；并且圣地亚哥这个名字是圣雅各在西班牙语中的拼法，而圣雅各本来是渔夫，是耶稣在加利利海最早收的四门徒之一。综上可见，作者有意在主人公身上加上圣徒式的宗教色彩。圣地亚哥是一个真实可信的老渔民形象，但他身上也有一种宗教的隐喻。从文学创作的角度来看，后者是通过对前者的解读完成的，前者是事实基础，后者是合理推断。因此，《老人与海》不是宗教小说，而是寄托了海明威对人生处境和生命态度思考的隐喻小说。

不妨读一段老人出海时的文字——这样的隐喻文本在书中比比皆是：

> 黑暗中，老人可以感到清晨将至，他一边划着船，一边听着飞鱼出水的颤抖声……他为鸟儿感到惋惜，尤其是纤弱的黑色小燕鸥，它们始终在飞翔觅食，却几乎从来都是一无所获。他想，除了那些掠夺成性的猛禽和健硕有力的鸟儿，鸟类的生活比我们还要艰辛。既然海洋如此残酷，造物主为什么还要让海燕一类的鸟儿生得如此柔弱纤巧？大海仁慈而又美丽，可她也会变得如此残暴，而且是在突然之间改变。这些飞翔的鸟儿，落到海面上觅食，发出细微的哀鸣，在大海的映衬下显得如此脆弱。

这段内容的显性文本就是老人第 85 次出海，他驶到海洋深处时所观察到的景物。而从隐性文本来看，文中所描写的“小燕鸥”就是老人的象征：老人与小燕鸥在面对大海时同样柔弱纤巧；大海仁慈是因为它给老人提供了食物，大海如此残暴是因为它会一瞬间让鲨鱼掠夺走食物；小燕鸥发出细微的哀鸣，在一定程度上暗示着老人此次出海将会遭遇不幸，将是一场悲剧。从隐形文本来看，老人对小燕鸥和大海的观察，暗示着读者对老人和大海关系的观察；更深一层，还暗示着每一个人和他命运之间的关系：“老人”与“海”之间形成一种具有不确定性的关系。这是一种极强和极弱、有限和无限的对比，上帝的随手之举、时代随意落下的一粒尘埃，都可能使人发生灭顶之灾。但也正是在这种极端对比下，人的尊严才能够凸显出来。由此可见，读者只有透过显性文本，进入寓言的话语情境，才能真正理解海明威想要表达的思想。

解读硬汉精神之前，还要梳理小说内容。小说主要围绕老人的捕鱼故事展开，以老人的行动为主线，可分为三个叙事单元：

第一个叙事单元是“劳而不获”，描述了老人的现状、处境和精神状态。圣地亚哥是古巴的一个老渔夫，现在独自住在海边简陋的小棚屋里。除了小男孩马诺林以外，他几乎没有任何朋友，在连续出海捕鱼失败后，马诺林的父母让儿子离开他去跟别人打鱼。但老人坚信下次出海一定会捕到大鱼，小男孩也对他充满信心，两人一起做着再次出海前的准备。

第二个叙事单元是“得而复失”，这是全书的核心，主要讲述了老人惊心动魄的海上搏斗，可细分为三个部分。即“海上风光”“搏杀大马林鱼”和“斗鲨”。这里作者并没有主要写斗鲨，而是用大量篇幅描写老人搏杀大马林鱼的过程。这样做一是因为老人的职业是渔夫，他的尊严是在跟大马林鱼这个捕获对象的搏斗中体现出来的；二是因为只有在经过极其艰难的搏斗获得大马林鱼之后，得而复失才会显示出更强烈的悲剧性。

第三个叙事单元是“无功而返”，写老人打败鲨鱼后返航，驶进小港，回到棚屋休息后与小男孩的交流——两人商量着下次出海前要做的准备。

海明威曾说：“冰山运动之雄伟壮观，是因为它只有八分之一在水面上。”这就是所谓的“冰山理论”，它在文学创作中具体表现为：第一，通过结构上的处理“掩埋”很多东西，以极简的结构呈现极丰富的想象空间；第二，使用手术刀一样精准的语言，作者说得越少，则表达的内容越多。统计三个叙事单元的篇幅，其比例大约是3:15:1。故事的高潮“得而复失”部分，也大体遵循这一比例，即“海上风光”最短，“搏杀大马林鱼”最长，“斗鲨”部分较短。在这种结构中，作者详写必须让读者看到的东西，把非必要详写的信息抽绎成语言碎片夹杂其间，比如对村庄环境的描写就极其简略，读者读完整本书后都不知道这个古巴村庄到底长什么样子，只有个大略印象；再如一个人不可能生下来就是老人，他肯定有很多经历，但海明威对这些过往并没有正面铺叙，而是通过碎片式的侧写，在老人自己的回忆中、在他与小男孩马诺林的对话中一点一滴地渗透出来，让读者脑补。

二、硬汉精神的表征与内涵

体现硬汉精神的关键话语是“人不是为失败而生的。一个人可以被毁灭，但不能被打败”。它出现在“斗鲨”部分。这是否意味着作者是从这里开始表现这种精神的呢？或者说，老人是否只有在这一刻才展现出硬汉精神？如果是，老人就是“性格形成性”人物，他在故事发展中成长，进而可以断言硬汉精神不是全书主旨，只是高潮时刻的人物品质。如果不是，老人就是“性格表现性”人物，他从出场到最后始终是条硬汉，硬汉精神是贯穿全书的主题。谈对硬汉精神的整体性理解，就是要确定这种精神在时间、空间上是否只存在于一“点”，这将决定我们如何看待书中人物和作者命意。根据前文划分的叙事单元，老人有四次关键的选择与行动，透过这些，我们能找到答案。

第一次选择与行动：连续失败 84 次，还要不要再次出发？

在故事的开头，海明威“残忍”地使圣地亚哥陷入长久的劳而不获之中。此时圣地亚哥是有“退路”的，他可以去别的渔船或采用其他方法从背运中走出来。但这个衰弱、疲惫、营养不良的老人，却显得那么乐观自信、意气风发：

> （小马诺林被爸爸要求去另外一只船）“他不大有信心。”“是啊，可是我们有，对吧？”
>
> “我给你弄四个新鲜的鱼饵吧？”“一个吧！”老人说。他的希望和信心一刻也不曾丧失，此时在微风的吹拂下又鲜活地涌动起来。
>
> “八十五是个幸运数字，你想不想看我带回一条鱼来，去掉内脏的净重还有一千多磅？”
>
> “我或许不如自己想象的那么壮实，可我又不少诀窍，而且还有决心。”

“我睡得很好，马诺林，我今天很有信心！”

第二次选择与行动：面对比船都大的大马林鱼，自己既没有像样的武器，也没有充足的食物，要不要下定决心杀死它？

一般人可以剪断鱼线，这对鱼、对己都是一种“解脱”。但是老人没有一分一秒动过这个念头，他选择坚持到底。然而，他面对的是怎样一条鱼啊！在奋战一天一夜后，老人终于看到大鱼跃出水面：

> 在阳光的照射下，大鱼亮闪闪的，头部和后背呈深紫色，两侧的条纹在阳光里显得宽宽的，带着淡紫色。它那健壮的嘴足有棒球棒这么长，由粗而细，或像一把轻剑。
>
> 老人见过很多大鱼。他见过不少重量超过一千磅的，还逮住过两条这么大的鱼，不过从来都不是单枪匹马，而现在，他独自一人，看不见陆地的影子，和一条他所见过的最大的鱼牢牢拴在一起。这条鱼比他见过或者听过的任何一条都要大，而且他的左手还紧缩着，像蜷曲的鹰爪。

海明威多次描写大马林鱼的力量和形体，实际上是为老人的选择与行动制造不利条件。与此同时，老人自身也陷入了极度疲弱、孤单中：只用双手力量不足，只好把钓线背在身上，背上勒出血痕；几次摔倒在船板上，手、头部、腿受伤流血；手抽筋，腿不听使唤；无法及时补充能量，只能抽空吃生鱼；夜里寒冷，白天太阳暴晒；无法睡觉，只能偶尔眯着；没有一个人在身边帮忙，不知道什么时候胜利，拿不准谁先死……普通读者没有经受过这种身体上的巨大痛苦，读书时难以“感同身受”，但我们完全可以从细节描写中想象和体味。正是在面对这些切肤之痛时，老人的意志力才凸显出来，他千方百计地自我激励：和天空中的鸟儿说话；和是对手也是伙伴的大马林鱼说话；回想自己在卡萨布兰卡酒馆和大块头掰腕子的英雄事迹；想象自己的偶像迪马吉奥在球场上的坚持；想象小马诺林就在身边看着自己，要给他做榜样；想象战利品的价值和美味；不断给自己打气——老家伙，你能行；跟自己的身体器官对话——头啊，手啊，脚啊，腿啊，你可以的……在这段故事里，海明威有三个写作重点：大马林鱼的强大、老人的衰弱无助、老人的决不妥协的意志。这三者的关系是：对手越强大，老人越衰弱，越发显出精神力量的坚不可摧。

第三次选择与行动：大马林鱼身上的鲜血引来鲨鱼，它们一拨又一拨地掠夺老人的胜利果实——大马林鱼，而老人已经筋疲力尽，还要不要与鲨鱼作战？

第一拨尖齿鲨到来时，老人说出了这句名言："人不是为失败而生的。一个人可以被毁灭，但不能被打败。""毁灭"是被摧毁，甚至失去生命，属于物质层面，这里具体指的是千辛万苦得来的大马林鱼被鲨鱼糟蹋，只能眼睁睁看着希望破灭、生活被毁。"打败"则是认输，听天由命，属于精神层面。在第一轮战斗中，老人失去了鱼叉和绳子。但他仍不认输，把刀子绑在船桨的柄上，面对加拉诺鲨时，老人就用这把尖刀刺瞎了鱼眼睛，但是大马林鱼已被吃掉了四分之一。第三拨铲鼻鲨来时，尖刀断了，老人说："只要有短棍和舵柄，我就要试试看！"最后鲨鱼成群结队地赶来了，老人说："跟它们斗，我要跟它们斗到死！"他乱打乱砍，一次一次猛砸，但最后连鱼头上的肉都被吃光了。老人为什么选择这种看似无谓的战斗呢？他究竟为何而战？不妨拿海明威的经历类比：海明威在一次次失败、被嘲讽和被羞辱中继续文学创作，这是一种"匠人精神"，他追求的不是名利，而是作家的尊严与信仰。老人此刻的选择与行动，与海明威并无二致。

第四次选择与行动：大马林鱼被鲨鱼吃得只剩一副骨架，他连打鱼工具都弄丢了，三天的海上搏斗、三个月的等待和希望付诸东流。垂暮之年的老人怎样面对以后的生活？

作者并没有直接说，而是在结尾部分描写了令人惊叹的细节：

> 船还好好的，他想。除了船舵，它还算完好无损。船舵是很容易更换的。

没人帮忙，他只好一个人把船尽可能往上拖，把小船紧紧地系在一块岩石上。

他取下桅杆，卷起船帆捆好，然后扛着桅杆开始往岸上爬。

我们得弄一只很好的鱼镖备在船上。你可以用旧福特车上的弹簧片做刀刃。可以拿到瓜纳瓦克亚去打磨。应该磨得非常锋利，不用回火，要不会断的。我的刀就断了。

海明威要告诉读者的不是老人的想法和做法，而是老人的心态。他遭受了这么大的打击，但好像完全没有受到任何影响，他想的只有一件事：怎么安顿自己的“家什”？怎么从失败中走出来，继续海上捕鱼？他还是出场时那个乐观积极、信心满满的他。

至此可知，在不同挑战面前，老人选择与行动的内容各不相同，但有种精神气质始终如一：从最开始面对永无止境的失败却信心满满，到遇到强大对手却坚持不懈地自我激励，再到明知徒劳无功但为价值与尊严永不言弃，直到最后遭受惨败而初心不改，这些都是硬汉精神的表征。换言之，硬汉精神是全书的主线和主旨。

那么，硬汉精神的内涵究竟是什么呢？在加缪的《西西弗斯神话》中，西西弗斯因为得罪了众神，被赋予身体和精神上的惩罚：他每天要费很大的劲儿推一块巨石上山，但快到山顶时石头会滚落下来，他于是又要把那块石头往山上推。西西弗斯面临的是永无止境的失败，众神要惩罚、折磨他的心灵，使他在永无止境的失败中受苦受难。但西西弗斯不肯被成功和失败的“圈套”困住，一心想着：“推石头上山是我的责任，只要我把石头推上山顶，责任就尽到了，至于石头是否会滚落，不是我关心的事情。”西西弗斯通过这样一种精神战胜了众神对他的惩罚。虽然语境不同，但其精神实质与《老人与海》神似，即在与命运无休止的对抗中欣然承受苦难，同时实现价值观的胜利。用汪晖教授评价鲁迅的话说，也可以叫“反抗绝望”。个体渺小而脆弱，生命短暂而无常，从本质上讲，我们永远无法战胜命运，也无法实现对客观世界的绝对胜利，而是始终在某种意义上处于被掌控、被限制甚至被毁灭的境地中。当此之时，欣然领受，迎难而上，并坚持到生命最后一刻，此即“硬汉精神”。

三、“硬汉精神”的特质与体认

《老人与海》中有个重要人物——小男孩马诺林，他是老人的崇拜者和追随者，又是老人的照料者和陪伴者，还是老人的慰藉者和事业见证者。从叙事功能来看，小男孩帮助故事展开，在对话中交代老人的往事，“一个人顶得上一个村庄”。在形象塑造方面，老人在与小男孩的交往中表现出普通人的丰富情感和生活困境，这是作者对他笔下的硬汉形象的“改造”。不同于以往海明威笔下沉默寡言、坚忍不拔的硬汉，圣地亚哥是有温情的，他身上有普通人“柔软”“脆弱”的一面，这也使他得到了更多读者的亲近和喜爱。

小男孩这一形象也有象征意义。从文中“鲨鱼加工厂”等细节可以看出，工业文明下传统的打鱼方式早就落伍，这越发显得老人的精神和努力毫无价值。小男孩则代表希望和将来，他从来没有改变过对老人的信任，也见证和理解了老人的精神。可以说，马诺林是硬汉精神的体认者之一。

硬汉精神的第二个体认者是圣地亚哥本人，文中三次梦见狮子的情节说明了这一点。海明威基于在非洲狩猎的经验以及对狮子的偏爱，给老人“增添”了类似的经历（从老人回忆卡萨布兰卡往事中可知），这是老人作为人物形象能够不断梦到狮子的现实基础，否则故事就没有可信性。

老人第一次梦到狮子，是在出海之前：

> 他不再梦见风暴，不再梦见女人，不再梦见重大事件，不再梦见大鱼、打架、力量角逐，也不再梦见他的妻子。他如今只梦到一些地方，还有沙滩上的狮子。狮子在暮色中像小猫一样嬉戏着，他喜爱狮子如同他喜爱那

个男孩。

这个梦境符合老人此时渴望胜利的心境。出海前的主题是“信心”，他把狮子比喻成小猫，是典型的强者心态，体现出垂暮之年的老人潜意识里对自我力量的认同。

老人第二次梦到狮子，是在和大马林鱼的搏斗陷入胶着状态时：

> 后来他又梦到那条长长的黄色海滩，看见第一头狮子在黄昏时分下到海滩上，接着别的狮子也来了，他把下巴搁在船头的木板上，船抛下锚停泊在那里，晚风习习吹向海面，他等着看有没有更多的狮子来，心情很愉快。

狮子是勇气的象征，能够振奋精神，鼓舞斗志。在海上搏斗时身体的剧痛唤醒了老人的力量，他渴望从更多狮子身上获得鼓舞，因此梦到“一群狮子”。

老人第三次梦到狮子，是在出海归来，筋疲力尽的时候：

> 在路另一头的棚屋里，老人又睡着了。他还是脸朝下趴着，男孩坐在一旁守着他。老人正梦见狮子。

这段话也是整篇小说的结尾，“老人正梦见狮子”，说明老人还是出场时那个信心满满的他。这也告诉读者：虽然经历了一番搏斗，一无所获，但他依然会继续跟命运对抗下去。

与此同时，作者也写出了一种悲剧性的东西：老人的精神和壮举，除了老人和小男孩能够体认以外，别人是感受不到的。这一点主要通过描写“鱼骨”这一象征物来反映。

第一次描写鱼骨是在老人上岸的瞬间：

> 这会儿他才知道自己有多么累。他停下来站了一会儿，回头望望，借着街灯反射的光亮，他看见那条鱼的大尾巴直竖着，好长一段拖在船尾后面。他看到鱼的脊骨裸露出来，呈一条白线，脑袋漆黑一团，伸出长长的嘴，头尾之间却光秃秃的，什么也没有。

此时只是客观描写，没有隐喻意味。

第二次描写鱼骨是在游客和侍者的对话中，鱼骨被赋予了不同寻常的含义：

> 那天下午，露台饭店来了一群游客，有位女士望着下面的海水，发现在空啤酒罐子和死梭子鱼中间有条又大又长的白色鱼脊骨，末端耸立着一个巨大的尾巴……
>
> “那是什么？”她指着大鱼长长的脊骨问一名侍者。现在这鱼骨只是一堆废物，等着潮水把它冲走。
>
> “鲨鱼（Tiburon），”侍者说，“鲨鱼（Eshark）。”他本想说说事情的来龙去脉。
>
> “我不知道鲨鱼有这么漂亮、形状这么优美的尾巴。”
>
> “我也是。”她的男伴说。

此处的空啤酒罐子和死梭子鱼，代表了大马林鱼的鱼骨在普通人眼里的价值属性——“垃圾”。侍者本想给游客讲老人的故事，但是游客用一种娱乐的心态来对待这个问题，丝毫不想知道事情的来龙去脉。鱼骨代表老人出海的结果——“无功而返”，游客漫不经心的对话以及侍者的解释恰恰说明：海上搏斗的荣光属于个人的内心世界，外人根本无从知晓，也不愿知晓。海明威借此说明了两个问题：世俗的肤浅和英雄的寂寞。这就给老人营造出双重悲剧：一个是现实的失败，另一个是精神的寂寞。寂寞和孤独不同，孤独是没人陪伴，寂寞是没有人理解。崇高人物往往是寂寞的，因为不寂寞就无法悲悯众生、超越众生；而一旦寂寞，又将面临如何被众生体认的问题。

归纳起来，在《老人与海》中，“狮子”是作者借以表达内心理想人格的工具，“鱼骨”是作者借以表达外部世界态度的工具，两者的结合也是对硬汉精神的侧面诠释，即面对已知的、注定的失败结果，永不言败。

《老人与海》是一个关于价值实现的故事，是一个关于人生意义的故事，也是一个关于人类信仰的故事。它带给我们的不是关于如何成功的“技术”，更不是博人眼泪的“鸡汤”，而是一个人应该如何看待和运用自己的生命，使自己真正像人一样活过的严肃命题。在人生的航程中，每个人都有可能遇到圣地亚哥那样连续 84 天劳而无功的至暗时刻，每个人也都有可能碰到一条巨大的大马林鱼，每个人也都有可能遇到得而复失、无功而返的时候。经历一次又一次的失败后，你怎么面对自己？当周围的人们讥笑你千辛万苦只带回一副鱼骨，或者对你搏斗的艰辛不闻不问时，你还会像圣地亚哥一样，依旧梦到海岸上的雄狮吗？

《茶馆》："新中国成立以来最好的话剧"

话剧不同于歌剧、舞剧和传统戏曲，主要是用人物对话来推动"剧情"。中国现代文学史上有众多优秀话剧，如郭沫若的《屈原》《蔡文姬》，曹禺的《雷雨》《日出》等。新中国成立后，人们又创作了许多展示革命者和建设者的精神面貌的新话剧。受这股热潮的影响，老舍先生先于1950年创作了话剧《龙须沟》，后又响应"双百方针"，于1956年创作了《茶馆》①。《茶馆》于1958年在人艺首演，作为经典剧目，至今演出不断，作家王蒙称其为"新中国成立以来最好的话剧"。

读剧本不同于读小说。剧本要通过剧中的人物言行展现事件背景，表现人物个性与人物关系，场景建构及其衔接、人物语言与形象塑造是阅读的重点。《茶馆》虽然只有3万多字，但以茶馆为空间，将70多个小人物在50年中的遭遇、境况生动刻画出来，呈现出一幅纵跨三个时代的恢宏画卷。解读《茶馆》，要从时空构思、人物塑造和语言艺术等方面思考：老舍为何选择"茶馆"这一场所，又是如何把庞杂的历史事件浓缩到三幕剧中的？老舍如何在这么短的篇幅中塑造众多人物？其剧本语言为什么深受读者的喜爱？

① 本篇所引原文来源：老舍．茶馆[M].北京：作家出版社，2017.

一、别出心裁的时空格局

读话剧要看舞台说明。舞台说明位于剧幕之前，用于介绍空间和背景，便于导演布置场地、营造氛围，也能让读者迅速进入情节。《茶馆》第一幕的舞台说明较长，介绍了茶馆的特点：

〔幕启：这种大茶馆现在已经不见了。在几十年前，每城都起码有一处。这里卖茶，也卖简单的点心与饭菜……总之，这是当日非常重要的地方，有事无事都可以来坐半天。

〔在这里，可以听到最荒唐的新闻……奇怪的意见也在这里可以听到……这里也可以看到某人新得到的奇珍……这真是个重要的地方，简直可以算作文化交流的所在。

〔我们现在就要看见这样的一座茶馆。

……

结合舞台说明和第一幕剧情，可以发现作者选择茶馆为主要场所的原因有三点。

首先，三教九流都在这儿。茶馆不仅人多，而且是类型化的，呈现出半殖民地半封建时期特殊的社会结构。这里有朝廷代表，如属于保守派的庞太监，作为朝廷鹰犬的特务暗探宋恩子、吴祥子等；有帝国主义势力的代表，如依仗洋人横行霸道的马五爷；有新兴民族资本家的代表，如一心开办工厂的秦仲义；还有各种有目的或无目的的市民与流民，如落魄的八旗子弟松二爷、常四爷，作为兵痞、流氓的二德子和黄胖子，烟鬼唐铁嘴，人口贩子刘麻子，以及讨生活的底层贫民。一间茶馆里有哪些人，是当时社会人员构成的直观反映。

其次，大事小情也在这儿。茶馆不单是休闲的所在，也是“办事”的所在。第一幕看着很“散”，其实里面有几个主要事件。第一，有帮闲人为一只鸽子约架，黄胖子过来调和。第二，刘麻子要卖妇女给庞太监做媳妇，这妇女就是康顺子。第三，茶馆的房子是王利发租来的，房主秦仲义跑到茶馆来，要看看王利发会不会经营，还要提高租金。第四，当时戊戌变法刚过，宋恩子、吴祥子跑到这里察看风声、打探消息。第五，乡下人活不下去，跑过来卖儿卖女。此外，还有纯粹为喝茶聊天的常四爷、松二爷等。从这些人的办事和谈话中，我们可以窥见当时的社会面貌：洋人的东西特别多，帝国主义经济侵略在不断扩大；宫廷生活荒淫腐败；流氓恶霸横行霸道；农民生活痛苦不堪；民众中虽然不乏常四爷、秦仲义这样的爱国者或行动者，但总的来说都苟活在腐坏的社会中。

最后，矛盾冲突还在这儿。由于身份、立场、观念的不同，茶馆中的人物虽然各忙各事，但见面就免不了交往，交往就有冲突。例如在第一幕中，老舍便围绕心直口快的常四爷写了多种冲突。常四爷原本只是喝茶，他见二德子与人打架，便说他为小事抖威风，没本事打洋人，引起二德子的不满。因为这番涉洋言论，常四爷还得罪了“吃洋教”的马五爷。一波未平一波又起，常四爷见旁人手中的“洋玩意儿”，又看见乡下人的苦难，不禁感叹“大清国要完”。这句话很重要，一来就此引发了秦仲义的救国主张；二来被宋恩子、吴祥子听到，导致常四爷被抓。以上只以常四爷为例，就有这么多冲突，它们都是偶发的、生成的，像连锁反应一样呈现在观众面前。这些冲突之所以令观众觉得合理，与茶馆这个本可放言无忌的空间分不开。同时，偶发性的冲突反映了各种势力间错综复杂的矛盾：常四爷与二德子的冲突反映了爱国者与非爱国者的矛盾，与马五爷的冲突反映了爱国者与媚洋者的矛盾，与秦仲义的冲突反映了不同路线的爱国者之间的矛盾，与宋恩子、吴祥子的冲突则反映了正直百姓与腐败官府的矛盾。

“聚人”“聚事”“聚冲突”，是茶馆作为物理空间的三大特点。这些特点使茶馆如同一个微型社会，50 多年的历史画卷因此有了被浓缩与被展现的可能。

接下来看看老舍对历史横断面的选择。三幕剧所选的时间节点都很关键：第一幕是 1898 年戊戌变法刚刚失败后的一天；第二幕是袁世凯死后，军阀混战时期的某一天；第三幕是抗日战争胜利后，国民党特务和美国兵在北京横行霸道时期的某一天。三个时间节点的关键性体现在如下三点。第一幕说明“大清国要完”。清朝末年，资产阶级改良派先后探索了兴实业、变政体等改良道路，到了 1898 年，一系列举措纷纷失败，封建统治已然无药可救。第二幕说明旧民主主义革命行不通。孙黄推翻清政府后，袁世凯窃取了革命胜利的果实。袁世凯死后，军阀连年混战，人民依然处于水深火热中。第三幕说明国民党反动派必将垮台。抗战胜利后，蒋介石政府投靠美国，一心打内战，对外屈膝投降，对内滥发货币、压榨百姓。可以说，这个时期是黎明前最黑暗的时候。就这样，老舍通过三个关键节点，表现了旧中国 50 年风云变幻，在“葬送三个时代”的同时，也深刻展现了中国共产党领导的新民主主义革命终将胜利的历史必然性。

以茶馆为人物活动的大舞台，以三个历史横断面为时代背景，这种纵横交错的时空关系，产生了以简驭繁的艺术效果。首先，一个剪影反映出茶馆的一个阶段，三个剪影呈现出茶馆从体面经营到艰难维系，再到被霸占、倒闭的发展过程，这就构成了裕泰大茶馆的简史。其次，一个剪影反映出一个时期的国情，小中见大地呈现了在帝国主义势力的干预下，晚清政府、军阀势力和国民党反动派统治的腐朽和黑暗，这又构成了一部历时 50 年的“中国简史”。再次，三个剪影串联起人物的一生，写出了王利发、常四爷、秦仲义、康顺子等贯穿全剧的主要人物在乱世中艰难求生却无一圆满的悲剧。最后，三个剪影对比出中国的异同。在不同的政治统治之下，每个时代都存在形式上的差异，称呼不同、着装不同、口号不同、运动不同，茶馆维系生存的方式也不同（不断改良）；但是，这三个时代本质上并无区别，正如“莫谈国事”的标语所揭示的，50 年始终未变的，是政治高压、文化腐朽、风气败坏的社会，是恶霸横行、民不

解读《茶馆》，要从时空构思、人物塑造和语言艺术等方面思考：老舍为何选择“茶馆”这一场所，又是如何把庞杂的历史事件浓缩到三幕剧中的？老舍如何在这么短的篇幅中塑造众多人物？其剧本语言为什么深受读者的喜爱？

聊生的惨象，这也印证了只有共产党才能救中国。

二、“浮雕式”的人物群像

有的话剧以人物为中心，浓墨重彩地刻画一些关键人物；有的话剧重在主题，人物作为社会不同侧面的代表，意义不在本身，而在于反映社会。《茶馆》即属于后者。此种话剧的创作难题是，虽然把人物作为主题的“寄植者”，但也须使他们“活”起来，以免扁平化、符号化，失去话剧的魅力。对此，老舍采取了“浮雕式”的写法。

“浮雕”是雕塑的一种，与“圆雕”对应。“圆雕”是供人多角度欣赏的三维立体雕塑，而“浮雕”是在平面上雕出凹凸起伏的形象，介于圆雕和绘画之间。根据雕刻深浅的不同，浮雕又分为“高浮雕”和“浅浮雕”。“高浮雕”近于圆雕，其空间结构比较立体；“浅浮雕”平面感更强，近于绘画。老舍使用“浮雕式”方法刻画人物，也有高浮雕、浅浮雕之分。“高浮雕”人物个性鲜明，用笔较多，如王利发、常四爷等；“浅浮雕”人物性格较为单一，往往只突出其一两个侧面，如庞太监、唐铁嘴、小丁宝等。

茶馆主人王利发是典型的“高浮雕”人物。老舍清晰地呈现了他的人生历程。从年轻时担起茶馆经营重任，意气风发；到中年时积极改良，苦心经营；再到老年时拼命支撑，最终悬梁自尽，王利发一生的波澜起伏都呈现在读者眼前。更重要的是，老舍通过王利发与他人的交往，精细描摹出了王利发能说会道、八面玲珑的个性。

面对茶馆的经营危机，王利发采取一系列改良措施：卖茶不行就开设公寓，开设公寓无人问津便添评书，评书不行又聘女招待。面对做生意时遇到的各色人物，王利发“看人下菜碟”：对老东家秦仲义是奉承；对宋恩子、吴祥子等人则是隐忍；对看不惯的人，不得罪也不讨好。当唐铁嘴试图占便宜时，王利发就利用唐铁嘴只说不做的特点以其人之道还治其人之身，先给唐铁嘴一个“承诺”，摆出双方多年的交情，为留房间给他、看得起他“做保证”，然后讲道理、算旧账，让唐铁嘴不得不识趣地离开。

王利发：……什么时候有了空房，我准给你留着！

唐铁嘴：你呀，看不起我，怕我给不了房租！

王利发：没有的事！都是久在街面上混的人，谁能看不起谁呢？这是知心话吧？

唐铁嘴：你的嘴呀比我的还花哨！

王利发：我可不光要嘴皮子，我的心放得正！这十多年了，你白喝过我多少碗茶？你自己算算！你现在混得不错，你想着还我茶钱没有？

唐铁嘴：赶明儿我一总还给你，那一总才几个钱呢！（搭讪着往外走）

王利发圆滑世故的背后，是正直善良的本性。在第一幕中，唐铁嘴欲借“看手相”托词白讨茶喝，王利发拒绝看手相，直接送给他一碗茶，并反过来用唐铁嘴的“相法”劝他戒掉大烟。王利发还劝说秦仲义为自己考虑，劝说国会议员尽职尽责为国家效力。

作为生意人，王利发是自私自利的，但自私背后不乏善良和担当。在第二幕中，康顺子希望王利发帮忙找活计，王利发没有招人的计划，完全可以找理由拒绝，但他仍然答应帮忙，话语中透露出对康顺子遭遇的同情。在妻子收留康顺子后，王利发虽然发牢骚，但也只是对自身经济情况感到担忧，实则默认了妻子的决定。

王利发：（对康顺子）大嫂，你坐下，有话慢慢说！……

……

康顺子：……掌柜的，当初我在这儿叫人买了去，咱们总算有缘，你能不能帮帮忙，给我找点事做？我饿死不要紧，可不能饿死这个无依无靠的好孩子！

……

王利发:……好吧，我慢慢给你打听着！你看，十多年前那回事，我到今天还没忘，想起来心里就不痛快！

康顺子：可是，现在我们母子上哪儿去呢？

王利发：回乡下找你的老父亲去！

康顺子:……就是活着，我也不能去找他！……

王利发：马上就找事，可不大容易！……

王利发：好家伙，一添就是两张嘴！太监取消了，可把太监的家眷交到这里来了！

顾客中也有“高浮雕”人物，典型的是常四爷。常四爷的一生都被老舍刻画出来了。他刚出场时年轻气盛，结果因言被捕，后来参加了义和团，义和团失败后又靠卖菜艰苦谋生。在第三幕的最后，常四爷独自葬送友人，和王利发、秦仲义共谱了一曲命运的悲歌。刚毅不屈、快人快语，这是常四爷主要的性格特点。他口无遮拦，说话总是得罪人。他忧国忧民，对洋人的侵略恨之入骨，为国家的前途命运忧心忡忡。他仗义豪爽，见到乡下人为一口吃食便不得不卖儿卖女，就心软送他们面吃；即便自己生活也不宽裕，还是尽己所能地照顾王利发茶馆的生意。此外，常四爷的旗人身份也蕴含特殊用意。为贯彻“统战”方针，老舍写作《茶馆》时强调了常四爷的旗人身份，意在说明旗人之中也有忠肝义胆的爱国者，满族文化中也有慷慨豪爽、勤劳正直的积极精神。

除王利发、常四爷等中心人物之外，众多次要人物都是“浅浮雕”式的。其基本写法可以概括为：点面结合，有正有侧，交融互动，详略配合。所谓“点”，指的是具体事件；所谓“面”，指的是全面的人生经历。所谓“正”，指的是人物直接的言行；所谓“侧”，则是他人对该人物的观感或反应。

以庞太监为例。第一幕中，庞太监和秦仲义发生冲突，庞太监的冷嘲热讽表现出他嚣张跋扈的性格；康顺子晕倒时，庞太监一句“我要活的”，体现出他的猥琐无耻。这些都是“点状”的正面描写。宋恩子等周围人物对庞太监低声下气的态度，庞太监出场时屏息寂静的环境气氛，体现了他的威势。刘麻子说服庞太监出高价买下康顺子时，极力描绘她美貌、顺从的特点，如“长得俊”“又好看又有规矩”等，这又表现出庞太监的荒淫。这些都是“点状”的侧面描写。不仅如此，老舍还通过康顺子的回忆，写了庞太监平时对她的虐待，以及庞太监本人的最终结局。这些都属于“面”上的侧写。这些点面、正侧结合的描写，是交织在人物对白中的，篇幅上有详有略，读者把这些信息综合起来，就可以体会到人物性格的丰富性，也可以窥见“浅浮雕”人物一生的境况。

三、炉火纯青的台词艺术

老舍被称为“人民艺术家”，他的台词源于生活，极富个性和表现力。在《茶馆》中，可从三个方面来观察老舍的台词艺术，即“行话”“对话”和“趣话”。

“行话”是职业话语，干一行的事，就要说一行的话。《茶馆》中的人物身份驳杂、行业众多，有掌柜的、算命的、当官的，有资本家、特务、大兵、人贩子、地痞流氓，还有贫民、妓女等，老舍却能写出与每个人物匹配的“行话”来。

以刘麻子为例。当时的人口交易分两种：一种是拐卖人口挣黑钱，这种人贩子罪大恶极；还有一种是买卖人口赚差价，这种人贩子需要压价买人、抬价卖人。刘麻子属于后一种，他的话语典型地体现了其行业特征。

在向康六买康顺子的时候，刘麻子软硬兼施，先逼迫康六直面不能养活女儿又不愿她进窑子的现实，而后让康六看到这笔买卖既不让他吃亏又能让他女儿活下去的“转机”，说得卖女儿仿佛变成了天大的好事。这些话语充分展现出刘麻子冷酷无情、善于压价的特点。紧接着，刘麻子又故意夸大买家的情况，不断强调其“幸运”，上演了一出欲擒故纵的戏码：

> 刘麻子：说说吧，十两银子行不行？你说干脆的！我忙，没工夫专伺候你！……卖到窑子去，也许多拿一两八钱的，可是你又不肯！……我受你之托，叫你不吃亏，又叫你女儿有个吃饱饭的地方，这还不好吗？
>
> ……你必定从心眼里乐意！一位在宫里当差的！……那不是你女儿的命好吗？……卖女儿，无论怎么卖，也对不起女儿！……姑娘一过门，吃的是珍馐美味，穿的是绫罗绸缎，这不是造化吗？……告诉你，过了这个村可没有这个店，耽误了事可别怨我！快去快来！

面对买家庞太监时，刘麻子立即变出奴颜婢膝之态，极力巴结奉承，抬高价钱：

> 刘麻子（侍立）：乡下人，可长得俊呀！带进城来，好好地一打扮、调教，准保是又好看又有规矩！我给您办事，比给我亲爸爸做事都更尽心，一丝一毫不能马虎！

刘麻子所做的人口贩卖生意，最主要的赚头在差价，差价的行情自然成为他的机密。当松二爷问刘麻子能赚多少钱时，刘麻子只答“赚个元宝”，看似回答了松二爷的问题，但实际上巧妙地隐蔽了具体行情——当时“元宝”的大小不同，大的元宝有五十两，小的元宝只有一两。刘麻子似答非答，没有透露丝毫行情，这也符合“行话”的特点。

做官也是三百六十行之一。《茶馆》中沈处长的话，也是“行话”。

> 沈处长（检阅似的，看丁宝、小心眼，看完一个说一声）：好（蒿）！
>
> ……
>
> 小刘麻子：有我在这儿……一定能够捉拿共产党！
>
> 沈处长：好（蒿）！
>
> ……
>
> 小刘麻子：……这就算是处长个人的小俱乐部，由我管理……

沈处长：好（蒿）！

丁宝：处长，我可以请示一下吗？

沈处长：好（蒿）！

丁宝：这儿的老掌柜怪可怜的。好不好给他做一身制服，叫他看看门……

沈处长：好（蒿）！传！

沈处长一连说五个“好（蒿）”，表现出他的高傲造作，又通过方言“蒿”带出一种幽默、讽刺之感。老舍曾专门说明过有关沈处长只说“好”的问题：“我看见过很多国民党军政要人，一脸的官司，他们不屑与人家握手，而只用冰凉的手指摸人家的手一下。他们装腔作势，自命不凡，和同等的人说起下流话来，口若悬河，可是对下级说话就只由口中挤出来那么半个字来，强调个人的高贵身份。①”沈处长的“好（蒿）”，正写出了国民党官员的官腔和丑态。

再看“对话”。话剧中的对话与日常生活中的对话最大的不同，在于前者有丰富的潜台词，即没有明确写出的、暗藏在人物话语之中、需要听众反复揣摩的语意信息。以第一幕中秦仲义和庞太监的对话为例，二人表面上在“和气”地交谈，实际上却在激烈地交锋。

秦仲义：庞老爷！这两天您心里安顿了吧？（潜台词：维新党败了，这下你开心了吧！）

庞太监：那还用说吗？天下太平了：圣旨下来，谭嗣同问斩！告诉您，谁敢改祖宗的章程，谁就掉脑袋！（潜台词：当然开心！不光谭嗣同等辈，你们这帮折腾改良的都小心着点！）

秦仲义：我早就知道！（潜台词：我就知道你们这群老顽固不安好心！）

① 老舍．答复有关《茶馆》的几个问题[M]// 老舍，舒乙．老舍作品集：我怎样写小说．南京：译林出版社，2012:123.

〔茶客们忽然全静寂起来，几乎是闭住呼吸地听着。（表现两人剑拔弩张的氛围）

庞太监：您聪明，二爷，要不然您怎么发财呢！（潜台词：就你，还敢跟我叫嚷！我要收拾的就是你这种发财的人，你说话给我小心点！）

秦仲义：我那点财产，不值一提！（潜台词：好汉不吃眼前亏。我退一步，不跟你较劲。）

庞太监：太客气了吧？您看，全北京城谁不知道秦二爷！您比做官的还厉害呢！听说呀，好些财主都讲维新！（潜台词：别想蒙混过去！你要再不老实，有机会我就给你扣个帽子，收拾你！）

秦仲义：不能这么说，我那点威风在您的面前可就施展不出来了！哈哈哈！（潜台词：我认㞞，你差不多就行了！）

庞太监：说得好，咱们就八仙过海、各显其能吧！哈哈哈！（潜台词：行啊，那咱们就走着瞧吧！）

……

庞太监（自言自语）：哼，凭这么个小财主也敢跟我斗嘴皮子，年头真是改了！……（暗示两人刚才话中有话）

再看“趣话”，这是严肃题材与市井幽默相结合的产物。例如第二幕中有个名段。王淑芬对李三说，茶馆都改良了，他的辫子也该剪剪了。李三却对茶馆的改良心存不满，嘲讽道：“改良！改良！越改越凉，冰凉！”这句话利用“良”与“凉”的谐音，表现李三的不满和牢骚，达到了轻松、幽默的效果。

再如第二幕中唐铁嘴关于抽烟的议论，这段台词生动表现了唐铁嘴的“阿Q相”：

王利发：唐先生，你那点嗜好，在我这儿恐怕……

唐铁嘴：我已经不吃大烟了！

王利发：真的？你可真要发财了！

唐铁嘴：我改抽“白面儿”啦。（指墙上的香烟广告）你看，哈德门烟是又长又松，（掏出烟来表演）一顿就空出一大块，正好放“白面儿”。大英帝国的烟，日本的“白面儿”，两个强国侍候着我一个人，这点福气还小吗？

首先，从“不吃大烟”到“改抽白面儿”，语意转折极富戏剧效果。在王利发（也包括听众）看来，“不吃大烟”是向好的方向发展，一句“改抽白面儿”，却大大出乎人们的意料。其次，唐铁嘴只是享用商品而已，却联想到商品的生产国，说两大强国在“侍候”自己，这种浮想联翩、沾沾自喜的神态令人捧腹。另外，唐铁嘴顺着王利发的“那点嗜好”，把自己的新毒瘾说成“这点福气”，又写出了瘾君子以丑为美、不可救药的模样来。

再如宋恩子向王利发索贿。他们本是熟人，熟人索贿本来有点尴尬，只好利用汉语“意思”二字模糊、多义的特点，隐晦地传达信息。这一段读起来很有意思！

宋恩子：我出个不很高明的主意：干脆来个包月，每月一号，按阳历算，你把那点……

吴祥子：那点意思！

宋恩子：对，那点意思送到，你省事，我们也省事！

王利发：那点意思得多少呢？

吴祥子：多年的交情，你看着办！你聪明，还能把那点意思（指包月钱）闹成不好意思吗？

又如写兵痞斗气，老舍利用话语的拉扯与重复，突出戏剧性：

吴祥子：逃兵，是吧？有些块现大洋，想在北京藏起来，是吧？有钱就藏起来，没钱就当土匪，是吧？

老陈：你管得着吗？我一个人揍你这样的八个。（要打）

宋恩子：你？可惜你把枪卖了，是吧？没有枪的干不过有枪的，是吧？（拍了拍身上的枪）我一个人揍你这样的八个！

这样的例子不胜枚举。总的来看，不论是行话、对话还是趣话，都有以下特点：第一，性格化，即都是“人物自己应该说的语言”，这就使人物之间的性格、身份区别开来，一张嘴就知道谁是谁；第二，包蕴性强，作者将人物与时代背景、说话环境融合在一起，看似简洁，内里却包含着关于社会、时代的大量信息；第三，亲切、幽默且耐人寻味，这也是老舍话剧的重要特点。学习这些语言艺术，不仅对欣赏话剧有用，对日常写作也有很大帮助。

《变形记》：在荒诞中窥见真实

奥地利作家弗兰兹·卡夫卡（Franz Kafka，1883—1924）被誉为现代派的先驱，他的作品在百余年里深刻影响了世界各国的文学创作。卡夫卡生于犹太商人家庭，是家中长子，有三个妹妹。“卡夫卡”在捷克语中的意思是“寒鸦，穴鸟”，这一动物像极了卡夫卡的人生——寂寞、孤独，对现实充满恐惧，但又在文学世界里有一片属于自己的天空。他的父亲是一个成功的商人，在家庭中却是一个毫无温情的暴君，常以专横手段干涉他和妹妹们，这给卡夫卡留下了沉痛的童年创伤。他在大学里最初学习文学，并且尝试写作，之后在父亲的命令下改学法律。他毕业后任职于一家工伤事故保险公司，空余时间继续创作。父亲始终强硬干预他的生活，嘲讽他的写作，反对他的恋爱，导致卡夫卡三次订婚又解除婚约，最终一生未婚。他尽管憎恨父亲带来的恐惧和挫败感，但又渴望得到父亲的认同。他曾写过长达三万字的《致父亲的信》，但始终不敢把信交出去。家庭环境造就了他孤独、不安、忧郁的性格，枯燥乏味的工作使他倍感痛苦，文学创作便成为他唯一的热爱。卡夫卡患有严重的结核病，41 岁就病逝于疗养院。临死前，他要求好友布罗德烧毁他的所有手稿，因为他只对《饥饿艺术家》《变形记》《乡村医生》《在流放地》等极少数作品感到满意。所幸布罗德最终选择公开发表。

卡夫卡生活在奥匈帝国即将崩溃的时期，工业文明和商业文明快速发展，工作、家庭、理想、责任之间的矛盾冲突成为他的创作主题。《变形记》[①]创作于1912年，发表于1915年，主人公格里高尔的经历与卡夫卡高度相似，这部作品也被认为是“卡夫卡的精神自传”。英国诗人奥登曾说：“就作家与其所处的时代关系而论，当代能与但丁、莎士比亚和歌德相提并论的第一人是卡夫卡。卡夫卡对我们至关重要，因为他的困境就是现代人的困境。”中学生读《变形记》，常惊叹于荒诞的故事情节，却读不懂故事背后作者对社会和人性的深层思考。为此，我们可以尝试用正常人容易理解的逻辑还原故事内容，依次解读以下四个问题：第一，格里高尔在变成甲虫之前，是一个什么样的人？过着一种怎样的生活？第二，在变成甲虫之后，格里高尔被人怎样对待？最后结局如何？第三，作者为什么安排格里高尔变成甲虫，这种构思有何独到之处？第四，通过《变形记》，卡夫卡想要对社会和人性做哪些审思？

一、格里高尔变形前的生活

小说一开篇，作者就描写主人公格里高尔发现自己变成了甲虫：

> 一天早晨，格里高尔·萨姆沙从不安的睡梦中醒来，发现自己躺在床上变成了一只巨大的甲虫。他仰卧着，那坚硬得像铁甲一般的背贴着床，他稍稍抬了抬头，便看见自己那穹顶似的棕色肚子分成了好多块弧形的硬片，被子几乎盖不住肚子尖，都快滑下来了。比起偌大的身躯来，他那许多只腿真是细得可怜，都在他眼前无可奈何地舞动着。

既然格里高尔一开场就变成甲虫，我们从哪里才能知道他变形前的生活呢？答案就在他变形后对过往的回忆和对现实的观察中。他虽然肉体发生了变化，但还保留着人的思维。变形之初，格里高尔不能接受自己变成甲虫，他仔

① 本篇所引原文来源：卡夫卡．变形记[M]．李文俊，译．武汉：长江文艺出版社，2020.

细观察周围的房间，想着是不是在做梦。作者用他的视角，描写了他变形前居住的房间。通过房间里的衣料样品、剪下来的画报、金色镜框等物品，我们可以得知格里高尔的职业是旅行推销员，并且经济状况不好。他之后的回忆，更加印证了这一点：

> “啊，天哪，”他想，“我怎么单单挑上这么一个累人的差使呢！长年累月到处奔波，比坐办公室辛苦多了。再加上还有经常出门的烦恼，担心各次火车的倒换，不定时而且低劣的饮食，而萍水相逢的人也总是些泛泛之交，不可能有深厚的交情，永远不会变成知己朋友。让这一切都见鬼去吧！”

通过这种方法，我们可以梳理出格里高尔在变形前的生活状态，也可以发现变形前家里人对他的态度。在不知道格里高尔变成甲虫前，家人催促他上班：母亲是“轻轻的一下叩门声”，用十分温和的声音提醒他赶火车的时间，母子关系看起来十分亲和。父亲用拳头叩门，声音低沉，说明父亲虽然有权威，但在压制自己，他还指望着儿子出去工作。妹妹葛蕾特则是用“轻轻的悲哀的声音”问格里高尔是否不舒服，低声地恳求他开门，可以看出妹妹对哥哥的依赖性很强，因为哥哥没有按时起床这一件小事就会惊慌、哭泣。

这些例子说明，作者为节约笔墨，快速抓住读者注意，没有直接描写格里高尔变形前的生活，而是通过他的心理活动使变形前的真实生活零星展示在读者面前，并通过家人的行为表现让读者明白他平时的家庭关系。这样一来，他过去的工作状态、身体状态、性格习惯和家庭关系就像一张不断拉开的大幕，随着时间推移最终暴露在读者面前。

通过用如上方法归纳文本信息，我们可以发现格里高尔变形前的四个特点：

一是身体极度疲劳。格里高尔作为一名旅行推销员，长年累月地上门推销商品，从中赚取微薄提成。他要长时间出差，小心翼翼地照顾顾客的情绪。他吃最粗劣的食物，每天早晨四点起床赶往车站，长期睡眠不足，五年来从没请过一次病假。

二是精神极度压抑。他每天都会受到上司的怀疑、压榨和监督，还要千方百计地讨好他们，生怕犯一丁点错误以至于失去工作，毫无自尊心、安全感、幸福感。长此以往，他形成了严重的内控型人格，经常将问题归因于自己。他在变成甲虫后还一心想要上班，害怕迟到后会有坏的影响，不由自主地想着是否能够顺利完成当天的工作，丝毫没有考虑到自己的身体健康。当秘书主任因为他早晨迟到了几个小时就上门来找他时，他苦苦哀求希望秘书帮他保住这份工作，可谓卑微到尘埃里：

> “人总有暂时不能胜任工作的时候，不过这时正需要想起他过去的成绩，而且还要想到以后他又恢复了工作能力的时候，他一定会干得更勤恳更用心……何况，我还要供养我的父母和妹妹。我现在景况十分困难，不过我会重新挣脱出来的。请您千万不要火上加油。在公司里请一定帮我说几句好话……先生，先生，您不能不说我一句好话就走啊！请表明您觉得我至少还有几分是对的呀！”

三是家庭负担极度沉重。格里高尔之所以五年来从不休息，就是因为要供养整个家庭。他的父亲在五年前破产，之后就和母亲待在家里；他们不工作，光是吃一顿早饭就要花好几个钟头。妹妹年纪小，还要上学。格里高尔需要承担整个家庭的开支，包括偿还父亲之前欠下的债务，供应一家人日常的吃穿住行，请用人帮母亲干活，供妹妹去读书，还要有能够维持自身生存的微薄物资。这些加起来，共同构成了格里高尔的沉重负担。尽管生活已经很艰难，他还要想尽办法去讨家人的欢心，试图通过主动承担经济责任来换取温暖。在回忆过往时，格里高尔对家庭的感受是这样的：

> 他的成功马上就转化为亮晃晃圆滚滚的银币，好让他当着惊诧而又快乐的一家人的面放在桌上。那真是美好的时刻啊，这种时刻以后就没有再

出现过，至少是再也没有那种光荣感了，虽然后来格里高尔挣的钱已经够维持一家的生活，事实上家庭也的确是他在负担。大家都习惯了，不论是家里人还是格里高尔，收钱的人固然很感激，给的人也很乐意，可是再也没有那种特殊的温暖感觉了。

当家人对格里高尔的付出习以为常后，他所做的一切就被认为是应当应分的。这时格里高尔就要额外给自己加码了：他想悄悄地攒一笔钱送妹妹去音乐学院读书，通过压榨自己博得妹妹的欢心。

四是生活极其单调。格里高尔没有任何的爱好，也没有朋友。他每天晚上翻来覆去地看火车时刻表，唯一的消遣就是做木工活儿，偶尔会给自己做个小镜框，挂在房间里。

一言以蔽之，格里高尔在变形前一直过着非人的生活，从肉体到精神、从经济负担到日常作息，他像是机器上的一个零件，不断地被消耗、磨损，长期处在崩溃的边缘。

该怎么评价他变形前的这种生活呢？作者是在为我们刻画一个“热爱家庭”“负有责任”“恪尽职守”“忍辱负重”“舍己为人”“甘于奉献”的人物形象吗？是想引发读者对他的同情，批判压迫他的资本主义社会吗？这样看待《变形记》就彻底走错了方向。因此，我们不要急着评价格里高尔，可以先把目光投向他变形后的遭遇。

二、格里高尔变形后的遭遇

格里高尔为家庭做出这么多的贡献，在变形后，他的公司、他的父母、妹妹应该怎样对待他呢？在小说中他实际上遭遇了什么？作者又是如何循序渐进地写出这些遭遇的呢？

我们不妨先从正常人的视角做一个善良的假设，看看在变成甲虫之后，格里高尔值得怎样被对待。首先，公司应该给勤勤恳恳工作五年的员工发些抚恤金，派人慰问。其次，父亲应该感谢儿子帮忙还清了大部分债务，让自己安享晚年；在发现儿子变成甲虫后为他伤心，好好照顾他，努力工作给他治病，等他康复；如果他不能康复，就好好养活这只甲虫。再次，母亲出于母爱会关心、陪伴他，等他病好之后再续母子之情。最后，妹妹会看在哥哥之前为自己付出许多的情况下，尽己所能地关心他，照顾他的饮食和生活。

然而，格里高尔的真实遭遇与上述假设相去甚远。秘书主任看到他变成甲虫后惊慌逃跑，公司也意识到格里高尔无法再创造收益，从此再没出现过。家里人对待他的态度也发生了翻天覆地的变化。父亲看到格里高尔变成甲虫后很惊讶，秘书主任逃走后，他马上翻脸无情，像对待野猫野狗一样，用手杖和报纸愤怒地把他赶回房间：

> 格里高尔的父亲无情地把他往后赶，一面嘘嘘叫着，简直像个野人。可是格里高尔还不熟悉怎么往后退，所以走得很慢。如果有机会掉过头，他能很快回进房间的，但是他怕转身的迟缓会使他父亲更加生气，他父亲手中的手杖随时会照准他的背上或头上给以狠狠的一击的……也许父亲发现了他的良好意图，因此并不干涉他，只是在他挪动时远远地用手杖尖拨拨他。只要父亲不再发出那种无法忍受的嘘嘘声就好了。

随后，父亲对他的态度越来越恶劣，甚至粗暴地虐待他，导致他两次受伤流血。第一次是在拼命催促格里高尔往前走时使劲推了他一把，使他跌入房间，汩汩地流着血。第二次是格里高尔想听妹妹演奏的音乐，出房间后吓到了家里的房客时，父亲用一个接一个的苹果砸他，打中了他的背，让背陷了进去——这次受伤导致了格里高尔的死。

母亲在他变形后态度很暧昧，从关心、难过逐渐变为冷漠。格里高尔刚刚变形时，母亲受惊晕倒在地上，我们看不见她的表情，无法猜测其内心。没过多久，母亲想要看格里高尔时被父亲和妹妹阻拦，她拼命嚷道：“让我进去瞧瞧格里高尔，他是我可怜的儿子！你们就不明白我非进去不可吗？”此时她十分难过，仍然关心着儿子，却始终没有鼓起勇气看一眼变成甲虫的格里高尔，而把他全权交给妹妹喂养。等她真正看到变成甲虫的儿子时，她仿佛受到巨大惊吓，双手一摊倒在沙发上，听天由命似的一动也不动了。但她身上毕竟残存着一丝母爱，在丈夫用苹果砸格里高尔的时候，她跑过来阻拦丈夫，求他别伤害儿子的性命。

妹妹对格里高尔的态度更富戏剧性，从最初每日观察、喂食，逐渐转为嫌弃厌恶、狠心抛弃。一开始，她带着一种观察动物的心态看望格里高尔，带来许多食物进行试验，希望在喂养、照顾哥哥的同时也能得到父母的赏识。时间一长，她发现哥哥再也变不回来后，就表现出对格里高尔极度的嫌弃，每次都用脚把食物拨进房间，打扫房间也很草率。最后她直接把他交给用人，再不去看他了。

家里人还联手对付格里高尔。第一次是母女联手，搬走了格里高尔房间内的一切家具。妹妹表面上说要给他更多的爬行空间，而且甲虫也不需要这些家具，所以把它们搬到该用的地方，实际上就是据为己有——连哥哥死命护住的木头镜框也坚持拿走，什么都不给他留下。母亲尽管口头说要“商量”，实际上还是帮着妹妹搬东西。二人合作清空了格里高尔仅有的一点儿私人财产。

第二次是父女联手，向格里高尔发出死亡暗示。格里高尔变成甲虫后，家庭失去了经济来源，父母便把多余的房间出租给他人以获得收入。一次，格里高尔爬出房间，不小心吓跑了房客，家庭最重要的收入来源断了。此时父女二人在格里高尔面前演了一出戏：

> “亲爱的爸爸妈妈，”妹妹说话了，一面用手在桌子上拍了拍，算是引子，“事情不能再这样拖下去了。你们也许不明白，我可明白。对这个怪物，我没法开口叫他哥哥，所以我的意思是：我们一定得把他弄走。我们照顾过他，对他也算是仁至义尽了，我想谁也不能责怪我们有半分不是

了。”

“她说得对极了。”格里高尔的父亲自言自语地说。母亲仍旧因为喘不过气来憋得难受，这时候又一手捂着嘴干咳起来，眼睛里露出疯狂的神色。

……

“我的孩子，”老人同情地说，心里显然非常明白，“不过我们该怎么办呢？”

……

“如果他能懂得我们的意思。”父亲半带疑问地说；还在哭泣的葛蕾特猛烈地挥了一下手，表示这是不可思议的。

“如果他能懂得我们的意思，”老人重复说，一面闭上眼睛，考虑女儿的反面意见，“我们倒也许可以和他谈妥。不过事实上——”

“他一定得走，”格里高尔的妹妹喊道，“这是唯一的办法，父亲。你们一定要抛开这个念头，认为这就是格里高尔。我们好久以来都这样相信，这就是我们一切不幸的根源。这怎么会是格里高尔呢？如果这是格里高尔，他早就会明白人是不能跟这样的动物一起生活的，他就会自动地走开。这样，我虽然没有了哥哥，可是我们就能生活下去，并且会尊敬地纪念着他。”……

父亲一改往日的凶狠姿态，用重复的话语暗示格里高尔一定要离开这个家：要么自己爬到大街上，要么立刻去死，你的存在加重了家庭的生活负担。妹妹还配合着给了他一点“甜头”，说格里高尔走后她会尊敬他、纪念他。格里高尔此时已经重伤难愈，听到最亲的家人这样说话，他求生的意志彻底丧失，心甘情愿地走向生命终点：

他背上的烂苹果和周围发炎的地方都蒙上了柔软的尘土，早就不太难过了。他怀着温柔和爱意想着自己的一家人。他消灭自己的决心比妹妹还强烈呢，只要这件事真能办得到。他陷在这样空虚而安谧的沉思中，一直到钟楼上打响了半夜三点。从窗外的世界透进来的第一道光线又一次地唤醒了他的知觉。接着他的头无力地颓然垂下，他的鼻孔里也呼出了最后一丝摇曳不定的气息。

在格里高尔死亡的当天，一家人没有举办追悼会，也没有任何其他的纪念，他们看着格里高尔的尸体感谢上帝。妹妹叹惜于他干瘪的躯体，表演出一副善良、温柔的模样。母亲则带着“忧伤的笑容”，又高兴又有点心疼。最终，他们决定这一天完全用来休息和闲逛。

梳理发现：公司对格里高尔的态度始终是漠不关心，变形前后没有发生变化。父亲对他的态度也极稳定，一直是排斥、愤怒，只在发出死亡暗示的时候带有一点“温情”。母亲的态度矛盾复杂，母爱在他变形后一点点消亡，最后只剩下“忧伤的笑容”。妹妹最复杂也最有心机，由于在家中处于弱势地位，她一开始观望着，等发现哥哥成为最弱者时便转为厌恶，还为获得更多的生存资料而争夺家具，最终又在父母面前掩饰真情，表现自己的善良。

如果用一句话概括《变形记》这个故事，那就是：卖命供养一家人、全身心地爱着一家人的格里高尔，在变形后几个月的时间里，在家人的嫌弃和虐待下变成了一具腐烂发臭的尸体，而他的死带给家人的，只有解脱与欢乐。

卡夫卡在表现格里高尔变形后所遭受的种种待遇时，采用了“物资递减法”：

变形之初：过去居住的独立房间（含家具）+ 基本的生存保障（食物和水）+ 必要的生活质量（打扫）+ 有限的关心

一段时间：过去居住的独立房间（含家具）+ 基本的生存保障（食物和水）+ 必要的生活质量（打扫）

一个月后：过去居住的独立房间（含家具）+ 基本的生存保障（食物和水）

更久之后：和垃圾堆在一起的房间 + 不能按时供应的食物和水

最后：除了死亡暗示，一无所有

随着时间推移，格里高尔拥有的物资和受到的情感关怀一点点减少，他最终被彻底“抛”出家庭。可以说，尽管变形的故事十分荒诞，写法却是非常现实的：格里高尔的死亡过程，就是一个人的生存资料和生活温暖一步步被剥夺的过程。

三、《变形记》的独特构思

首先，我们要了解什么是“变形”。在小说中，“变形”有两层含义：一是形体上从人变成甲虫，二是精神上从人变成“非人”。形体上的变化发生在那个突如其来的早晨，而精神上的变形早就发生了：当格里高尔日复一日、年复一年地重复极度劳累、极度压抑、极度沉重、极度单调的工作和生活时，他早已不是一个独立自主的人，而只是一个赚钱养家、赚钱还债的工具，只是一个被人任意驱使、肆意践踏的可怜虫。换句话说，精神变形发生在肉体变形之前。

与其他同样发生“变形”的现实主义小说相比，《变形记》的基本逻辑与众不同。在老舍的《骆驼祥子》中，祥子出场时是年轻、淳朴的人力车夫，此时他是正常人，希望能够通过劳动获得美好生活。但在现实压力下，他不断地被社会欺压凌辱，受到心理上的摧残，从而逐渐堕落颓废、染上恶习，最终变成了精神上的“非人”。鲁迅《祝福》中的祥林嫂，她的“变形”逻辑和祥子一样。她一开始是正常人，刚来鲁镇时两颊有血色、脸上白胖，干活麻利，对生活充满希望。但经历了被逼改嫁、死了丈夫、孩子被狼叼走等一系列变故后，她脸色青黄、眼光无神，逐渐发生精神形变，直至最后只有眼珠间或一轮，还像个活物。从写作顺序上看，这些现实主义作品都是从“人还是人”的那一刻说起，然后不断给主人公增加“压力”，使其精神和心理不断受到摧残，逐渐变成精神上的“非人”，最终走向堕落或毁灭。作家写作的终点，是现实生活中“人变成非人”的时候。

卡夫卡最大的贡献，在于他把写作的起点从“人还是人”的时候推后到“人是非人”的时候。在故事开始，格里高尔就已经是精神上的“非人”，即等同于现实主义小说中人物的最终状态了。接下来，卡夫卡用荒诞的写法对“非人”施以肉体上的形变——将格里高尔变成一只甲虫，并着重描写他变成甲虫后的生活。这样一来，卡夫卡以一己之力开辟出一个从没有过的写作空间，一个看似荒诞不经而又处处带有隐喻色彩的新空间。这种写法给读者的阅读理性带来严峻挑战：读者必须对肉体变形之后的奇异故事做出一系列“逆向思考”：变成甲虫意味着什么？如果意味着“非人”，那又是什么造就了“非人”？人应该怎样避免成为“非人”？这样一来，传统现实主义作品直截了当地“传达”给读者的那些主题意义，变成了一个个需要读者自己琢磨的“谜底”，而“谜面”则是那个博人眼球、让读者欲罢不能的奇异故事。什么是文学作品的原创性？这就是原创性。

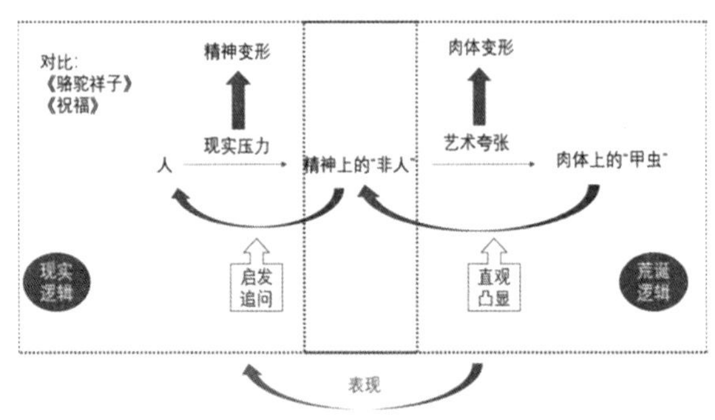

《变形记》的创作逻辑图示

那么，卡夫卡为什么让格里高尔变成一只“甲虫”，而不是其他虫子呢？我们看到，卡夫卡虽然采用荒诞手法，但始终遵循着想象与现实之间的相似性原则：作为旅行推销员的格里高尔，在外貌、习性、耐受力等方面与甲虫表现出高度相似性。

格里高尔和甲虫的相似处

旅行推销员 / 格里高尔	巨大的甲虫
到处奔走	无数条细细的腿
背着行囊	一个大且厚的壳
寻找客户	有灵敏抖动的触角，满世界爬来爬去
生活粗劣	吃着腐烂的食物
举止笨拙	笨拙而又难翻身
没有地位	招人嫌弃的外表
没有尊严、威信	毫无攻击力可言
生命顽强，从不休假	受伤后流汁水 受重伤也没有马上死

正是由于这些相似之处，读者不必经过缜密推演，阅读时仅凭“语感”就能在心理上默默接受变形这一事实。更有意思的是，相似性使人和虫的外部区别被淡化，人和虫的内在一致性被彰显，那么，格里高尔在精神上还保留着人的意识，能不断回想自己变形前的生活，能保留人的视角观察和理解家人——这些推动故事进程的核心要素也就变得“不足为怪”了。

四、荒诞背后的残酷真相

通过《变形记》这部作品，卡夫卡的思考到底是什么？我们可以从格里高尔本人和他的家庭关系这两个维度进行思考。

首先，格里高尔是现代社会每一个普通人的缩影。作为“打工人”，他对外被动承受，虽然厌倦做老板的苦力和奴才，但决不能失去工作机会，于是外表谄媚、内心苦闷，越付出努力就越陷入恶性循环；对内主动争取，肩负家庭的全部责任，用收入换取家人之间的温暖和美好，以此寻找自我存在的全部价值——是典型的献身型奉献，奉献得越多便觉得亏欠得越多。在卡夫卡生活的那个年代，广大身处底层的劳动者面对的不仅是物质剥削，还有严格的科层管理和劳动监督，人在外部世界已经无法实现自己的价值和尊严，只能转而内求于家庭。然而家庭也是社会的一部分，家庭地位绝大多数是由经济收入决定的。所以像格里高尔这样心地善良的人，就会把取悦家人当成自觉的价值追求，从而压抑对个人幸福的憧憬，以致最后失去了自己的判断，到了扭曲和变态的程度。我们称之为人的“异化”。

这种“异化”的典型表现之一是情感世界的扭曲。父亲把格里高尔交给他的钱悄悄存下一笔，他本来可以用这笔钱来偿还对经理的欠款，让儿子早点从公司解脱，却把这笔钱存下来留作紧急家用，延长了儿子卖命工作的时间。父亲在自私地奴役儿子，儿子得知真相后居然还非常高兴。典型表现之二是人不如虫的反讽，格里高尔作为人的时候丝毫没有自由和快乐，在变成甲虫后反而恢复了一点“人性”。例如他开始关心自己爱吃什么，开始渴望获得家人的照料；在被搬走家具的时候，拼命保护自己的私有财产；在掌握了昆虫的技能后，优哉游哉地到处爬；在身体生病的时候注意维护健康，受侵害时也会躲避别人的攻击；在讨厌老女佣的“好奇心”时，甚至试图“凶”她；听到妹妹的演奏，他还一度沉浸在音乐中；等等。一言以蔽之，变成甲虫后的格里高尔反而像一个有点闲暇、有点自主意识、关心自己内在需求的人了。

其次，作者深刻反思了“家庭”这一社会基本单位，家庭关系变成了社会关系的缩影。在格里高尔变形前，家人都脱离劳动、享受生活，他们不顾格里高尔的死活，背着格里高尔隐藏财产，给自己做保障，表面上却赞美和重视格里高尔，维持着温情脉脉的面纱。当格里高尔变形后，他们冷酷无情、自私虚伪的面目暴露无遗，他们把格里高尔当成怪物和负担，而且心安理得。因此，早在格里高尔变成甲虫之前，“家”就没有健康的亲情了，荒诞的变形只是使“亲情”的真相暴露出来。这种家庭关系实际上是亲情的商品化，父母把子女当作自己的私有物，用金钱来衡量父母与子女之间的感情。我们看到，在格里高尔死后，父母的眼光马上落到女儿身上：

> 虽然最近女儿经历了那么多的忧患，脸色苍白，但是她已经成长为一个身材丰满的美丽的少女了。他们变得沉默起来，而且不自然地交换了个互相会意的眼光，他们心里下定主意，快该给她找个好女婿了。仿佛要证实他们新的梦想和美好的打算似的，在旅途终结时，他们的女儿第一个跳起来，舒展了几下她那充满青春活力的身体。

所谓“新的梦想和美好的打算”，实际上就是要通过婚姻把女儿卖个好价钱，以此供养自己的生活。这种家庭关系是一种非常残酷、彻底的父母对子女的剥削，当然也存在着子女之间的相互压榨。

当亲情被异化为赤裸裸的利益关系和利用关系，还披上一层虚伪的面纱时，读者本应对此感到深恶痛绝。但卡夫卡的高明之处就在于，他同时展现了这些不健康关系背后的辛酸与无奈，让我们无法简单地用厌恶、憎恨来评价父母和妹妹的所作所为。

在格里高尔变成甲虫后，父母和妹妹也开始辛勤劳作，努力地维持生活：

> 世界上要求穷人的一切他们都已尽力做了：父亲在银行里给小职员送早点，母亲把自己的精力耗费在替陌生人缝内衣上，妹妹听顾客的命令在柜台后面急急地跑来跑去，超过这个界限就是他们力所不及的了。把父亲送上了床，母亲和妹妹就重新回进房间，她们总是放下手头的工作，靠得紧紧地坐着，脸挨着脸……涕泗交流起来，或是眼眶干枯地瞪着桌子；逢到这样的时候，格里高尔背上的创伤总要又一次地使他感到疼痛难忍。

这种人和人际关系的“异化”在现代社会里普遍存在，但人们对此束手无策，它是历史车轮滚滚向前带来的某种必然结果——高压之下，没有一项工作是容易的，没有一个人是无辜的，没有一种关系是健康的，也没有一个家庭是幸福的。卡夫卡带着几乎绝望的悲悯之心，讲述了这样一个荒诞而又真实的故事。他并不是为了传递对现代文明的绝望情绪，而是希望通过这种绝望叙事，呼唤我们保持对工业文明和商品社会的警惕，永远不要放弃对独立人格和个人幸福的追求。

后 记

我的选书经验

休闲阅读或功利阅读，尽可以根据兴趣或需要选书，所谓开卷有益；但在读书教育上，很有必要谈谈选书的标准。因为青少年时间宝贵，而现在的作者和书商又比较“狡黠”，他们总是用尽方法“引诱”青少年买些不值一读的书，可谓防不胜防。

一是标题党。好比我这篇后记，照他们的路数，不能叫“我的选书经验”，应该写成这样：“震惊！北京名校凭什么接二连三出高考状元？”“不为人知的秘密：名校名师是怎样炼成的？”“一把辛酸泪：教书二十年的李煜晖到底经历了什么？”好吧，我编不下去了。但如果真的厚着脸皮这么干，我的书的销量就不至于如此惨淡。

二是明星党。有些作者本是明星，有些拉明星做宣传，有的兼而有之。有段时间，“细说《红楼梦》”刷屏，宣传语是“主讲人声音，林青霞的半颗安眠药”。听话的读者会想：“林青霞是明星，明星都喜欢，我也要看。”效果于是达到。我这种不听话的人会想：“给女生助眠的东西，能好到哪儿去呢？”然而好奇心起，也听了一集，发现除了絮絮叨叨说个梗概，见识上没多少可观的。听这“半颗安眠药”昏昏睡去，既不读《红楼梦》，也不看正经文学批评，林青霞如此则可，志在求学的青少年这么做未免堪虞。然而，毕竟还是宣传者得胜了，不是连我这种不听话的人也听了一集吗？

三是包装党。集结写手，把零七碎八、来源不明的材料组装起来，再设计一个唬人的封面，加上几位“大家”的推荐，用不上十天半月，新书就出炉了。有一次我在机场，随身带的书看完了，就在书店里转，半小时竟无一可买。我花钱买书轻易不肯出手，破财事小，侮辱智商事大。后来广播登机了，我只得急匆匆买了本封面朴素、有文化气息的书。这里不说书名了，总之是精装，外面罩层膜，不买不让撕。我瞥见封面有“北大”二字，还有陈寅恪的话，封底又有钱穆的话，以为是名家讲义，等坐上飞机撕了膜，就知道上当了。此书跟北大没有关系，跟陈寅恪也没关系，唯一有关系的是钱穆，他的《中国历史研究法》被拿来“代序”，余者都是些历史碎片，每篇千八百字，应该是在中国通史、世界通史、百度百科的基础上加工的；史观、史识固然谈不上，还废话连篇、讹误颇多。这本粗劣的书，因为打着名校大师的幌子，就让我兴致勃勃买来，还打算好好学习，想来真是沮丧。那教训便是，今后凡是罩一层膜不让看的东西，我都要加倍小心。

好书不从俗，从俗无好书。从不从俗，不指语言，也不指题材。作家考虑读者感受，深入浅出、贴近生活，这不是缺点；但如果和书商串通起来，只存沽名钓誉或唯利是图的心，一味迎合大众口味，或用题目、或用包装、或用明星效应刺激读者神经，内里并无真才实学，必是从俗无疑。鉴别方法很简单。好书如“静女”，“静女其姝，俟我于城隅。爱而不见，搔首踟蹰”。从俗之书，花枝招展，当街而立，频抛媚眼，嗲声嗲气——对策就是不买。

选书之难，不只在书籍本身鱼龙混杂，更有一种浅薄观念害人甚深。这种观念认为，所谓好书就是只写真善美，不写假恶丑；只有正能量，没有负能量。依我之见，书籍如燃料，可以点灯照明，也可烧房焚屋——善恶在人，不在书。遗憾的是，许多人或多或少受这种二元对立的观念影响，过于强调道德宣教，而其立论又往往浅薄狭隘，缺少哲学思辨，导致推荐书籍时顾虑重重，最后为安全省事计，大都奉行“坚壁清野”主义了。多年前，我在公号上发过一篇长文《读经典：莫做“坚壁清野”的懦夫》，因为是与人论辩的，本书没有选入，有兴趣的朋友不妨找来读读。

为不浪费生命起见，少读或不读快餐书；为心智成熟起见，多读需做价值判断的书：这就是我的选书经验。具体来说——

一、作者是为自己而作，越是有不得不写的动机，越好。

二、作者经历过人生世事的忧患，忧患越大，苦痛越深，越好。

三、作者有价值自信，赞成他赞成的，反对他反对的，或许隐晦，但不骑墙。

四、入门不易，初读总是难解，越读越放不下。

五、越是你感受到却说不出，或者竟从未想到的东西，他越能轻松表现出来。

六、可以一生反复读，阅历越深，学识越高，越想重读，领悟也就越多。

七、好玩，有幽默感，常在严肃的事情上逗人笑，也让人在笑过之后想哭。

八、会让你信任和崇拜这个作家，恨不得把他的全集买下来。

九、读过这本书，会不自觉地模仿他的语气，甚至按他的角度和逻辑看待世界，尽管从来没人要求你这样做。

十、道听途说，略知梗概，却很少有人仔细读过。

……

一言以蔽之，读书就要读经典。我承认模仿了伊塔洛·卡尔维诺，他在《我们为什么读经典》的序里，给经典下了很多定义。和他一样，我也是认真想过的。为自己写且有非写不可的动机，这样的作者是好作者，这样的书才有可能是当之无愧的好书。试看《太史公自序》和《报任安书》，本可以慷慨赴死的司马迁，为什么非要忍耻把《史记》写完？试看开篇第一回，曹雪芹何以字字血泪写《红楼梦》？恐怕所为的无非是未了的心愿、没达成的理想或无处说的苦闷吧。文章憎命达。这样的作家命不好，不好的命成全了不朽的文。这样的文拿命来写，旨在实现自我，就不太可能迎合庸俗口味，所以读起来上手必慢。而作者所经历和所思想的却比常人深广，深则能言常人所不能言，广则能言常人所未曾知。读者于生命领会得越多，于学问所知的越广，就越能读懂文章甘苦，一生温故知新如老友然。所以我这十条是认真的，至少前六条有内在逻辑。需要说明，以上只针对人文社科类图书，自然科学的书，虽然我不怎么看，但青少年多读些，想必是极好的。

总之，每本书都有特定的阅读群体，它们就像一个个磁场，把般配的人吸引过来。从这层意义上说，不是我们选书，而是书选我们——看一个人读些什么书，就可以据此称称他的分量了。为此，我要向读者朋友说句心里话：我这本书最多只占第一条。如果它无意中折损了您的身价，请接受我诚挚的歉意。当然，书款我是不退的。

2024 年 10 月